地　獄

石田瑞麿

法藏館文庫

本書は一九八五年九月に「法蔵選書」の一冊として刊行されたものです。

なお、本文中、現在においては不適切と言うべき表現が用いられておりますが、著者が故人であることや、仏教自体が有してきた歴史的事実を明らかにするという立場から、一部を除き、表現を改めることなく、そのまま掲載いたしました。

目次

I

地獄とは何か……8

地獄苦……99

II

地獄の受容……134

地獄と浄土の思想……143

『往生要集』の極楽……163

極楽への誘い……170

Ⅲ
浄土信仰と末法思想…… 186
末法の思想と浄土教…… 198
念仏における生き死にの道…… 209
浄土教から見た生と死…… 255

Ⅳ
地獄の菩薩…… 266
近世における地獄の観念…… 288

あとがき 309
初出一覧 310
解説 末木文美士 311

地獄

I

地獄とは何か

はじめに

かねがね、わたしは地獄についてまとめてみたいと考えて、材料が目についたときは、それをチェックし集めてきた。しかし、わたしの関心は日本に焦点があたっているので、おのずから日本の資料が主であるが、時代を通じて、かなりいろいろなものが集まってきたこともあって、ここらで少しく整理しておく必要があると思いついた。しかしいくら資料が集まったといっても、洩れは多いにちがいない。目のとどかない分野に大切な材料がころがっていることは間違いない。おのずから正面切って、大上段に振りかぶって、「地獄の思想」などといった表題がつけられるほど、まとまったものにならないと思われる。その点、かなり気ままに、空白は空白のまま、いずれ他の機会にそれを埋めるという余地を残して、ある程度、気安く筆を進めることになろうかと思う。

ただ、地獄がどんなふうに捉えられてきたか、日本に移植されるまでの考え方について、いちおう基礎的な用意はしておく必要があるので、その意味で、日本にたどりつく以前の地獄観といったものに触れることから、このノートを始めることにしたい。

楽土の王ヤマ

初期仏教経典で地獄が語られるところをみると、『ダンマ・パダ』（法句経）でも、『スッタ・ニパータ』（経集）でも地獄の主宰者については何もいわない。しかし地獄思想は仏教の独占ではなく、いうまでもなくインド古来の死者の世界に対する考え方の所産であって、古くは『リグ・ヴェーダ』に遡るとされ、そこでは主宰者は仏教の閻魔王に当たるヤマ（死者の王）が語られる。閻魔は Yama の音写である。

ところが、そのヤマの国は仏教にみられるような極苦の世界ではなく、むしろ楽しみに満ちた理想の楽土と考えられた。ヤマは最初に死者の道を見出したものとしてこの国の主となったとされる。かれは眼を四つ備えた、斑点のある二匹の犬を従えていて、この世の姿を監視していると考えられ、人はヤマの眼鏡にかなうように心懸けて、死後はこの世界に生まれ、安楽を得たいと願った。またここには祖霊たちがいて、子孫たちの祭祀を待ち望み、子孫は祭祀を行なうことによって現世の福楽と共に、死後の安楽を望むことができたとされる。人は死ぬと火葬にされ、肉体を離れた魂だけが祖霊のたどった死者の道を通って、天上の楽土に至ると信じられた。

それが『アタルヴァ・ヴェーダ』になると、さらに具体的になる。死者は風神マルトの微風に誘われて天国に伴われ、冷水によってもとの体にもどるという。そして祖先の人たちと一緒にこの理想の楽土に住み、快楽の限りを尽くすことができる、死者の桃源郷がヤマの国なのである。

しかし地獄の観念がこれとは別にあったことは注目される。地獄を意するナラカNarakaまたはニラヤNirayaの世界がそれである。ナラカは漢訳では那落迦《ならか》・奈落《ならく》、ニラヤは泥梨耶《ないりや》・泥犁《ないり》などと音写される。ただこの地獄はヤマの天国に対立する世界で、女の悪魔や魔術師、人殺しなどの住む所とされ、光のない闇黒の最下底の世界であるから、ヤマの楽土とは全く関係はなかった。

ヤマの変貌

ところが、時代もくだって、後期のヴェーダ文献になると、ヤマは人間の善悪の行為を判定するものとなり、死後の審判者という地位を与えられてくる。いわば、地獄の閻魔王のような性格が附与されるのである。

『ジャイミニーヤ・ブラーフマナ』の「ブリグの地獄遍歴の物語」によると、ヴァルナ

（司法神）の子ブリグは、その高慢をたしなめようと考えた父の神によって呼吸を失い、六つの他界を遍歴して、そこにいる人間の苦しみ悩む姿をみたことを伝える。

たとえば、第一の世界では、この世で朝夕の祭事であるアグニホートラの祭りを行なわず、正しい知識がないために、樹木を切り刻んで火にくべた者が、その報いとして、人間に姿をかえた樹木によって切り刻んで食べられるさまをみる。第二の世界でも、アグニホートラ祭をしないで、家畜を殺して煮たり焼いたりして食べた人が、人と姿をかえた家畜によって食べられているのをみる。

そして第四の世界に至って、苦しみの世界から天国らしい様相がみられるようになり、第六の世界で、蓮の花が咲き乱れ、蜜の河が流れ、歌舞の声や豊かな香りに包まれたヴァルナの世界にたどりついたことを語っている。

このように、死後の楽土ヤマの世界が、死後の審判を行なう地獄の観念をもつものに変貌した。それがどうしてこうなったのか、その変化の理由については、西アジアの古代信仰が地獄観念を育てており、とくにシュメール族のクルの信仰が大きな影響を与えたといわれる。クルは「戻ることのない国」だとされる。これが西暦前十世紀ごろインドに達して、この思想の断層を埋める役割を果したというのである。

しかし、ともあれ、紀元前数世紀ごろに口伝によって伝えられ始めたといわれる叙事詩

『マハーバーラタ』になると、ヤマの性格ははっきり固定化し、恐怖の死神となる。ヤマはまた正義の王として正邪を判定し、死者の国にあって死者を裁くのである。その国は南方の地の果て、恐ろしい暗黒の世界であって、そこには槍や棍棒などをもった獄卒がいて、死者の罪人を苦しめ、責め、さいなむとされる。また罪人を噛む虫、喰って血の河に放りこむ犬、あるいは熱砂・剣葉樹林などが罪人を苦しめるという。しかもその地獄はときに洞窟のようであったり、ときに湖のようでもあり、さまざま様相をもったものとして描かれている。

二十一地獄

こうした地獄の諸相は、西暦前二世紀ごろに成立したとされる『マヌの法典』や『ヤージュニャヴァルキヤ法典』になると、二十一の地獄に整理されてくる。その名を列挙すれば、つぎのようなものである。

1　ターミスラ（暗黒）。
2　ローハシャーンク（銅釘）。
3　*マハーニラヤ（大破滅）。
4　シャールマリー（パンヤの木）。

5　ラウラヴァ（叫喚）。
6　クドゥマラ（突起）。
7　プーティ・ムーリッティカ（腐土）。
8　カーラ・スートラ（黒縄）。
9　サンガータ（衆合）。
10　*ローヒトーダ（赤血水）。
11　*サ・ヴィシャ（具毒）。
12　サンプラターパナ（極熱）。
13　マハーナラカ（大地獄）。
14　カーコーラ（大烏）。
15　サンジーヴァナ（等活）。
16　*マハー・パタ（大道）。
17　アヴィーチ（無波浪）。
18　アンダ・ターミスラ（真暗黒）。
19　*クンビー・パカ（焙焼）。
20　アシパトラ・ヴァナ（剣葉林）。

21　ターパナ（灼熱）。

これらは『ヤージュニャヴァルキヤ法典』に記すところであるが、『マヌの法典』ではこれと多少の出入があり、また列挙の順序も違っている。いま重ならない（先に＊をつけておいた）ものを『マヌの法典』の順序で列挙すると、

3　マハーラウラヴァ（大叫喚）。

12　サカコーラ（大烏〔地獄〕と共にある）。

16　リジーシャ（酒滓）。

17　パティン（有道）。

20　ローハチャラカ（銅獄）。

とある。『マヌの法典』には「慾深く、〔神聖な法〕典に背いて行動をなす王から贈物を受ける者は、相ついで以下の二十一地獄に赴かねばならない」と説くけれども、地獄の様相については何も説かない。ただ、地獄に堕ちた者は、ヤマの責苦を受けた後、それぞれの分に応じて、汚れより解放され、再びもとの体を得るとする。また大罪の種類によって、地獄から解放されたあと辿る過程にはさまざまな差があって、たとえば、「バラモンの殺害者は、犬・豚・驢馬・駱駝・牛・山羊・羊・鹿・鳥・チャーンダーラ、およびプッサカの胎に入る」などと記している。

初期の仏典にみる地獄

仏教に受容されたヤマは、一つは天に昇って、夜摩天《やま》（焰摩天）となった。欲界の第三天で、輝く光に満ち溢れて昼夜の別がなく、不思議な歓楽の世界とされる。いま一つは地にもぐって閻魔王となり、地獄の主宰者とされた。それがいつごろから、このように分かれて取り入れられたか、明らかにしえないとしても、かなり早い時期であったとみることはできる。

初期の経典とされる『ウダーナヴァルガ』に、悪い行ないの人は地獄に、善い行ないの人は天に生まれる、といっているのは、この王と天との住所を指していったものにほかならない。その天上世界と地獄とは、仏教の業報《ごうほう》思想と合体して、この思想の教化と鼓吹とに大きな役割を分担することになったのである。

しかし初期の経典が説くところでは、閻魔王の支配する地獄そのものの記述は、かなり単純なものとみていい。たとえば『ダンマ・パダ』によってみると、閻魔の名は記されていても、その世界である地獄の姿については、わずかに、灼熱の鉄丸で苦しめられるといった表現しか見当らない。説くことは、ここに堕ちる業因《ごういん》としての悪業であって、善因善果・悪因悪果を説くのに急だったことがわかる。こうした点は先の『ウダーナヴァルガ』でも同じで、堕獄の罪をあれこれと挙げるに留まっている。ただ、一つだけ注目を引くのは、悪口を言ったり、悪意をもって聖者をそしる者は、十万のニラルブダ地獄と三十六と五千のアルブダ地獄に堕ちる、と説く一偈《げ》である。ここには、二つの地獄の名がみられる。これらの地獄名は、後の経典では「寒地獄」の名としてあがってくるものである。

『スッタ・ニパータ』の地獄

ところが、これが『スッタ・ニパータ』の「コーカーリヤ」の章にも見られることは、さらに注目される。ここでは、先の一偈の内容をさらに拡大した十の地獄名が、偈に先立つ散文の部分に示されている。この散文は、修行僧コーカーリヤが釈迦の高弟であるサーリプッタ（舎利弗《しゃりほつ》）とモッガラーナ（目蓮《もくれん》）との二人を邪念の人だと中傷した罪によって、全身に腫物《はれもの》を生じ、死んで紅蓮《ぐれん》地獄に堕ちたことを語る説話である。いま必要な箇所に眼を注ぐと、コーカーリヤの死を知った一人の修行僧の問いに応じて、紅蓮地獄における寿命の長さについて、釈迦はこう語っている。

たとえば、修行僧。コーサラ国の桝目《ますめ》で計って、二十カーリカの胡麻《ごま》の荷〔一車輛《しゃりょう》分〕があって、それを〔一粒〕取り出すとしよう。ついで一人の人が百年過ぎるごとに一粒ずつ胡麻を取りだすとしよう。修行者。この方法によってコーサラ国の桝目で計って二十カーリカの胡麻の荷が〔一粒残らず〕尽きたとしても、一つのアッブダ地獄〔における寿命〕はまだ尽きるに至らない。修行者。たとえば、二十のアッブダ地獄〔の寿命の総計〕は一つのニラッブダ地獄〔の寿命〕に等しい。修行者。たとえば、二十のニラッブダ地獄〔の寿命〕は一つのアババ地獄〔の寿命〕に等しい。修行者。……（中村元訳『ブッダのことば』）

以下、引用は避けるが、このような前後関係を保ちながら、二十のアババ地獄は一つのアハハ地獄の寿命に等しく、二十のアハハ地獄は一つのアタタ地獄の寿命に等しいという、同じような叙述形式を取って、アタタ地獄の後、黄蓮《おうれん》地獄、白睡蓮《びゃくすいれん》地獄、青蓮《しょうれん》地獄、白蓮《びゃくれん》地獄と辿り、最後に紅蓮地獄が示される。

ここには、アッブダ地獄に始まり、紅蓮地獄に至る十の地獄名がみえ、その寿命はそれぞれ後者が前者の二十倍という相互関係をもっていることを明らかにしている。

またアッブダ地獄とニラッブダ地獄との関係も知られるが、上記の散文については後代の加筆という疑問があるらしい。その理由はこの散文に続いて掲げられている二十二の偈のうち、最後の二偈が『スッタ・ニパータ』にはもともと含まれていなかったらしいということによる。この最後の二偈の一つに、

紅蓮地獄に運び去られた者〔の寿命の年数〕は、荷車に積んだ胡麻の数ほどある、と多くの智者は計算した。すなわち、それは五兆年とさらに五千万年である（同上）。

という詩があって、これが作られたため、ここにいう紅蓮地獄と、別に詠われたニラッブダ地獄・アッブダ地獄との関係を説明する必要にせまられ、散文の部分が編集されたのだろう、という。これからすれば、地獄を十に整理するのは、もっと後になってからということになる。

初期の地獄のすがた

ところで、『スッタ・ニパータ』には、地獄の様相がいくらか語られている。それが上記の地獄のどれを指しているのか、あるいは共通しているのか、はっきりしないが、たとえば、鉄串を打ちこまれたり、鋭い刃の鉄槍で突かれる、という。また、炭火の上に坐らされたり、燃えさかる火炎のなかに置かれたり、鉄網でからめとられて、鉄槌で打たれたりする。あるいは、火が燃えさかる銅製の釜や、膿《うみ》と血が煮《に》えたぎる釜のなかで煮られたり、蛆虫《うじむし》の充満する釜で煮られたりする。とくに蛆虫のいる釜は出るにも摑《つか》まる縁がなく、釜の口が一様に彎曲《わんきょく》していると、その構造にさえ触れている。

さらにまた、鋭い剣の葉の林があって、罪人はそこで手足を切断されたり、舌を鉤《かぎ》で引っかけられて、引っぱられたりするし、鋭い剃刀《かみそり》の刃が流れをなすヴェータラニー河に至ると、流れに陥ち、さらに犬や鳥や野狐・鷹・黒くない鳥などがいて、貪り食われる、という。

もちろん、『ダンマ・パダ』にみられた、灼熱の鉄丸をのまされることも記しているが、これらの様相には、後になって地獄がその形を整えてくる場合、ほとんどそのまま組みこまれてくるものがあるから、いわば地獄の様相の基本的なすがたと理解することができる。しかしそれもかなり気分的で、漠然と、何の統一もなく、思いつくまま拾いだしたといった印象が濃い。

堕獄の原因

先に『スッタ・ニパータ』の地獄の様相を拾いだしてみたが、地獄に堕ちる原因については、かなり片寄っているかにみえる。コーカーリヤの説話が暗示するように、口による悪行だけが表面に出ている。たとえば、悪口、悪意による誹謗、虚言などである。また、称讃に価しない人をほめるのも、これと同類だろうし、「さまざまな貪欲《とんよく》の対象に心を奪われ、信仰心なく、ものおしみして、不親切で、利己的で、人を仲違いさせる言葉を事とする人は、ことばをもって人を毀る」といっているものも、心の問題に触れながら、なお人を仲違いさせることを言う、そこに焦点を当てているとみていい。そうとすれば、地獄はその様相がさまざまに説かれたほどには、堕獄の原因についてまだ十分に熟していなかったとも言えそうである。

たとえば、殺生にしても、盗みや邪淫にしても、その内容によっては、妄語《もうご》と同じように、地獄に堕ちる業因《ごういん》として不適切ではないはずである。『スッタ・ニパータ』第二章の第二「なまぐさ」で説かれる悪業などは、当然、堕獄の因として印象づけられねばならないものだろう。

生物を殺すこと、打ち、切断し、縛ること、盗み、嘘をつくこと、他人の妻に親近すること、――これがなまぐさである。肉食はそうではない（同上）。

という詩一つを例としても、「なまぐさ」を「地獄に堕ちる行為」と置き換えてもおかしくはない。しかしそう言ってはいないところに『スッタ・ニパータ』における地獄思想の未熟さがある。他に地獄を引き合いに出していうところはあっても、「争論を楽しみ、迷妄の性質に蔽われている修行者は、……無明《むみょう》（迷い惑う心の愚かさで、人生の真理に対する正しい智慧のない、道理や事象をはっきり理解できない精神状態のこと）に誘われて、修養をつんだ他の人々を苦しめ悩まし、煩悩が地獄に赴く道であることを知らない」といった具合で、さらりと説き流しているからである。

しかしこれを『ダンマ・パダ』に求めてみても、あまり大差はない。虚言（妄語）といったことのほかに、具体的には邪見、欲情などがあがってくるが、総じて言えば、破戒といったことになる。第二十二章「地獄」やその他、幾つかの章に散見する業因は、この程度を出ない。こうした点は後に編集された『ウダーナヴァルガ』でも同様で、特に注目されるものはない。

「五天使経」

ところで、このような初期経典からどれほど時代が下るのか、正確な答えはでないとしても、地獄思想に関するかぎりでは、少しく整備され増広されて、内容的にかなり豊富になったものが認められる経典群が登場する。ここでも経典相互の前後関係や成立などは、はっきりしないと言った方が穏当だから、随分と乱暴なことにもなるが、いくつかの問題点に焦点をしぼって、その相互関係を考えながら見てみると、まず地獄がどのように拡大し整理されていったかが問われなくてはならない。地獄として、八熱・八寒・孤《こ》地獄（孤立して存在する、場所不定の地獄）、あるいはその他、小地獄が考えられてくるが、それらの成立してくる過程が最初の問題である。

そこで、まず俎上にあがってくるのが、『中阿含経』巻十二の「五天使経」である。この経は、その名のごとく、閻魔王の使者として冥界からこの世に遣わされた五人の天使のことを語るものであるが、実はこの天使の報告によって、生前の罪を問われた罪人の堕ちる地獄をつぶさに示そうというのが、その目的である。

その地獄は「四門大地獄」と呼ばれる。地獄の周囲に四本の柱があり、四方に門が建っているところから、そう名づけられたものである。だから、これが、たとえば阿鼻《あび》地獄（阿鼻は梵語アヴィーチの音訳。無間《むけん》と翻訳される）などといった類の、固有名詞かどうか、ここではは っきりしない。

四門大地獄

ともかく、この地獄は、鉄でできた垣や墻《かき》で外部と仕切られ、上は蓋をするように鉄で覆われ、地も鉄地で、鉄火が一面に敷きつめられている。しかもこの地上からの深さは、「無量由旬《ゆじゅん》（由旬は距離の単位。軛《くびき》をつけた牡牛が一日に歩く旅程をいう）」で、罪人は頭を下に逆さになって、ここに堕ちていく、という。

ただ、この地獄で罪人が受ける苦しみについてはあまり語られない。鉄火で焼かれるとしか、推察するほかはない。もっとも、この地獄に門が設けられていることは、この外にある地獄へ導き入れるためであるから、あるいはむしろこの外部の地獄に焦点があったのではないかとも考えられる。しかしそれでは、この中心の地獄が単調に過ぎるとしたか、堕ちて「極大久遠《ごくだいくおん》」の後に、いったん東の門が開くことはあっても、それは罪人を誘い寄せるだけですぐ閉じ、罪人の心を悶えさせるだけで、門外にはなかなか出られないとしている。そして同様のことが他の門においてもなされるとして、単調さを救おうとしているが、それも逆に作用していることは、門外の地獄の多様さからみても言える。

四門の外には、東・南・西・北に順次に峰巌《ぶがん》地獄、糞屎《ふんし》地獄、鉄鍱林《てっちょうりん》地獄、鉄剣樹林地獄と呼ばれる地獄がある。罪人はこの順序で、峰巌地獄から徐々に順次、途中の地獄をへて鉄剣樹林地獄へと送られ、また逆行して峰巌地獄に戻って、四門大地獄に帰るとされるが、門外の地獄については、次のように説明される。

門外の地獄

まず、東の峰巌地獄には煙も焔もない火が燃えているという。罪人が火を逃れて走ろうとしても、足を地におろすたびに皮肉を焼かれ、焼け尽きて、また足を挙げると、足はまた元に還って、このようにして「無量百千歳、極重《ごくじゅう》の苦」を受ける。ただ、なぜこの地獄を峰巌と呼ぶのか、その理由は全く示されていない。こんなところに、いささか熟しないものが感じられる。

しかし南の糞屎地獄はその名の通り、まさに糞屎の充満した地獄で、その深さは「無量百丈」だという。ここには「凌瞿《りょうく》来《らい》」という名の、体が白くて頭の黒い、針のような嘴の虫がいて、罪人の体を刺す。なぜか、足から刺し、食い破って、腨腸骨《せんちょうこつ》、髀《ひ》骨、髖《かん》骨、脊骨、肩骨、頸《きょう》骨、頭骨とたどり、頭脳を食い尽くし、これが一通り終わると、罪人の体がまた元に還るのだろう、この極苦を「無量百歳」にわたって受ける。ただし火の苦しみはない。

ついで、西の鉄鍱林地獄に送られた罪人は、ここで「清涼《しょうりょう》の想」を抱く。しかし樹影に安らぎを求めて樹下に赴くと、たちまち四方から熱風が襲って、樹の葉が落ちる。ところが、この葉は実は鉄の鍱（いたがね）だから、罪人の手足や耳・鼻、その他、いたるところを截る。ここでもこの苦を「無量百千歳」にわたって受けるが、これで終わったのではない。なぜか、極大の狗が現われ、罪人の皮を剝いで食う。この受苦がまた「無量百千歳」つづく。またさらに両頭の大烏鳥が現われ、罪人の額に止まって、鉄の嘴で眼をくじり、頭骸を破り、脳を食う。この苦もまた「無量百千歳」である。ここにも火の苦はない。

第四の地獄は、その名の通り、高さ一由旬、刺《とげ》の長さ六尺の大鉄剣樹がある地獄である。罪人は獄卒に強制されるのだろうか、この樹を登り下りする。すると樹の刺は罪人が登るにつれて下を向き、下りるときは上に転じて、罪人の体をいたるところ隈《くま》なく刺し貫く。こうした同じことを繰り返し続けて、「無量百千歳、極重《ごくじゅう》の苦」を受ける。しかしここでもこれで終わるのではない。この地獄には別に鉄樹の外に、灰河《けが》がある。河の両岸は高く、一面に刺が生え、河には灰湯が沸騰している。それにもかかわらず、罪人はこの河に冷水の想いを抱いて、水を飲み、沐浴したいと考えて、競ってここに走り、河中に跳びこむ。河の水は上流から下流へ、あるいは下流から上流へ奔騰し、ときに渦を巻いて、罪人を流れに巻きこむと、皮を剝離し、肉を融かし、骨ばかりを残す。骨ばかりになると、また元の姿に還るのか、罪人は岸に上ろうとするが、両岸にいる獄卒が手に手に刀剣や鉄叉、棒などを執って、罪人を河の中に突き戻す。あるいは手に鉤《かぎ》のついた羂《なわ》を持って、これに罪人を引っかけ、河から引きずり上げると、熱鉄の地面に打ちすえ、転がして焼く。

ここで獄卒は罪人に奇妙なことを問う。「お前はどこから来たのか」と。罪人は「どこからか、知らない。ただ無性に腹がすいた」と答える。すると、待っていたとばかり、獄卒は火と燃える熱い鉄の床に罪人をねじ据えて、熱い鉄の鉗（かなばさみ）で罪人の口をこじ開け、熱い鉄丸を抛りこむ。鉄丸は唇を焼き、舌を焼き、咽《のど》も心臓も胃も、大腸・小腸、すべて焼いて、下から出る。この極苦も「無量百千歳」にわたるが、それでもまだこれで終わったのではない。

獄卒はまた「お前はどこに行こうとするのか」と問う。「どこともわからない。ただむやみに咽が渇く」と罪人が答える。するとまた、獄卒は罪人を火と燃える鉄の床に据えて、熱い鉄の鉗で口を開け、どろどろにとけて沸騰する銅を灌ぎこむ。洋銅は身体中を焼きつくして下から出る。この極重の苦も「無量百千歳」、かつて犯した悪不善の業《ごう》の尽きるまで果てもなくつづくようである。そしてついに一切の悪業が尽きなかったものは、また逆行して峰巌地獄へと戻り、また四門大地獄に入るほかない。罪業の尽きたものは、この地獄での生を終え、ようやく死ぬことを許されて、他の世界に転生する。餓鬼になるか、人と生まれるか、それもかつての業因《ごういん》がこれを決定するのである。

「五天使経」には、こうした苦相《くそう》を語るほかに、閻魔王の願いについて触れるところがある。閻魔にも寿命があるとみえ、死後は人と生まれて、出家して仏のさとりを開きたいというものである。この経はこれをほぼ結びとして終わっている。

四門大地獄は阿鼻摩地獄

「五天使経」はこのように、かなり形の整った地獄経典である。まだ八熱地獄や八寒地獄のどれに照応するというのでもなく、極熱で統一されてもいないが、ただ門外に地獄を付属させている点は、後の十六小地獄（経典によっては、隔子・別処・増などといった表現が使われる）に連絡している。

また、この四門大地獄は「五天使経」の別訳とされる『鉄城泥犁《ないり》経』、および一部が相応する『泥犁経』後半の部分では「阿鼻摩泥犁」（阿鼻摩《あびま》の梵語アヴィーマットはアヴィーチ

＝阿鼻・無間と同意。泥犁は梵語ニラヤの音写。地獄と訳する）と訳出されているから、阿鼻地獄だったことがわかる。これと関連して想起されるのは、『中阿含経』巻三十「降魔《ごうま》経」の「無欠」地獄という名が、別訳『魔《ま》嬈《にょう》乱《らん》経』では「阿鼻泥犁」と訳されていることで、これをもってすれば、『中阿含経』ではまだ「阿鼻」の訳語が熟していなかったのを、他の別訳の時点で「阿鼻」と訳出されるようになったのかもしれない。ただ『泥犁経』は『中阿含経』巻五十三「痴慧地経」ともその前半が相応する経で、「痴慧地経」が地獄の苦相を説くのにいそがしく、地獄名は一切説かないのに、『泥犁経』には地獄名がみえ、それが四門大地獄と門外の地獄と対応するようであり、さらに後半では阿鼻摩泥犁をめぐって七つの泥犁名が挙がっていて、かなり混乱した経典であることは注意を引く。

『増一阿含経』の「善聚品」

ところで『中阿含経』の「五天使経」に説く地獄は、熱地獄として統一された性格をまだ持っていない。この欠陥を払拭したものが次に考えられそうであるが、しかしどうもそうではなかったらしく、その前に地獄は、その付属の地獄を増広する段取りに移ったようである。たとえば『増一阿含経』巻二十四の「善聚品《ぜんじゅぼん》」はそれを語るのではないか。

ここには、先の「五天使経」と同じように五天使が登場して、同じような経過をたどり、罪人の堕獄が閻魔王によって裁決されると、罪人は地獄に導かれるが、その地獄は刀山・剣樹で四面を囲まれ、「鉄疎籠を以てその上を覆」われた地獄であると説かれる。これはいかにも四門大地獄と同じで、四壁に四城門があるというのも同じである。ただ中央に四本の柱があって、剣樹に鉄の嘴の烏がとまっているのが、いささか異様であり、屎尿のような異臭が激しいのも、違う。いや、もっと違うのは、四門の外に十六の隔子があることである。またこの城内で罪人が受ける責苦も「五天使経」の比ではない。

まず、城内の様子をみると、たとえば獄卒は罪人を鋭利な斧で切る。あるいは刀剣の樹を登り下りさせ、鉄嘴の烏に食わせる。また熱い銅柱を抱かせたり、脚の跟《くびす》より筋を引き抜いたり、火の山に追い上げたり、舌を引き抜いて抛ったり、その他さまざまな苦しみを与えて責め抜く。そして四門を開いて見せたりした後で、東門から外に罪人を出す。

ところで、その後、罪人が赴く「十六隔子」の地獄はどうなっているかというと、それがどうもはっきりしない。名前を拾ったかぎりでは、熱灰地獄・刀刺地獄・大熱灰地獄・刀剣地獄・沸屎地獄の五つが順次に記され、沸屎を熱屎、刀刺または刀剣を剣樹とも呼び換えているらしい。ともかく、そうすれば、五隔子しかない。ところが、ここで罪人がたどる道筋について、経はまず熱灰地獄から沸屎地獄に至った後、「還りてまた熱屎地獄・刀剣地獄・大熱灰地獄に入」るとし、さらに「還りて頭を廻らして熱屎地獄の中に至る」

といい、また「還りて沸屎地獄・剣樹地獄・熱灰地獄に入り、還りて大地獄の中に入る」としていて、熱灰地獄と沸屎地獄との間を往復四回するように説かれている。どうもこの四往復から十六隔子の数が考えだされたものらしくみえる。しかし実際にはどう往復することで十六になるのか、その辺は全くわからない。

したがって、この坐りのよい十六という数を実際に数どおりの隔子として示す必要が当然起こる。具体的に地獄の名前を十六、用意するかどうか、しなければならない。

しかしこの十六地獄の具体名が挙がってきた段階は、大地獄も八大地獄と拡大した段階であるらしい。急激な地獄の増幅と整備が進められた時期があったとみえる。少なくとも、今日みる経典では、すでに八大地獄と十六隔子は同一経典のなかで説かれている。それを知らせてくれるのは『増一阿含経』巻三十六の「八難品」である。

「八難品」の地獄

まず、八大地獄について、経には「いかんが八となすや。一には還活《げんかつ》地獄、二には黒《こく》縄《じょう》地獄、三には等害《とうがい》地獄、四には涕哭《たいこく》地獄、五には大涕哭地獄、六には阿鼻《あび》地獄、七には炎《えん》地獄、八には大炎地獄なり。これを比丘《びく》八大地獄と謂《い》ふなり」と説き、その一々の地獄名の因縁を明らかにして、ついでこれらの地獄の一々に「十六隔子」があるとして、その名を列挙する。すなわち、優《う》鉢《はつ》地獄・鉢《はつ》頭《ず》地獄・拘《く》牟《む》頭《ず》地獄・分《ふん》陀《だ》利《り》地獄・未《み》曾《ぞ》有《う》地獄・永無地獄・愚惑地獄・縮聚《しゅくじゅ》地獄・刀山《とうせん》地獄・湯火（イ灰）地獄・火山《かせん》地獄・灰河《けが》地獄・荊棘《きょうこく》地獄・沸屎地獄・剣樹地獄・熱鉄火地獄の十六である。

しかしこれらの一々について経は触れようとはしない。きわめて恣意的で、十六隔子に生まれた罪人が獄卒によって手足や鼻・耳を切られ、材木に押しつぶされ、髪をしばって木に懸けられ、皮を剝がれ、肉を割かれ、縫い合わされ、火に炙《あぶ》られ、融けた鉄をそそがれ、首を梟《さら》されるなどと説いても、それらがどこの地獄で行なわれるのか、明らかにしない。剣樹・鉄嘴烏（イ鳥）・大鑊湯・鉄叉といった地獄の苦具も使用される地獄と連絡しない。わずかに刀山・火山といったものや、はっきり地獄名に剣樹地獄・熱屎地獄といっているものだけが、先の地獄と一致するにすぎない。地獄名を示していても、熱灰地獄は灰河地獄をいったのか、逆刺《ぎゃくし》地獄は荊棘地獄に当たるのか、曖昧である。つまり、名称は整っても、実が伴わないのである。

ここで、もう一つ注目されるのは、優鉢地獄・鉢頭地獄・拘牟頭地獄・分陀利地獄といった、蓮華の名を冠した地獄である。優鉢は優鉢羅（梵語ウトゥパラの音写）の略で青蓮華のこと、鉢頭は鉢頭摩（梵語パドゥマの音写）の略で紅《ぐ》蓮華、拘牟頭（梵語クムダの音写）は黄《おう》蓮華、分陀利（梵語プンダリーカの音写）は白《びゃく》蓮華であるから、先に述べた『スッタ・ニパータ』の「コーカーリヤ」章を想起させる。これがもし寒地獄であるとしたら、十六隔子はまだ寒熱、いずれとも統一されない、雑然とした混成の状態に留まっていたと考えられる。このことは八大地獄の性格とも当然、係わりをもってくるから、八大地獄もまだ熱地獄とはなっていないことになる。

しかしともかく小地獄として十六隔子を考え出したことはここで固まったと見ていい。『増一阿含経』巻三十四の「七日品」に、「鉄囲の中間に八大地獄あり。一一の地獄に十六隔子あり」という表現があるが、「八難品」との前後関係は不明だとしても、十六隔子の固定化の同一線上に位置したものであることは確かであろう。ここでは八大地獄の名も、十六隔子のそれも、全く記述の対象になっていないことが、かえって固定化を語っている。

「世記経地獄品」

しかし固定化をみた十六隔子は、やがて寒熱両地獄の混合から、漸次、熱地獄としての性格を表面化する方向へと動きだす。たとえば、『長阿含経』巻十九、「世紀経地獄品」がそれであろう（ここでは、『大楼炭経』『起世経』『起世因本経』など、同本異訳の経との差については、煩雑をおそれ、触れないでおく）。八大地獄に付属した十六小地獄の名は細かな説明を伴って、次のように示される。

十六小獄あり。小獄は縦横五百由旬《ゆじゅん》。第一小獄の名は黒沙と曰《い》ふ。二は沸屎《ふっし》と名づけ、三は五百丁（イ釘）と名づけ、四は飢と名づけ、五は渇と名づけ、六は一銅釜と名づけ、七は多銅釜と名づけ、八は石磨と名づけ、九は膿血と名づけ、十は量火と名づけ、十一は灰河と名づけ、十二は鉄丸と名づけ、十三は釿斧と名づけ、十四は犲狼《ざいろう》と名づけ、十五は剣樹と名づけ、十六は寒氷と名づく。

いまこれらの小地獄の様相をつぶさに見ていく必要はないから、要点だけを拾っていくと、まず黒沙地獄の黒沙は熱風に吹かれて罪人の体に付着する「熱沙」であり、沸屎地獄の沸屎は「沸屎の鉄丸」で、罪人はこれを口中に押しこまれて「唇舌《しんぜつ》を焼く」。鉄釘地獄の鉄釘もおそらく熱鉄の釘に相違なく、罪人は「熱鉄の上に偃《ふ》」して、手足や心臓など、くまなく五百本の釘を打たれる。また飢餓地獄と渇地獄では、罪人は前者で「熱鉄丸」を、後者でどろどろにとけた「消銅（洋銅カ）を口に灌《そそ》がれ、その唇舌を焼く」。また一銅釜地獄と多銅釜地獄ではにえたぎる湯が罪人を苦しめ、湯の中で罪人の体は融け爛れる。さらにまた石磨地獄の石は「大熱石」であり、膿血地獄の膿血も「熱く沸涌」した膿血、量火地獄に至ってはその名のごとく「大火聚」で、罪人はこの火の大きさを鉄の斗《ます》で量《はか》らされる。このように灰河地獄はもちろん、剣樹地獄まで、いずれも熱火を予想していいが、最後の寒氷地獄だけは寒地獄そのものである。したがってこの寒氷地獄が他に移されて、熱地獄として全体の統一をみるときは早晩くるはずである。ただしそのためには、八大地獄も八熱地獄とならねばならないし、いやそれと共に寒地獄そのものが熱地獄に対立した独立のものとなることが並行して必要であろう。

寒地獄の推移

それでは、寒地獄の方はどうか、これを尋ねてみよう。

先に「コーカーリヤ」の説話は十地獄を数えていたが、これはニラッブタとアッブダとから増広された地獄であった。この二地獄は『雑阿含経』巻四十八の一一九四経に説く「尼羅浮地（イ陀。梵語ニラルブダの音写。皰裂《ほうれつ》と訳する）」「阿浮陀（梵語アルブダの音写。水《すい》皰《ほう》と訳する）」に合致し、コーカーリヤの堕獄は『増一阿含経』巻十二「三宝品」に瞿《く》波《は》離《り》（梵語コーカーリカの音写）が舎利弗《しゃりほつ》・目連の二大仏弟子を誹謗した罪によって「蓮華大地獄」に堕ちたと記していることと相応する（『増一阿含経』巻四十八「礼三宝品」では四人の堕獄比丘の一人に瞿波離をあげ、「鉢投（イ頭）摩地獄」、つまり蓮華地獄に堕ちたとする）。おそらくこうした地獄は『増一阿含経』「八難品」に姿をみせた四小地獄などと連絡して結合し、漸次、内容を増広して「コーカーリヤ」説話のような十地獄になったものと想像される。そして十地獄になった時点で、これが寒地獄と性格を闡明にしたのではなかろうか。それは先にあげた「世記経」やその異訳『大楼炭経』巻二「泥犁品《ないり》」などと対照していえるようである。ここでは明らかに十地獄は寒地獄のようであって、八大地獄と別に説かれ、その名称のよって起こる理由が説明されている。その意味では、この経は「コーカーリヤ」と対応しつつ、それを寒地獄と性格づけ、十地獄を八大地獄に対立する位置をもつものとした最初のものであろうか。その内容は、厚雲(『大楼炭経』では阿浮。以下同じ)・無雲(尼羅浮)・呵々(阿呵不)・奈河(阿波浮)・羊鳴(阿羅留)・須乾提(修犍)・優鉢羅(優鉢)・倶物頭(拘文)・分陀利(同)・鉢頭摩(蓮花)の十地獄で、名前については、こう説明している。

まず、厚雲とは、罪人の体が「厚雲の如」く「自然に」「生ず」ることから、この名があるとし(『大楼炭経』では、阿浮を「雲気の如く」「自然に生ず」るからと説く。以下カッコの中、同じ)、無雲は罪人の体が「段肉の如」くだからといい(尼羅浮は罪人の体を鹿獨肉にたとえたものという。鹿獨とはゆきつもどりつすること。また一本に碌碡と書くが、碌碡は農具の名で、田を平にするもの)、呵々・奈河は激しい苦痛の叫び声を名としたもの(阿呵不・阿波浮もほぼ同じ)、羊鳴は激しい苦痛のため、舌を動かすことさえできないで、ただ羊のように鳴くさまを捉えたもの(阿羅留には羊のような鳴き声といった説明がない)、また須乾提は華の名で、「挙《あ》げて獄みな黒」一色であることから名付けるとし(ただし須乾提は芳わしいものの意で、白蓮の一種という。修犍については罪人の体を「黄火に譬」えたものとする）、優鉢羅は青蓮華の名で、地獄が青一色になるからとし（優鉢には罪人の体が青くなると説明する）、倶物頭も紅蓮華（ただし梵語では黄の意。拘文は罪人の体が黄白色になると説明する）、分陀利は白蓮華、鉢頭摩は紅蓮華で、いずれも華の色からこう名づけられたとある（分陀利については罪人の体が「赤」くなること、蓮華では同じく「紅色」になることという）。

こうしてこの経にはこの後、地獄の寿命が前後の地獄の対比において説明され、それは「コーカーリヤ」とほぼ合致する。この点、「コーカーリヤ」の十地獄とこの経のそれとの密接な関係が一層、明らかになるが、またここから『雑阿含経』巻四十八、一二七八経へと連続する道が開けてきたに違いない。

八寒地獄

『雑阿含経』一二七八経では、「コーカーリヤ」の十地獄に連絡するものは、阿浮陀《あぶだ》地獄、尼羅浮陀《にらぶだ》地獄・阿吒吒《あたた》地獄・阿波波《あはは》地獄・阿休休《あくく》地獄・優鉢羅《うばら》地獄・鉢曇摩《はつどんま》地獄・摩訶鉢《まかはつ》曇摩《どんま》地獄の八地獄と整理される。これらの名称は先にも触れたように、阿浮陀が水泡の意、尼羅浮陀はその水泡の破裂、阿吒吒・阿波波・阿休休はともに寒さのあまり発する叫声に擬したもの、優鉢羅・鉢曇摩は青蓮華・紅蓮華で、摩訶鉢曇摩の摩訶は大きいという意味である。したがって須乾提華《すけんだいけ》・倶物頭華《くもつずけ》・分陀利華《ふんだりけ》の三つがはぶかれて、かわりに摩訶鉢曇摩華が加えられ、八寒地獄の形が整えられたものとみて間違いない。そしてこの形が『大智度論』巻十六で、八熱・八寒の両地獄のなかに八寒地獄としてほぼそのまま採り入れられるに至ったものであろう。

しかし寒地獄の推移はどうも、これほど単純ではないらしい。というのは、この『大智度論』の八寒地獄は、十六小地獄の中のそれとされているからである。これは寒地獄の独立とは全く相反するから、先のように順次、推移したと仮定すれば、『大智度論』のこの説は逆行としか考えようがない。あるいは『増一阿含経』「八難品」を参照し、他方『雑阿含経』一二七八経を踏まえて、このような説をなしたものか、推論は困難である。あるいはまた思想系統が全く異なるところから、このような説に近いものがあって、それを取ったのだろうか。

たとえば、本生経典の一つである『菩薩本生鬘論』巻二の「兎王、身を捨てて梵志（バラモンのこと）を供養する縁起、第六」に、「或は愚痴に由りて十悪業《あくごう》を造り、この因縁を以て地獄に堕つ。浄慧《じようえ》なきが故に因果を撥無し、仏法僧を毀り、般若を学ぶことを断つ人、苦処八寒八熱に於て刀山・剣林、種種の治罪」を受けるといい、巻三「少施（僅かの布施）正因の功能《くのう》を開示する縁起、第九」では、「獄卒羅刹は諸の罪人を取り、種種に治罰し、……その身を分析して百千分と作し、刀山・剣林・火事・煻煨《とうわい》・寒氷・沸屎、一切備《つぶさ》に受く」といっているものは、まさに十六小地獄のなかの八寒・八熱である。

このようにみてくると、寒地獄と熱地獄の関係は、先に考えたような対立関係をつくるようになったのかどうか、再考の必要があるだろう。つまり、八大地獄が成立した時点で、十六小地獄に寒地獄が設けられ、それがすでに考えられていた寒地獄、たとえば十地獄を吸収して形を整え、十六小地獄の八寒八熱と整理したか、あるいは十六小地獄の外に寒地獄を放り出して、これとは別に八大地獄の傍にある地獄として八寒地獄に位置を与えたか、どちらかの道があったのではないかという推定である。

そしてもしこのように考えることがおおよそ可能だとすれば、「世記経地獄品」はその分岐点に立つ一つではなかろうか。

ここには、八大地獄、十六小地獄と別に十地獄が寒地獄として説かれている。これが十六小地獄のなかの寒氷地獄を足場に統合されたとすれば、逆にその位置を主張して熱地獄の領域の縮少を余儀なくすることになる可能性がある。また他方、十六小地獄のなかから寒氷地獄が放り出されるときは、これが別立の寒地獄として位置を確保することは容易であろう。つまり、「コーカーリヤ」章のような十地獄、『雑阿含経』一二七八経の八地獄などは後者に属し、『大智度論』の八寒八熱は前者に属するのではなかろうか。しかしまた別に、前者の形はむしろ『増一阿含経』「八難品」に説く十六隔子のなかの四寒地獄が八寒と強化され、『大智度論』に連絡する可能性も強く、この方がより妥当かもしれない。とすれば、この二つが後の地獄思想と対応して、大きな分かれ目になったとみられる。

十寒地獄の系列

ともあれ、以後の地獄思想は寒地獄の独立を軸に、小地獄の熱地獄がどう姿を変えていくかにかかっているようである。そしてそれには『大智度論』の八寒八熱が一つのキーポイントになっているらしい。しかしこれは一概にはいえない複雑さを孕《はら》んでいる。

いま「世記経地獄品」が寒地獄を十に数えて別立させていることを手懸りとして、これを試みに跡づけてみると、たとえば『三法度論』巻下がある。

ここでは小地獄は全く説かれないで、熱地獄にいわゆる八大地獄を説き、寒地獄として十寒地獄を対応させ、その名を掲げて、阿浮陀・泥羅浮陀《ないらぶだ》・阿波跛《あはは》（以上三種を「了叫喚」地獄と説明している）・阿吒鵂吒鵂《あたくたく》・優鉢羅・阿吒鵂吒鵂優鉢羅（以上三種を「不了叫喚」と説明）・拘牟陀須《くむだす》・揵緹伽《けんだいか》・分陀梨伽《ぶんだりか》・波曇摩《はどんま》（以上四種を「不叫喚」と説明）の十とし、鉄囲山と大鉄囲山との山底にあると説く。またとくに寒地獄の寿命に触れ、阿浮陀を例にとって、摩竭《まかつ》国（マカダ国）の倉十に納められた芥子で説明し、これを百年に一粒とり去ってすべてを尽くすとしても、阿浮陀地獄の寿命は尽きないとし、以下の地獄は順次、前の地獄の寿命に倍乗したものだといい、倉十の芥子とは二升が一阿勒、四阿勒が一獨籠那、十六獨籠那が一佉梨（カーリ）、二十佉梨が一倉だと説明している。この寒地獄の説明はかなり『スッタ・ニパータ』「コーカーリヤ」章に近く、これに受けたものであろう。

しかしここにはこれら寒熱両地獄のほかに「辺地獄」のあることを述べ、これを「所在の処の水間・山間および曠野」と説明している。つまり地下の世界ではない。このいま人の住んでいる場所がそのまま地獄に早変りし、ある特定の人が個人的に悪業《あくごう》の報いを受けるとするのである。この考え方は、先に辿ってきた限りではまだ姿を見せなかったものであるが、これから触れるものには、ほぼ共通して説かれていることを注意したい。

また十寒地獄を説くものとして、次に注目したいのは『十住毘婆沙《じゅうびばしゃ》論』巻一である。

ここでは、八大地獄とその「眷属」として八地獄を挙げ、それらに対応するものとして寒地獄を説く。この寒地獄は「寒氷地獄・頞浮陀《あんぶだ》地獄・尼羅浮陀地獄・阿波波地獄・阿羅羅地獄・阿睺睺《あごご》地獄・青蓮華地獄・白蓮華地獄・雑色《ざつしき》蓮華地獄・紅蓮華地獄・赤蓮華地獄」の十一を数える。しかし最初の「寒氷地獄」はおそらく寒地獄の総称として掲げたものだろうから、これも十寒地獄を説いたものに違いないが、ここで看過できないのは、八大地獄の「眷属」八地獄とその名称である。その名称は炭火・沸屎・焼林・剣樹・刀道・

銅柱・刺刺・鹹河と呼ばれているから、ほとんど『大智度論』の十六小地獄の「八炎火」地獄と重なるが、これが『瑜伽師地《ゆがしじ》論』などに連絡していると推察されることである。

小地獄

『瑜伽師地論』に説く小地獄は四門の外にある四つの「出園」で、その地獄の特長は㈠煻煨《とうえ》、㈡死屍糞泥、㈢利刀剣（剣刃路）・刃葉林・鉄設拉《てつせちりゆう》末梨《まり》林、㈣沸熱灰水の広大河と示されている（名称はまだない。『大毘婆沙《びばしゃ》論』巻一七二ではそれを㈠煻煨増・㈡屍糞増・㈢鋒刃増―刀刃路・剣葉林・鉄刺林、㈣烈河増と呼ぶ）。ここでわかることは、『大智度論』と『十住毘婆沙論』でいう炭火地獄が『瑜伽師地《ゆがしじ》論』の煻煨（または『大毘婆沙論』の煻煨増。煻煨とは熱い灰のこと、増は小地獄の意）に当たり、以下、沸屎は死屍糞泥、剣樹は刀葉、刀道（剣道）は剣刃略、刺刺（剣刺林）は鉄設拉末梨林（剣刺林）、鹹河は沸熱灰水の広大河（烈河増）と対応していることである。八眷属のうち、焼林と銅柱の二地獄をはぶいて、そのままが四門の外の出園、つまり増に吸収されたことが知られる。しかし『十住毘婆沙論』が小地獄をなぜ八としたのか、ただ『大智度論』によっただけなのか、それならば、なぜ寒地獄を十と数えて別仕立てにしたのか、問題は残る。

とにかく、視点を十寒地獄に当てて眺めたかぎりでは以上のようなことがわかる。ただそれを言うなら、もう一つ『立世阿毘曇論』もこの系列にはいるだろう。ここには「世記経地獄品」と同じ十寒地獄が説かれているが、寿量について芥子ではなく、麻の喩えで説き、閻魔王の五天使は「五天使経」に依っている。

しかし眼を小地獄に転ずるときは、もう『三法度論』や『十住毘婆沙論』とも別のものである。そこで説かれる十六隔子はそのまま『瑜伽師地論』や『大毘婆沙論』のそれである。

さて、十六小地獄も終わりに近づいたようである。すでに触れたように、小地獄は四門の外、東南西北に四つずつ十六あるとするものである。『十住毘婆沙論』の八小地獄では、これらが大地獄に付属してどのように配置されているのか、皆目わからないが、ここにはその不備はない。同じ種類の地獄が四門の外に整然と並んでいる構成である。こうした十六増地獄を説くものには、上記のほかにも『顕宗論』『彰所知論』『倶舎論』などを挙げることができる。そしてさらにこれら（『大毘婆沙論』を除いて）に共通していえることは、寒地獄が八寒地獄で、そのほかに孤地獄を説くことであろう。したがってこれからすれば、種々姿を変えながらも、小地獄の十六という数字はかなりかたくなに固執されてきたといえる。

『正法念処経』の別処

しかし最後にこれらとは全く異質の小地獄を説くものが他にあることを忘れることはできない。それは『正法念処経』である。この経典は『大智度論』に姿を見せないことなどから、これ以後の成立と見、小乗思想の爛熟期、とくに『大毘婆沙論』編集後とされている（『国訳一切経』経集部八、『正法念処経』解題）が、地獄経典という視点からは、『大毘婆沙論』とは全然、嚙み合わない、別の思想領域に起こったものという感が強い。それは、この経典の「地獄品」（巻五―巻一五）に語られている八大地獄の十六別処が、一つ一つ別の個性をもった別処で、しかもあまりにも内容豊かに、かつ克明に描写されているからである。それは時に度を過した饒舌でさえあって、なぜこれほどまでに別処をとことんまで語らなければならなかったのか、考えてみると、興味ある問題を提供してくれるものである。

しかし、いずれにしても、八大地獄の別処をすべて網羅して、その名を掲げ、ここに堕ちる業因《ごういん》、堕ちて受ける苦相、そして業因が尽きた後の転生などまで、一々語ろうとしただけに、かなり明瞭に息切れした部分を残していることは事実である。その一つは、第一活地獄（一般には等活地獄）で十六別処の名を掲げながら、第八別処以下を省略したこと、また第二黒縄地獄では十六別処を掲げ忘れて、触れたものはわずか三別処に留まりながら、やはり活地獄同様、「十六別処を観察し」終わったとしていること、さらに、なぜか第五大叫喚地獄では「十八処」を挙げていることなどである。したがって語彙も不足してしまったのだろう、同じ名の別処がかなり散見され、類似のものも少なくない。

しかしこれらの別処は、そこに堕ちる業因の違いがまず決定的な条件になっているから、それに相応して受ける苦相にも差異があり、たとい名称は同じでも、細部では描写や叙述が重複することはない。それは一つには、これだけ多くの異なった別処を記述しながら、変化と多様性を盛りこむことができた経典編集者の想像力の豊かさに負うものであろう。

いまこれらについて細かに触れることは紙数が許さないが、この経が地獄について説くいくつかの特長を挙げると、先にも触れたことであるが、堕獄の業因について一々細かに説明しようとした点がまず注目される。それはただに八大地獄についてだけでなく、別処についても説いていることで、おのずから一々の別処がなぜ他と違ってとくに立てられねばならないか、その理由の一端がここに示されたことにもなる。『大毘婆沙論』のように、八大地獄が一律に四門の外に同じような十六増を設《ととの》えるといった単調さはない。合《ごう》地獄（一般には衆合《しゅごう》地獄）を例にとっていえば、ここに堕ちる前世の罪業は、生きものを殺し、盗みをはたらいたほかに、さらに邪行《じゃぎょう》を犯した、この三重の罪であるが、これらの罪を犯したもので、とくに邪行について次のようなことに該当する行為を犯した場合、十六別処に堕ちる差が生ずるとするのである。

別処に堕ちる罪業

煩を嫌わず列挙してみると、まず㈠「婬を行《ぎょう》ずべからざるに、不正に観察し、邪欲の行を楽し」んだ罪人は大量受苦悩処に生まれる。「婬を行ずべからざるに」とは、たとい夫婦であっても、その時、場所などの制約のほかに、意志の一致が必要であることをいったものである。次は㈡「口中に婬を行」なった場合で、罪人は割刳《かっこ》処に生まれる。また㈢「非道（つまり産道以外の肛門など）において婬を行なった場合は脈々処に堕ち、㈣幼児をとらえて強姦した場合は悪見処、㈤牝牛や牝馬などに獣姦を行なった場合は団処、㈥「男にして男に行」なった場合は多苦悩処、㈦戦争に加わって他国の女をとらえ、みずからも淫欲を満たし、あるいは他をして満たさせた場合は忍苦処、㈧羊・驢に獣姦し、しかも仏に対する敬重《きょうじゅう》の心もなく、寺に近付いたり、入ったりした場合は朱誅朱誅《しゅちゅ》処（体内に食い入った蟻が肉を食う音を「朱誅」といったものか）、㈨「姉妹等の行ずべからざる処に於」いて淫を行なったものは何々奚処、㈩不浄を行じて戒律を破った比丘尼《びくに》に重ねて淫行を迫って、これを犯した場合は涙火出処、⑾とくに邪行を楽しみ、多欲にして「口中」「糞門」など産道以外で淫欲を行なった場合は一切根滅処（根は六根の意）、⑿妻以外の婦女に淫を行なった場合は無彼岸受苦処に堕ちる。またとくに出家に対して、㈢出家して修道者となりながら、かつて在俗当時、淫を行なった婦女を思い、自瀆（マスターベーション）を行ない、その喜悦を他人に語り、「婬欲の功徳を説く」などした場合は鉢頭摩処、㈣「沙門《しゃもん》（修行者）」でもないのに沙門を自称し、正しく戒律を守ってもいないのに、この「梵行（清浄な行ない）」によって天に生まれて、天女に囲まれていたいなどと望む場合は、㈥摩訶鉢頭摩処（㈢㈣の別処名は寒地獄にその名がみえる）、㈤沙門でもないのに沙門を自称し、在俗当時を思って、在家の婦女に近づき、「喜笑・舞戯」して不善を心に抱きながら、「臥具・病薬・飲食《おんじき》・資具」などを受け取る場合は、火盆処、㈥沙門でもないのに沙門を自称し、婦女の「歌笑・舞戯等の声を聞き、不浄（精液）を漏失」して楽しむ場合は、鉄末火処に堕ちるなどと説いているのである。

苦相と罪業の余残

つぎに業因によって堕ちた別処の一々の苦相について『正法念処経』が述べる相違について触れよう。それにはさまざまな違いがあるが、いま先に挙げた例に従って、一、二挙げてみると、大量受苦悩処では、罪人は炎熱の鉾《ほこ》や鋭利な穳《きり》（イ鑽）を肛門から突きさされて背中や腰・腹など、各所に貫き徹されたり、あるいは焼いたり煮られたり、さらには鉄鉗で「卵」（睾丸カ）を抜かれ、鉄の鷲がそれを食う、という。また割刳処では、体中、あちこちに釘を打たれ、それが反対側に突き抜けると、また抜きとって打たれたり、口から熱銅を瀉《そそ》がれ、汁が体内を焼いて肛門から出るといった苦に責められる。脈々断処では、熱筒に入った熱銅の汁を口一ぱいに満たされ、なぜか罪人は、「わたしはいま独りぼっちだ」と大声に泣き叫ぶ、という。別処の名前からはちょっと見当もつかない苦相がみられる。

こうした調子で、一々の別処での苦相が細かに説かれる。しかしそれ以上に、この経の特色として注目されるのは、地獄でさまざまな苦しみを「無量百千歳」、あるいはそれ以上にわたって味わわされて、堕獄の罪業の報いが尽きた場合、その地獄での死を与えられて、ここから解放される、その後の転生が示されていることである。つまり地獄で罪を償い終えた罪人がどのような生を受けるかが、別処の一々について語られているのである。

再度、先にならって、合地獄の別処に当たって、死後の生所をいくつか眺めてみると、まず大量受苦悩処を離脱することができた罪人は、もし「前世過去久遠《くおん》」のむかしに行なった「善業」（よい行為）があって、それがいまに熟して、この離脱に当たって実を結ぶ場合は、餓鬼や畜生の境界《きょうがい》に生を受けることなく、人間に生まれることができるが、そのときは「同業《どうごう》の処に生まれて第三の人となる」と説かれている。つまり、堕獄以前に行なったと同じ邪行を好む人と生まれて、しかも身体的機能に欠陥のある人と生まれつくというのであって、これがかつての悪業の「余残」である、と説いている。

また割剉処から脱することができた罪人は、もし過去前世の善業が熟して実を結んだときは、人と生まれても、堕獄以前と同じような邪行を好む人と生まれ、口の中に常に臭《くさ》く爛《ただ》れたような匂いがあって、人にいやがられるといい、かつて口中に淫を行なった悪業の余残がこんな形で現われるとする。

あるいはまた脈々断処の場合は、過去の善業によって人と生まれても、妻をめとったときは、非道（産道以外の場所）において淫を行なった、かつての悪業の余残がここに働いて、妻は他の男に心を移して愛に溺れ、これを知ってもさえぎることができない、といい、悪見処の場合は、再び人と生まれても、幼児強姦といった悪業の余残のため、性交のおり射精はできても、子種はなく、世間から「不男《ふなん》」（性的不能者）と嫌われ軽蔑される、という。

以上は、わずか数例を拾ってみたものにすぎない。悪業の余残だけをさらにいくつかの合地獄の別処について言えば、団処の場合は、自分の妻を他人に犯させて、それを妬む心をもたない男と生まれつくし、多苦悩処の場合は、自分の妻と呼べるものが持てなく、たとえ持ててもこれを嫌って、他に心を移す男と生まれ、忍苦処の場合は、もし絶世の美女

	活地獄	黒縄地獄	合地獄	叫喚地獄	大叫喚地獄	焦熱地獄	大焦熱地獄	阿鼻地獄
1	屎泥処	等喚受苦処	大量受苦悩処	大吼処	吼々	大焼	一切方焦熱処	烏口
2	刀輪処	旃荼黒縄地獄	割刳処	普声	受苦無有数量	分荼梨迦	大身悪吼可畏処	一切向地
3	瓮熟処	畏鷲処	脈々断処	髪火流	受堅苦悩不可忍耐	竜旋	火髻	無彼岸常受苦悩
4	多苦処		悪見処	火末虫	随意圧	赤銅弥泥魚旋	雨沙火	野干吼
5	闇冥処		団処	熱鉄火杵	一切闇	鉄鑊	内熱沸	鉄野干食
6	不喜処		多苦悩処	雨炎火石	人闇煙	血河漂	吒吒吒嚌	黒肚
7	極苦処		忍苦処	殺々	如飛虫堕	饒骨髄虫	普受一切資生苦悩	身洋
8	衆病		朱誅朱誅処	鉄林曠野	死活等	一切人熱	鞞多羅尼	夢見畏
9	両鉄		何々奚処	普闇火	異々転	無終没入	無間闇	身洋受苦
10	悪杖		涙火出処	閻摩羅遮約曠野	唐悕望	大鉢頭摩	苦鬘処	雨山聚
11	黒色鼠狼		一切根滅処	剣林	双逼悩	悪嶮岸	雨縷鬘抖擻	閻婆叵度
12	異々廻転		無彼岸受苦処	大剣林	迭相圧	金剛骨	髪愧(イ塊)烏	星鬘
13	苦逼		鉢頭摩処	芭蕉烟林	金剛嘴烏	黒鉄縄摽刃解受苦	悲苦吼	苦悩急
14	鉢頭摩鬘		大鉢頭摩処	有煙火林	火鬘	那迦虫柱悪火受苦	大悲処	臭気覆
15	陂池		火盆処	火雲霧	受鋒苦	闇火風	無非闇	鉄鍱
16	空中受苦		鉄火末処	分別苦	受無辺苦	金剛嘴蜂	木転	十一焰
17					血髄食			
18					十一炎			

を妻に得たときは、戦争によって将兵たちに妻を略奪されて、号哭のあまり心も裂けんばかり懊悩の苦しみを味わう。

こうした悪業の余残をこれほど一々こと細かに説いたものは他に例を見ない。古くは『雑阿含経』巻十九や巻三十一などにその例を見るが、内容は限られているから、おのずから数も四十を越えないわずかなものである。しかもそこでは罪業によって堕ちる地獄は全く問題の外であって、特定の地獄とはかかわりなく、過去の罪業がいまどんな形でその余残をみせたか、そこに焦点が結ばれている。

つまり、五一四経を例にとって言えば、目連が路上で、体中、全身に針のような毛が生え、それが火と燃えて、その痛みに苦しんでいる一人の男に出逢った話を載せる。目連がこのことを釈迦に告げると、仏は、それは過去世で戦いを好んで人を傷つけ、「百千歳、地獄の中に堕ちて無量の苦を受けた地獄の余罪」がいまに続いているのだ、と語った、とある。いわば、総じてこのような形で過去の罪業と現在の悪果との連絡がつけられているだけである。したがってこれは、現在から過去をながめた一種の本生的性格に留まっているものと言えるが、『正法念処経』の場合は、過現未の三時にわたって余残を未来のなかに見据えているところが違う。ともに生死流転の輪廻思想を基盤として、悪業の報いの恐ろしさを説きながら、その余残の業報が遠い未来にまで長く尾を引くことを示して止まない『正法念処経』の地獄観念には『雑阿含経』のそれははるかに及ばないのである。地獄観念の異常な発展をうながすものが両者の差を大きくしたに違いない。

ちなみに、『正法念処経』は、合地獄の所で業《ごう》（行為）を起こすときの心の在り方や力の差、あるいは身《しん》・口《く》・意《い》（身体動作・言語表現・意志等精神作用）の差などによって受ける苦に三種の差が生ずるとし、欲界・色《しき》界・無色界の三界《さんがい》、過去・現在・未来の三時、現受・生受・後受（現世で苦を受けると、死後の生で受けると、第二生以後で受けるとの三）、現縛・中縛・異生処縛など、さまざまな三種の苦を説くが、こうした考えに支えられた、そのなかの地獄観であることも知る必要がある（四八頁の別表で八大地獄の別処名を載せておく）。

『観仏三昧海経』

さて、これまで追ってきた叙述の結びとして、もう一つ地獄経典について触れておきたい。それは、『観仏三昧海経』と『地蔵菩薩本願経』とである。

これらは、ともにインド成立の経典とは見られていないもので、前者は『観無量寿経』（今日、「浄土三部経」の一つとされている経典）と同様に、中央アジアの成立らしく、この地方に多数発見されている地獄変相の絵画などと揆を一にすると思われ、四世紀の終わりには成立していただろうと推定されている。また後者については、コータンで成立したらしいといわれ、また四世紀にタリム盆地に移住したイラン人のゾロアスター教の天使思想の影響を受けて地蔵菩薩の思想が生まれたともされるから、そうとすれば、五世紀ごろの成立であろうか（宮本正尊編『大乗仏教の成立史的研究』参照）。

『観仏三昧海経』巻五「観仏心品」に説く地獄は八大地獄で最悪最下の地獄とされる阿《あ》鼻《び》（無間《むけん》とも）地獄である。しかしこの地獄には東南西北の四方にそれぞれ十八隔《かく》があるとされるほかに、十八小地獄があるとされ、しかもその十八小地獄のほとんどに「十八」の名を冠して、それぞれどこかで十八の数と係わりをもたせて、これを説こうとしている点は、これまで見たどれとも合致しない（わずかに『正法念処経』の大叫喚地獄に別処名十八を掲げているのが注目される）。

ともかくその十八の小地獄名は、十八寒地獄・十八黒闇地獄・十八小熱地獄・十八刀輪地獄・十八剣輪地獄・十八火車地獄・十八沸屎地獄・十八鑊湯地獄・十八灰河地獄・五百億剣林地獄・五百億刺林地獄・五百億銅柱地獄・五百億鉄機地獄・五百億鉄網地獄・十八鉄窟地獄・十八鉄丸地獄・十八尖石地獄・十八飲銅地獄である。しかしこれらの名称からは、こと新しいものは何一つ見当つかないし、旧態の踏襲そのままといった印象が濃いが、ここでもこの地獄に堕ちる過去の業因と死後の世界が一々語られている点は注目されていい。いまこれらのなかから少しく特異なものをいくつか拾いあげてみると、まず最初の十八寒地獄が挙がってこよう。

この地獄は八方が「氷山」で、山は「十八隔」に分かれ、またそれぞれに「小氷山」がある。頗梨《はり》（水晶、またはガラス）色を帯び、形状は蓮華に似て、十八由旬《ゆじゅん》の高さに「氷輪」があり、広さは縦横《たてよこ》同じく十二由旬、いつも空からは雹《あられ》が天雨のように降る。

ここには、かつて世にあったとき、人のものを劫奪し、衣服を剝ぎとって凍え死にさせた罪人が、死に臨んで一切の刀風が熱火と化したその熱さに耐えられないで、氷上に臥したいと願ったそのことによって、獄卒の手に捉えられて氷山上に連れてこられ、ここに生を受けるのだ、という。生まれた後は、扇であおがれるように氷山の寒冷が毛孔からはいり、ただ言葉もなく「阿羅囉《あらら》」と叫ぶことができるだけである。その後、ここから免れでることを願って「熱火」のなかに生まれ、嘴から火を吐く鉄の鳥に頭を破られ、脳を啄《つい》ばまれて死ぬが、獄卒の「活きかえれ」という叱声につれて蘇生し、猛火に苦しめられて、また先の氷冷を願うことによって「氷輪」のなかに迎えられる。こうして十八隔を経廻ること、四天王天の八千万歳（四天王天の一日は人間の五十年に当たるという）、ようやく罪業が消えて人中に生を受ける。しかし生まれても「賤人」として五百世の間、奴婢と使われ、衣食にこと欠く身として罪を償ってはじめて善知識《ぜんじしき》に遇い、さとりを求める心を発《おこ》す、という。

また、十八剣樹地獄の場合には、世にあったとき、「父母に孝せず、師長を敬はず、悪の口業《くごう》を作り、慈悲の心なく、刀杖を人に加」えたりした罪人がここに堕ちる、という。罪人は死に臨んで、ことに触れて執着を起こし、酒に耽り、色に溺れたことを回想して、この心を断ち切りたいと願う。すると、それに応じて獄卒が侍者となって鏡を持って現われ、その鏡の中に剣を映し出して、罪人をして、この剣で心の欲愛が断ち切れたら、どんなにか気持がさっぱりするだろうにと思わせ、罪人はその思いに応じてここに堕ちて、餓鬼の身を受ける。

この地獄は八千由旬、一面隅なく剣樹に満ち、餓鬼と生まれた罪人は鉄丸を呑まされ、獄卒の鉄叉で打たれて樹上に追い上げられる。こうして樹林の間を追い廻され、一日一夜の間に八万回、死んでは生まれ、生まれては死ぬ。また、この地獄での罪の償いが終わった後、人と生まれかわっても、身は「卑賤」で、世も飢饉である、という。この地獄ではとくに餓鬼と生まれるとしたことは特異な点で、地獄という概念が少しく混乱していることが注目を引く。

もう一つ、十八尖石地獄の例を挙げてみよう。この地獄には二十五の石の山があり、一々の山に八つの氷の池があって、それぞれ五匹の毒竜が住む。ここには、かつて世にあるとき、世の人の、正を邪とし、邪を正と説いて、罪を犯して悔いることなく、猿のように慚愧の心がなかった罪人が堕ちるが、ここでも罪人が心に願った、その願いに応じた罪苦を味わわされる。獄卒の鉄叉で口を刺し開けられ、口中に石をつめこまれて一日一夜の間に六十億回も生と死とを繰り返す苦しみにさいなまれる。

しかもこの地獄で死んだ後も、罪人は黒縄地獄に堕ちて、そこでまた責めさいなまれた後、鉄や石を呑まされ、一日一夜、この苦をおよそ十万（または九十万）回も味わわなければならない。そして罪が終わると、人と生まれるが、身は「僮僕」として人に仕えねばならない、という。

ここでは、改めて黒縄地獄の名を挙げている点が特異であって、この経典が八熱地獄を説かないだけに、地獄思想にかなりのくずれを窺わせるものがある。また先にも見たように、罪人の臨終の思いが死後、地獄の種類や様相といったものにそのまま影を落としていることも他にあまり例がないだろうし、小地獄が十八あることも、なかに一つ寒地獄を含んでいることも、直接の先行経典の理解をむつかしくしている。さまざまな経典の地獄思想が混在したと考えてよい。

『地蔵菩薩本願経』

ところで、『地蔵菩薩本願経』が説く地獄も今まで見たものと違ってかなり異質である。まず「観衆生業縁品」で、「諸有《あらゆ》る地獄は大鉄囲山の内にあ」るとし、「その大地獄に一十八所あり、次に五百あり、名《な》号はおのおの別」であるといい、さらにまた名を異にする千百の地獄がある、と説く。しかしこれらがどんなものか、どんな関係にあるか、明らかにすることなく、「無間《むけん》獄」の説明に移っている。「地獄名号品《みようごうぼん》」では閻浮提《えんぶだい》の東方、鉄囲山に極無間《ごくむけん》と大阿鼻との二人地獄があると説く。「無間」とは梵語アヴィーチ＝阿鼻の訳語だから、これはいささか混乱を招く恐れがある。密教経典の『首楞厳《しゆりようごん》経』巻八に「無間二種の地獄」といい、「阿鼻獄」を続けて挙げたところがあるが、関係があるだろうか。

さらにまた、無間と阿鼻との二地獄の眷属地獄なのか、またどう係わるのか、説明抜きで名称の挙がっている地獄が二十二あり、これと別にまた二十二の地獄の名がみえる。それぞれ小地獄を備えるとするところから、大地獄ともとれるが、無間・阿鼻という名と対比すれば、小地獄とみてふさわしい名が列ねられている。しかも先の二十二地獄と後の二十二地獄とでは名の重なるものがあって、あるいは前者が極無間地獄の眷属、後者が大阿鼻地獄の眷属といった可能性がある。二つの二十二地獄を列挙すれば、次のとおりである。

先の地獄は四角・飛刀・火箭・夾山・通槍・鉄車・鉄床・鉄牛・鉄衣・千刃・鉄驢・洋

銅・抱柱・流火・耕舌・剉首・焼脚・唂眼・鉄丸・諍論・鉄鉄・多瞋の二十二で、後の地獄は叫喚・抜舌・糞尿・銅鎖・火象・火狗・火馬・火牛・火山・火石・火床・火梁・火鷹・鋸牙・剝皮・飲血・焼手・焼脚・倒刺・火屋・鉄星・火狼の二十二である（傍点は重複しているもの）。

またこの経には地獄の罪報を明かし、先の地獄の中から選んで説明したと思われるものがある。「罪人の舌を取って牛に耕さ」せる地獄とか、「銅柱を焼いて罪人をして抱か」せる地獄とか、「限りない糞尿」のある地獄とかはそれである（×印）。総じて苦具を示して銅・鉄・石・火の四を挙げていることは注目されてよい。

八大地獄と名称の由縁

これまで眷属地獄についてそれを説く諸経の連絡ないしは系統といったことを少しく考察してみた。十分、意を尽くしてはいないが、別に譲るとして、次に大地獄についてみよう。焦点は当然、八大地獄である。

まず最初に『増一阿含経』「八難品」に説く八大地獄は、「一には還活地獄、二には黒縄地獄、三には等害地獄、四には涕哭地獄、五には大涕哭地獄、六には阿鼻地獄、七には炎地獄、八には大炎地獄なり」と記されている。『長阿含経』「世記経地獄品」ではこれを㈠

想、㈡黒縄、㈢堆圧（推圧カ）、㈣叫喚、㈤大叫喚、㈥焼炙《しょうしゃ》、㈦大焼炙、㈧無間と訳し、訳語にいくらか違いがある（同経異訳の『起世経』では㈠活、㈡黒、㈢合、㈣叫喚、㈤大叫喚、㈥熱悩、㈦大熱悩、㈧阿毗至《あびし》と訳し、後の整理された訳語に近い）。

いま「八難品」をもとに、これらの名の由縁を聞いてみると、まず㈠還活地獄は、罪人が苦に逼《せ》められ、体の血肉がすべてなくなってしまうと、罪人自身「活《い》き還れ」と互いに言い合ってまた元の姿に戻るから、その名がある、という。これを「世記経地獄品」には、罪人の体の皮肉が脱落すると、冷風が吹いてまた元に還るとき、罪人が「おれはもういま活きている」と想うから、想地獄と名づけるなどといい、少し視点をかえた説明になっている（『起世経』には想を意味するものは全く見当たらない）が、要するに元の体に還る点は違わない。この地獄を等活地獄と呼ぶのもほぼこれと理由は同じである。

㈡黒縄地獄については「八難品」は「衆生の形体、筋脈みな化して縄となり、鋸を以て身を鋸《ひ》く」から、と説明する。しかしこれではあまりに簡単で要領を得ない。「世記経地獄品」はその点、説明が十分で、獄卒が罪人の体を地に伏せさせ、その体に熱鉄の縄ですみなわを打って、その筋の通りに百千段に斧で切ったり、鋸でひいたりするといい、あるいは鉄縄そのもので焼き切るとも、または鉄縄を縦横無数に交叉させたなかに罪人を追いこめ、体に熱鉄をからませて焼き切るともいう。いずれをとっても黒縄の名に相応したものとなっている。この地獄名は後にもほぼ一貫して用いられてくる。

㈢等害地獄についても、「八難品」の説明は簡単である。「かの衆生、一処に集在してその首を梟《さら》し、尋《つ》いでまた還り生く」と説くだけである。獄卒が罪人たちの首を切って梟すのだろうが、等害の意味の説明にはなっていない。「世記経地獄品」はこれと違って、名も堆圧とかわるから、比較の仕様もないが、ここでは地獄に大きな石の山が相対していて、罪人が山の間に追われてはいると、山が自然に動いて罪人を推しつぶすといい、また大きな鉄象がいて罪人を踏みつけ、その体の上を転げまわって推しつぶすとも、磨石・大石・鉄臼など、およそ推しつぶしたり、磨《す》りつぶしたり、擣《つ》いたりするものが、この地獄の苦具として特徴づけられている。内容上からも全く違った地獄の印象である。しかしこの地獄の梵語名はサンガータで、「八難品」の等害は訳語として近いものがあり、『起世経』もこれを合《ごう》地獄と訳し、その理由は二つの山があい「合」して罪人を相《あい》突き、相打ち、相磨るとするところに負うらしい。内容は「世記経地獄品」と『起世経』との間に差は余りないから、堆圧（推圧）の名は全く別の視点から名づけられたと考えられる。ただ『大智度論』もこれを合会《ごうえ》地獄と訳しており、そう呼ぶ理由に触れたところでは、山が相「合」うことよりも、それを含めて、もっと別のことがあるらしい。まず獄卒が種々の姿をして現われて罪人を苦しめると説くことはそれを語るかに見える。おそらくさまざまな苦具が罪人の身に迫って苦しめることを合会と捉えたのだろうか。後にはほぼ衆合《しゅごう》地獄という表現に定着する。

次の㈣涕哭《たいこく》地獄と㈤大涕哭地獄とはおおよそ程度の差と見られる。「八難品」の語るところでは、前者では「悩みを受くること量りなく、中に於て称怨《しょうおん》喚呼の声、断絶せず」とあり、後者には「無量の苦痛を受くること称計《しょうげ》すべからず。中に於て喚呼し、胸を椎《う》ちて自ら摑《つか》み、同声唱嘷《どうしょうしょうじゃく》す」といい、差らしいきわ立った差もないから、後者に大の字を冠した理由を考えても、程度の差といったところに落ちつこう。この点は「世記経地獄品」も同じで、『大智度論』に至っては二つの地獄を一括して扱うほどで、「第四と第五とを叫喚、大叫喚と名づく。この大地獄は、その中の罪人の羅刹《らせつ》・獄卒の頭は黄にして金の如く、眼中より火を出し、（略）口よりは悪声を出し、三股の叉を捉り、箭の堕つること雨の如くして、罪人を刺し射る」などと説くのをみてもうなずけよう。

とくに阿鼻地獄について

ところで、次の㈥阿鼻地獄について説くところは、いささかこれまでと調子が違う。なぜ阿鼻と名づけるのか、その埋由がはっきりしない。つまりこの地獄の様相について全く語ろうとしないで、この地獄に堕ちた罪人の過去の業因に触れて、それだけで「因縁」の説明を終わっているからである。このことは、この地獄が他の地獄とは少しく異質であることを印象づける。

これを「世記経地獄品」に説く無間地獄に当たってみても結果は同じである。ここではこの地獄の様相がこれまでの地獄と同じような叙述の仕方で説かれ、ただ違うのは、他の地獄にはない「門」があって、罪人が近寄ると閉じることと、とくに罪人の眼に見、耳に聞くなど、一切の対象世界が悪であって、「弾指《たんじ》の頃も苦ならざる時なし」と説かれていることなどである。前者の「門」については『増一阿含経』「善聚品」に説く「四門大地獄」を想起させ、その意味ではこれが阿鼻地獄の原型かと想わせるものがある。地獄は阿鼻地獄が元になって、それから拡大して八という数を整えるように展開したのではないか、という推定である。そうとすれば、この点で阿鼻地獄は当然、他と同列・同等に扱えないものを持つことになろう。また後者の記述も一見、何でもないことのようであるが、他の地獄が苦の様相を説くのに終始したことと対比すれば、すでに視点が違う。ここに罪人が自分を取り巻く一切のものに悪を見るといっていることは、地獄に堕ちた現在でも罪を犯す悪意を抱き続けているということであり、それはまたそのまま即座に地獄の被虐にはねかえるはずだからである。だから、あえて「弾指の頃も苦ならざる時なし」といわなければならなかったのである。言葉を換えていえば、いわばここに説かれた無間地獄の苦は、罪人の順生業《じゅんしょうごう》、順後業の悪に順現業の悪をも加えた、その業苦であるところに、苦の断え間がない「無間」の名がとくにこの地獄に付けられたのであろう。

この地獄をさらに『大毘婆沙論』巻一七二によって見てみると、こう説いている。

まず、この世界の最下にある最大の地獄をなぜ無間と名づけるかと設問して、一つにはそれは仮りの名であって、百釘々身とも、六苦触処《そくしょ》とも、自受苦受とも、無間とも名づけ、「有間《うけん》」だが「無間」と仮りに名づけたにすぎないとしつつ、また一説には「かの処には恒に苦受を受けて喜楽の間《ま》無《な》きが故に、無間と名づける」と答えている。しかしこれにはまた疑問が起こるから、さらに問答を設けて次のように説明する。

問ふ。余の地獄の中にも、あに歌舞・飲食《おんじき》ありて、喜楽の異熟（善悪の行為の果が善でも悪でもないことをいう）を受けんや。故に無間と名づけざらんや。

答ふ。余の地獄の中にも、異熟の喜楽なるもの無しといへども、しかも等流《とうる》（因に対して果が相似た同類の場合をいう）の喜楽あり。『施設論』に「等活地獄の中に時ありて、涼風に吹かれて血肉また生ずるあり。時ありて、声を出して等活と唱へて言はば、かの諸の衆生《しゅじょう》、欻然《くちねん》としてまた活く」と説くが如し。ただかくの如き血肉の生ずる時と、及びまた活くる時とに於て、暫く喜楽を生じて、苦受を間《へだ》つるが故に、無間とは名づけざるなり。

有《あ》るが説く、「衆多《あまた》の有情《うじよう》の、悪業を造作《ぞうさ》して、相続きてかしこに生《うま》れ、かの処所を満《みた》すが故に、無間と名づく」と。

評して曰く、まさにこの説を作すべからず。余の地獄に生るるものは多く、無間に生るる者は少し。所以はいかん。上品《じようぼん》の身・語・意の悪業を造作し増長《ぞうじよう》する者、乃ちかの処に生るるを以てなり。有情の、上品の悪業を造作し増長する者は少く、中・下品の悪業を造作し増長して余の地獄に生るる者は多し。上品の善業を造作し増長して有頂《うちよう》（有頂天のこと）に生るる者は少く、中・下品の善業を造作し増長して余処に生るる者多きが如し。

故にまさにこの説を作すべし。増上《ぞうじよう》の不善業を造作し増長するに由りてかしこに生ぜば、所得の身形《しんぎよう》は広大にして、一一の有情は多くの処所に拠るも、中に間隙なきが故に無間と名づく、と。

『大毘婆沙論』では無間の意を説いて、このような二説を立てるようである。しかし後に『倶舎論《くしやろん》』が説くように、結局は苦に間断のないことが採られ、その苦は他と比較を絶したものとする理解に落着くのであろう。

これを『大智度論』に戻ってみても、そう変わらないといえるのではないか。『大毘婆沙論』のような、正面切った議論は全く見当たらないとしても、この地獄についてだけ広さに触れ、他の地獄よりも深い地下最底部とするあたり、具体的な現実味を帯びたものとして扱われていることがわかるし、苦の様相にしても、さまざまな苦具によって苦しめられるさまは他の地獄と同工異曲ではあっても、なお次のような叙述をみることは、他の地獄との比較を意図していると言えよう。

ただ悪色のみを見、恒に臭気を聞《か》ぎ、常に麁渋に触れ、諸の苦痛に遭って迷悶委（イ萎）頓し、或は狂逸唐突（イ搪揬）し、或は蔵竄投擲し、或は顛匐（イ仆）堕落す。

苦相の激しさがこのような表現に生々しく感受されると思われる。したがってこの地獄に堕ちる者の罪業に触れ、それを結んで、「この罪を以ての故に、この地獄に入り、罪を受くること最も劇《はげ》し」ともいうわけである。

第七、第八の二地獄

さて、このように辿ってくれば、もはや「八難品」が阿鼻地獄を六番目に置いた意味はなくなる。他の経典と同じように、これを八番目に置いた方が説き方の異質性とも相応する。理由もなく漫然とこの位置に置いてしまったとみて誤りはないだろう。

ともかく、阿鼻地獄の次に置かれているのは、これも程度の差による、同質の㈦炎地獄と㈧大炎地獄とである。その名の因縁を説いて、前者には罪人の「形体《ぎょうたい》より烟《けむり》出で、みな融爛するが故に」、後者には「かの衆生、この獄中に在るも、すべて罪人の遺余を見ざるが故に」とあるから、罪人の体が「融爛」してついに何も残らなくなるのが大炎地獄ということになる。これを「世記経地獄品」で見ても大差はない。㈥焼炙《しょうしゃ》地獄と㈦大焼炙地獄との描写を対照してみれば、それがよくわかる。しかしそれも煩雑だから、大焼炙地獄の説明の一部を例に引いて示すと、「その諸の獄卒、諸の罪人を将ゐて鉄城中に置く。その城、火と燃《も》え、内外倶に赤し。罪人を焼炙し、重ねて大いに焼炙す。皮肉燋爛し、苦痛辛酸万毒並び至るも、余罪いまだ畢らざるが故に死せざらしむ。この故に名づけて大焼炙地獄となす」とあるものが、焼炙地獄ではわずかに「重ねて大いに焼炙す」（傍点の部分）を欠くだけである。以下もほぼ同じ表現を欠くだけで、大焼炙地獄が「大火坑」をもって説くところを焼炙地獄では「大鏊」（鏊はひらなべ）で説くといった差しかない。『大智度論』でも先の叫喚・大叫喚の二地獄同様、「第六・第七は熱・大熱地獄なり」として、一括これを扱っている。

地獄の位置

ところで、これまで見てきたなかで、これら八大地獄が相互にどんな関係を保ってそれぞれの位置を占めていたのか、その辺の事情に触れたものは見当たらなかった。『大智度論』がわずかに阿鼻地獄を他と比較して「その処、最も深し」といったのを知っただけである。

しかし阿含経典にこれを説いたものがなかったわけではない。たとえば、先に早く掲げた『増一阿含経』「七日品」には八大地獄の位置を「毘那耶《びなや》（梵語ビナタカ。第六の山）に次《つ》いで山あり、鉄囲・大鉄囲山と名づく。鉄囲の中間に八大地獄あり。一一の地獄に十六の隔子あり」と説明している。つまり、わたしたちが住むこの世界の中央に聳える須弥山《しゅみせん》を周って、山と海が交互に八つある、その一番外側が鉄囲山で、さらにその外側にもう一つ大鉄囲山があるとして、この鉄囲山と大鉄囲山との二つの間に、八大地獄を位置づけたものである。このような位置づけは「世記経地獄品」にも、鉄囲山を大金剛山と呼んで、「また大金剛山あり、大海水を遶《めぐ》る。金剛山の外にまた第二大金剛山あり。二山の中間は窈窈冥冥として、日月神天に大威力ありとも、光を以て照してかしこに及ぶあたはず。かしこに八大地獄あり」といっていることから知られる。

『起世経』「地獄品」ではさらにこれを細説して、

> 須弥山王の外に別に一山あり、斫迦羅《しゃから》（梵語チャクラ）〈前代の旧訳《くやく》には鉄囲山と云ふ〉と名づく。高さ六百八十由旬《ゆじゅん》、縦広もまた六百八十由旬、弥密《みみつ》牢固にして金剛より成るところ、破壊《はえ》すべきこと難し。（略）この鉄囲の外にまた一重の大鉄囲山あり。

高さ広さ、正等なること、前の由旬の如し。両山の間、極大黒暗にして光明あることなく、日月、かくの如き大威神・大力大徳ありとも、かしこを照して光明を見せしむることあたはず。（略）両山の間に八大地獄あり。

と説いている。

しかしそうすると、阿含経典に説く地獄はこの二山の中間に横に広がっているようにみえる。少なくとも地下とは思えない。

これを再び「七日品」によってたしかめてみると、先の文章に続けて、

しかるに、かの鉄囲山は閻浮里《えんぶり》（梵語ジャンプ・ドゥヴィーパの音写。閻浮提《えんぶだい》）の地に於て饒益《にょうやく》する所多し。閻浮里地、もし鉄囲山なくば、この間、恒にまさに臭処たるべし。鉄囲山の表に香積山《こうじゃくせん》あり。

と説いている。このことは、つまり地獄の臭気を鉄囲山の一部が防いで、人間の住む閻浮提にただよって来ないようにさせているというものであるから、これからしても、地獄は横に繋がっているが、散在しているとしか考えようはないだろう。

ただそうだとすれば、どんな繋がり方、散在の仕方をしているか、それがはっきりしない。八大地獄とさらにそれぞれに付属する十六小地獄とを横にただ雑然とばらまくわけにはいかない。しかも、いってみれば、二山の中間とは大きな輪のようなものなのであるか

ら、この輪のなかに鉄囲山に近い順序に等活地獄から始まって外へ外へと地獄が輪をつくって周り、最後の無間地獄に至って、その外を第二の鉄囲山が包むという、円環状の地獄配置を想定するよりほかないこととなる。しかしこれではいかにも形が整わない。とくに無間地獄には四門を考えているから、細い糸のような輪の地獄では不合理であろう。おそらくこうした不整合・不合理などを解決する方法は、縦に上下に深く地下にある地獄の形状を想定するしか、外に道はあるまい。

初期の大乗経典である『撰集《せんじゅう》百縁経』巻二に、仏の光明の限りないことを説明して、「上は阿迦膩吒《あかにだ》（梵語アカニシュタの音写。生きものが輪廻する世界では最高の天上界）天《てん》に至り、下は阿鼻地獄に至る」といっているのは、これを語る一例であろう。

地獄の構造

それでは、この地下の地獄はどのように配置されていると考えられたのだろうか。八大地獄だけでなく、寒地獄なども含めてその構造形態を問うてみよう。

しかしこれについては『大智度論』をはじめ大乗系統の論書では明確なことが語られない。たとえば『三法度論』では、十寒地獄に触れた後、「処は四洲（須弥山をめぐる八山・八海の、第八番目の山と一番外側の鉄囲山との間の海にある東・南・西・北の四大陸）の間に在りて、鉄囲・大鉄囲の山底に著き、仰向きに居止して闇中に居す」と説くだけで、八熱地獄については何一つ触れていない。

ようやく『瑜伽師地論《ゆがしじろん》』に至って、地獄に八熱・八寒があるとして、

> これより下、三万二千踰繕那《ゆぜんな》（梵語ヨージャナの音写。由旬に同じ）によって等活那落《なら》迦《か》（地獄に同じ）に至る。これよりまた四千踰繕那を隔てて余の那落迦あり。等活大那落迦処の如く、初の寒那落迦処もまたしかなり。これよりまた二千踰繕那を隔てて余の那落迦ありと、まさに知るべし。

と、このような説明がなされる。

はじめに「これ」といっているのは、人間が住む閻浮提のことを指すと考えられる。つまり、これからすれば、閻浮提の地下、三万二千由旬の所にまず最初の等活地獄があって、それからさらに四千由旬ずつを隔てて下へ下へと黒縄地獄以下の地獄が重なるとするわけで、阿鼻地獄は六万由旬の地下になる。また寒地獄の方も地下三万二千由旬の所にまず「皰」地獄があり、以下は二千由旬ずつ隔てて下に七地獄が連なるから、最下底の「大紅蓮」地獄は四万六千由旬の地下である。したがって熱地獄と寒地獄は第二番目の地獄から並列しないとみたのである。

しかしこれではまだ地獄の構造はイメージを与えてくれるのに不十分である。地獄の空

間的な大きさが欠如しているからである。これからすると、大乗系統ではこうした具体性が必要になった問題の処置にはとまどった感が深い。

むしろ遡って、小乗系統の論書がこの問題を手際よく処理したということができる。

『大毘婆沙論』が説く地獄の構造

そのもっともよく整ったものは『大毘婆沙論』である。それによると、ここには三つの説が挙がっている。

その一つは、まず贍部洲《せんぶしゅう》（贍部は梵語ジャンブ・ドゥヴィーパの音写の略。閻浮提に同じ）の下、四万踰繕那の処に無間地獄の底部があり、その地獄は縦横高さともに二万踰繕那の立方体であるとする。したがって当然、無間地獄の上辺から地上までの距離は二万踰繕那となるが、贍部洲の地下は、五百踰繕那の厚さの泥層と、さらにその下、それに次いで同じ厚さの白墡《びゃくぜん》（白土）の層が重なっているとするから、残り一万九千踰繕那が無間地獄を除く七地獄全体の厚みということになる。しかもこの七地獄は縦横一万踰繕那とされるから、ちょうど二万踰繕那の正立方体の上に、それに支えられるような形で、底面積一万踰繕那平方の七地獄が一万九千踰繕那の間に積み重なるわけである。しかし一万九千踰繕那は七つに等割されないし、どう分けて配分するのか、それについては全く触れない。

次は、贍部洲の下、四万踰繕那の処に無辺地獄の上辺があるとし、無間地獄はさらにその下にあって、縦横高さともに二万踰繕那の立方体であると説くものである。しかも贍部洲の地下は、まず最初に泥の層と白墡の層とが同じ五百踰繕那の厚さで重なっている上に、さらにその下にそれぞれ千踰繕那の厚さに白色土、赤色土、黄色土、青色土と四つの層が重なっていて、その下に地獄が続いているのだとする。おのずから、七地獄に当てられる深さは三万五千踰繕那、これが七等分されて各地獄は五千踰繕那ということになる。

つまり、この説では、二万踰繕那立方の無間地獄を土台にそれぞれ五千踰繕那立方の地獄が重なり、さらにそれに支えられて、青色土などの土層や泥層があり、その上に贍部洲が乗っている、と考えたもので、前説の不備を考慮し、これを解消したものということができる。ちなみに、贍部洲の形は、北が広く南に狭く、しかも東西二辺が北と同じ長さの、三角に近い四角形で、南辺はわずかに三踰繕那半、他の三辺はそれぞれ二千踰繕那とされるから、これを支える泥層、土層も同じ形をして、最初の等活地獄の上に乗っているとみたのだろうか。

第三説は、無間地獄を中央に他の七地獄がその周辺を囲んでいるとみるもので、城の周囲に村落があるような形をしていると説明している。しかしそうすると、先に触れたように、南が三踰繕那半で、他の三辺がそれぞれ二千踰繕那という贍部洲の下に、それをはる

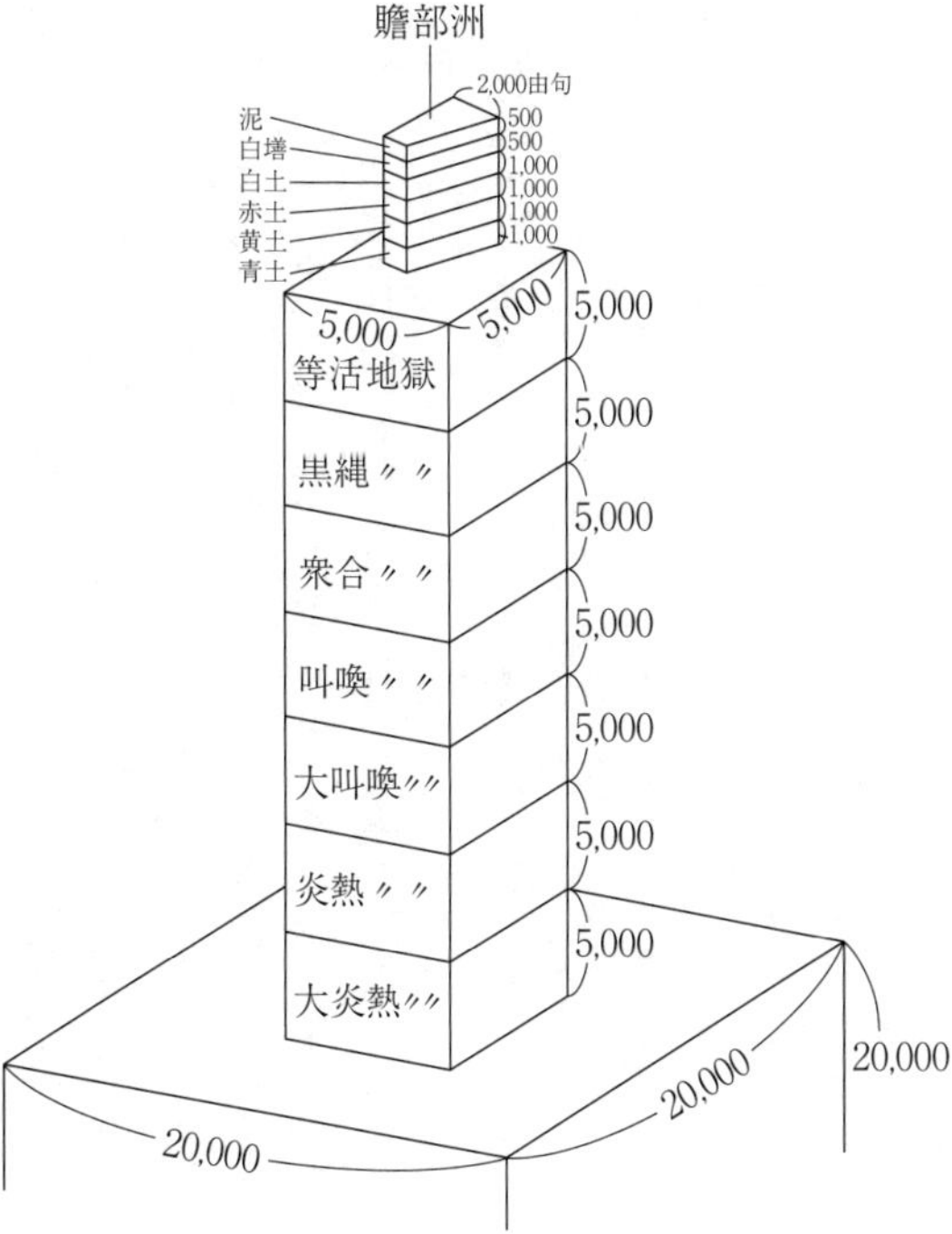
瞻部洲
2,000由旬
泥
白墡
白土
赤土
黄土
青土
500
500
1,000
1,000
1,000
1,000
5,000
5,000
5,000
等活地獄
黒縄〃〃
衆合〃〃
叫喚〃〃
大叫喚〃〃
炎熱〃〃
大炎熱〃〃
5,000
5,000
5,000
5,000
5,000
5,000
5,000
20,000
20,000
20,000

かに超える広がりをもった地獄が広がっていることになる。つまり、贍部洲はその地下において山の麓野のように広がった地獄で支えられているということである。この説はもしかすると、鉄囲山と大鉄囲山との間に諸地獄があるとした考え方の変形かもしれない。

とにかく、『大毘婆沙論』が挙げる説はこの三つである。第二説がもっともよくまとまっていると考えられる（別図、参照）が、後に『倶舎論』が採用するところも、この説である。しかしその説くところは実はあまりに簡単で、そのままでは理解がかなり困難になっている。『大毘婆沙論』の説による裏付けが予想されてはじめて理解が可能になるとしか考えられない。

このほか、『大毘婆沙論』はさらに辺地獄と独地獄との名をあげ、これらは贍部洲上にあるとし、あるいは谷の中、山の上、曠野、空中などといっているが、八寒地獄については全く触れるところはない。しかしこの欠は逆に『倶舎論』が補っていて、「この八は贍部洲の下の、前《さき》の説きたる如き大地獄（つまり八大地獄）の傍に居《こ》す」と説明している。

以上で、地獄の構造については終わることにして、次に八大地獄に堕ちる業因に移ろうと思う。

八大地獄の堕獄の業因

さて、ここで明らかにする必要があるのは、先に述べた八大地獄に堕ちる業因の差である。

これを阿含経典に求めるときは、『増一阿含経』「八難品」に指を屈する。ごく簡単な説明に止まってはいるものの、次のように説いている。

かしこに、或は衆生ありて正見《しょうけん》を毀《やぶ》る者は、正法《しょうぼう》を誹謗《ひほう》してこれを遠離《おんり》し、命終の後はみな還活地獄の中に生ず。

諸有《しょう》の衆生にして、好喜《この》んで生あるものを殺さば、すなはち黒縄地獄の中に生ず。

それ、衆生ありて、牛・羊、及び種々の類を屠殺《とせつ》せば、命終の後、等害地獄の中に生ず。

それ、衆生ありて、与へざるに他の物を竊《かす》めば、すなはち涕哭地獄の中に生ず。

それ、衆生ありて、常に淫泆を喜び、また妄語することあらば、命終の後、大涕哭地獄の中に生ず。

それ、衆生ありて、父母《ぶも》を殺害し、神寺を破壊《はえ》し、聖衆《しょうじゅ》と闘乱し、聖人を誹謗し、邪見を習倒せば、命終の後、阿鼻地獄の中に生ず。

それ、衆生ありて、この間に語を聞きてまた伝来してかしこに至り、もしかの間に聞きてまた伝来してここに至りて、人の方便を求めば、かの人、命終の後、炎地獄に生ず。

それ、衆生ありて、彼此を闘乱し、他《ひと》の物に貪著《とんじやく》し、慳疾（イ嫉）を興起《おこ》し、意《こころ》に猶予を懐けば、命終の後、大炎地獄の中に生ず。

以上を整理すると、それぞれの業因は、㈠等活地獄が正法の誹謗、㈡黒縄地獄が殺生、㈢衆合地獄がとくに屠殺、㈣叫喚地獄が偸盗《ちゅうとう》、㈤大叫喚地獄が邪淫と妄語、㈥焦熱地獄が両舌・悪口《あっく》・綺語、㈦大焦熱地獄が貪欲と慳嫉、㈧無間地獄が父母の殺害など、いわゆる五逆罪に類する悪業と邪見である。したがってここから浮び上がってくるのは、殺生・偸盗・邪淫・妄語・両舌・悪口・綺語・貪欲・瞋恚・邪見の十悪と、殺父《しふ》・殺母《しも》・殺阿羅漢・出仏身血・破和合僧の五逆である。最初の等活地獄の、正法の誹謗は別として、黒縄・衆合の二は殺生に収まり、以下、叫喚から大焦熱までの四がほぼ十悪を順次、取り上げ、無間地獄も十悪の邪見を五逆罪の幾つかと一緒に加えたものと考えられる。阿含経典にはこれほど八大地獄との繋がりで業因を説いたものが見当たらないところからすると、ほぼこの捉え方が代表的なものだと考えてよい。

ただし部分的には八大地獄の堕獄に触れて、たとえば『増一阿含経』「礼三宝品」に、「帝舎《ていしゃ》罪人は聖人の応器（食器のこと）の遺余を断ちしかば、身壊《しんえ》命終して等害（衆合）地獄の中に堕ち、提婆《だいば》達兜《だつと》罪人は謀りて害心を起し、如来（釈尊）に向ひしかば、身壊命終して阿鼻地獄の中に堕つ」といった例はある。このうち、提婆《だいば》達多《だった》の堕獄の因は五逆に係わり、先の「八難品」を補足することができるが、帝舎の場合は融合できる接点はない。この品では、この二人のほかに末佉離《まつきゃり》と瞿波離《くばり》との二人の堕獄と業因も伝えているが、末佉離が邪見により焰光泥梨《ないり》、瞿波離が誹謗（つまり悪口）により鉢頭摩地獄に堕ちたと説き、いささか悪意に走った嫌いがある（もっとも『雑阿含経』一二七八経には、瞿迦梨＝瞿波梨が摩訶鉢曇摩地獄に堕ちたことを記し、後者の堕獄と業因はほぼ一致する）。

あるいはまた『雑阿含経』一一九四経には、聖人を誹謗する悪口の罪を挙げて堕獄を説き、その地獄は尼羅浮陀や阿浮陀などの寒地獄とし（同じ文が『十誦律』巻四に見える）、同『経』の一二四四経では八大地獄の名を掲げて、その業因を「正聖柔和の心もて梵行《ぼんぎょう》を修行する者に　この賢聖《けんじょう》の所に於て　軽心もて非義を起し　及び衆生を殺害せば　この熱地獄に堕して」と説く。しかし業因を八大地獄に振り分けてはいない。

また十悪と堕獄を結びつけたものや七聖財《しょうざい》・四不壊浄《ふえじょう》との関係で堕獄を説いたものなどはある。十悪の例では、『雑阿含経』一〇四二経に「殺生ないし邪見の十不善業の因縁を具足するが故に、（略）身壊命終して地獄の中に生ず」といい、一〇四七経には「悪業の因、悪心の因、悪見の因あり。かくの如き衆生は身壊命終して必ず悪趣泥梨の中に堕す。

（略）いかんが悪業となす。謂《いわ》ゆる殺生ないし綺語にして上に広く説けるが如し。（略）いかんが悪心なる。謂ゆる貪恚の心にして上に広く説けるが如し。（略）いかんが悪見なる。謂ゆる邪顚倒《てんどう》にして上に広く説けるが如し」という。後者の例は、同じく一〇四四経に見え、不殺生・不盗・不他婬・不妄語の四戒に不両舌・不悪口・不綺語の三を加えた七「聖戒」を一括して、仏・法・僧に対する三不壊浄に加えて四不壊浄とし、これをもって堕獄等の因は尽きたと説くものである。しかしこれらは、八大地獄との関係はもちろん、具体的な地獄名を示すことさえしない。

　このような状況は律典に当たって見てもさしてかわらない。阿鼻地獄を除くほかは、一、二の地獄についてかなり場当たりな説明が幾つか窺えるだけである。たとえば『有部毘奈《うぶびな》耶《や》薬事』巻十六に載っている賓頭盧《びんずる》の述懐はそれである。ここには、かつて貴家に生まれながら、慳恪の心から兄弟姉妹や召使いにろくに衣食も与えず、母にさえ瓦か石でも食べたらいいと悪言した、その悪業の力に引かれて、「大熱（大焦熱）」地獄と黒縄地獄に堕ちたことがある、と語られている。また、有喜《うき》の述懐には、かつて大富豪に生まれて、ある仙人に七年間、食を給仕したとき、馬の尿で飯を煮て食べさせた、その悪業によって、「衆合、及び焰熱幷びに大熱」などの地獄に堕ちた、とある。いずれも特別、注目に価するものではない。

ただ、阿鼻地獄については少しく事情が違う。たとえば『五分律』巻三に、調達（提婆達多）が悪心を抱いて仏の体を傷つけ、血を流させたことは「無間阿鼻地獄に堕」ちる罪であることを明かし、『十誦律』巻三十七には、非法を説いて教団の和合を乱した「破和合僧」（僧は教団の意）の罪は「一劫寿にわたって阿鼻地獄に堕」ちる、と説く。また『善見律毘婆沙』巻八には、「比丘尼を犯」した悪人が許されるところはこの地上にはないとし、「地、これが為に開けて、即ち阿鼻地獄に入る」と説く。もっとも、この三つのうち、はじめ二つは提婆達多の犯した罪であって、それに比丘尼殺害の罪も犯したから、これを三逆と数える。当然、三逆は阿鼻地獄に堕ちる罪として、だから『薩婆多毘尼毘婆沙』巻一にも、「三逆を犯さば、阿鼻獄に堕」ちる、といっている。この考え方が先の「八難品」の説に相応することはすでに明らかであろう。つまり、阿鼻地獄の業因だけが固まりつつあったということであろうか。もしそうとすれば、これは逆に、阿鼻地獄以外の地獄については業因が定まらなかったことを意味するだろう。『大毘婆沙論』一つ見ても、堕獄の業因について触れるところがないのは、これを語るかもしれない。

『大智度論』の説く大地獄の業因

このことは『大智度論』についても言える。業因について説くところきわめて饒舌であるけれども、まとまりはない。

いま要点を拾ってみると、巻十六に、たとえば第一活（等活）地獄について、

この中の衆生は、宿行《しゆくぎよう》の因縁を以て、好んで物の命、牛・羊・禽獣を殺し、田業・舎宅・奴婢・妻子・国土・銭財の為の故に相殺害す。かくの如き等の殺業の故に、この劇罪を受く。

と説いて、業因を殺生とするが、第二黒縄地獄でも「忠良を讒賊し」「狂《ま》げて無辜《むこ》を殺し」といい、第三合会（衆合）地獄では業苦と関連して、

この人は宿業の因縁に多く牛馬・猪羊・麞鹿・狐兎・虎狼・師子・六駮・大鳥・衆鳥を殺し、多くかくの如き等の種種の鳥獣を残賊せしが故に、還りてこの衆《もろもろ》の鳥獣の頭、来りて罪人を害するなり。また、力勢を以て相陵《あいしの》ぎ、羸弱を狂げ圧したれば、両山相合するの罪を受く。慳貪・瞋恚・愚痴・怖畏の故に、事の軽重を断ずるに正理を以てせず、或は正道を破り、正法を転易したれば、熱鉄輪に轢《ひ》かれ、熱鉄臼に擣《つ》かることを受く。

と説く。

これらいずれにも殺生を説いていることが知られるが、大叫喚地獄でも、

大叫喚地獄の中の人は、みな穴居の類を熏殺し、囹圄《れいご》、或は闇煙窟の中に幽閉してこ

れを熏殺し、或は井中に投じ、他の財を劫奪す。かくの如き等の種種の因縁に座して、

大叫喚地獄の罪を受く。

と説くなかにも殺生の罪を見るし、大熱地獄では、

宿世に生繭を煮《に》、或は生きながら猪羊を炙り、或は木を以て人を貫いて生きながらこれを炙り、或は山野及び諸の聚落・仏図・精舎及び天神等を焚焼し、或は衆生を推して火坑の中に著《つ》く。かくの如き等、種種の因縁を以て、この地獄の中に生ず。

と説いて、まさに殺生だけが堕獄の因で、ただ殺生の方法や残忍さなどが異なっているだけである。

このように殺生がいくつかの地獄に共通して、方法や残忍さなどだけを異にして姿を見せているということは何を語るか、すでに明らかである。それぞれの地獄の堕獄の業因が定まらなかったこと以外の何物でもあるまい。業因を決定するまで趨勢が熟せず、またあえて決定を下すのも困難だったために、悪意に走ったに違いない。

ただそうしたなかで、阿鼻地獄はやはり他とは区別されたとしてよい。その業因を説いて、

この人の宿行は、多く大悪五逆の重罪を造り、諸の善根を断じ、法を非法と言ひ、非法を法と言ひ、実を非実と言ひ、非実を実と言ひ、因を破り、果を破り、善人を憎嫉

し、この罪を以ての故に、この地獄に入り、罪を受くること最も劇《はげ》し。と言っているからである。ここには五逆罪が明記され、謗法《ほうぼう》や因果を撥無《はつむ》する罪も、それとうかがわれる。

しかしこのことは、翻って他の地獄のいくつかに十悪の罪業を当てたことと関連しよう。偸盗が第五大叫喚地獄に顔を見せ、「妄語・悪口・両舌・綺語」は第二黒縄地獄に、「慳貪・瞋恚・愚痴」も第三合会地獄に見える。阿鼻地獄に十悪を配分しようとする志向をも固定する結果を生むはずだからである。しかしそれはまだここでは志向を予想させるだけに留まっている。ところでここでいま一つ改めて注目したいことがある。

それは、先に殺生がいくつかの地獄で多様な姿をとりながらも、業因の中心に据えられていた、そのことである。このことは、殺生の罪が他の罪に比してとくに重いことを語ってもいるのだろうが、さらには地獄が下降するにつれて罪業の因を加上することとも関わってくるのではないか。殺生の罪が他の地獄の業因にも数えられているのは、このことを暗示するようである。

『大智度論』が説く小地獄の業因

ところで、『大智度論』には八大地獄の業因と関連して看過できないものがまだある。

それは十六小地獄に堕ちる業因を別に挙げていることである。ただしここでも整理の跡は全く見えない。思いつくまま雑然と羅列したという印象が濃厚である。多くを示す必要はないし、繁雑でもあるから、幾つかを拾うだけに止めると、たとえば熱地獄のなかでは次のようなことが示されている。

まず炭坑地獄については、「清浄の戒、出家の法を破り、白衣（在家のこと）をして仏道を軽賤せしめ、或は衆生を推して火坑の中に著《つ》け、或は衆生の命いまだ尽きざる頃に火上に於てこれを炙る」といった破戒、あるいはとくに火によって人を焼き殺す殺生の罪が業因と示される。また焼林地獄については、「草木を焚焼し、もろもろの虫を傷害し、或は林を焼きて大いに猟し、害を為す」といった、火によって虫や獣を殺す殺生の罪をあげ、剣林地獄については罪人を草や木に火をつけて焼き殺したり、争いを起こして傷殺したり、樹を切り倒して圧殺したり、地下の密室に閉じこめて殺したりする罪が説かれている。ここでも、殺生の罪が他の破戒行為と比較して抜きんでていることがわかる。

またこれと別に注目を引くのは、鉄刺林地獄の業因を邪婬とし、銅橛地獄の業因を出家が偽って信施を受けたり、悪口を言って人を傷つけたりすることにあるとしたことである。後者はいままであまり例を見なかったものである点で注目され、前者は先に触れた『正法念処経』の合地獄を想起させるものがあって、『大智度論』と『正法念処経』との間に一脈の目立たない細い糸が繋がっているのを感じさせる。

さて、寒地獄についても拾う必要があるが、ここでは頞浮陀地獄の業因を説くだけで、他は「尼羅浮陀もまたかくの如し」というように、すべて業因を同じとした点が目を引く。その業因については、「この人の宿業の因縁は、寒月に人を剝ぎ、或は凍えたる人の薪火を劫盗し、或は悪竜と作りて瞋毒忿恚し、大雹雨氷凍を放ちて人を害し、或はもしは仏及び仏弟子、持戒の人を軽賤し謗毀し、或は口の四業（妄語・両舌・悪口・綺語の四）に衆《もろもろ》の重罪を作る。かくの如きの種種の因縁もて、頞浮陀地獄の中に堕つ」と記し、とくに口による十悪中の四を示している。

『正法念処経』が説く八大地獄の業因

以上、『増一阿含経』「八難品」から『大智度論』へとたどったなかで繰返し述べたように、業因に十分な整理の跡は認められなかったけれども、『正法念処経』に至って、ようやく実を結んだようである。以下、その説くところを拾ってみると、こうである。

まずはじめに、活地獄の業因を殺生と捉える。これは『大智度論』とも相応するが、この業に上・中・下を分け、それによって受ける獄苦に三種の別があり、また地獄の寿命もこれによって三種の別を生ずるとしたことは、新しい視点である。おそらくこれは八大地獄すべてに共通するものとしてはじめに説かれたのであろう。ただ、「業の種子の多少と軽重」が三種の差を生ずると言っても、この三種について具体的に説くところはない。わずかに上品の罪業をあげて、

　何者をか上と為すや。

　かの殺生者にして、㈠もしは善人、もしは受戒せる人、もしは善を行ずる人を殺し、㈡他の衆生ありて衆生の想あるに、殺生の心を生じてその命根を断ち、その業を究《き》竟《わ》めて心に悔を生ぜず、㈢他に向ひ讃《ほ》め説きて更に作し、また他に殺《せつ》（生《しょう》）を教へ、殺（生）を勧めて随喜し、殺生を讃歎し、もしは他をして殺さしめ、かくの如き痴人にして自《みずか》ら作し、他に教へて罪業を成就せんには、命終りて活地獄の中に生ず。

と説くことから推察するほかはない。ここにはまず殺生の対象を善人とおさえているから、それ以外の不善の人が考えられ、「他の衆生」を人間を含めた生きものと捉えて、殺生して後悔の念を生じないことに視点を当てれば、少なからず後悔する場合が考えられてよく、また殺生を讃えて自ら行ない、他をして行なわせる、この二つの上で区別するとすれば、善人を自ら殺した場合のほかに、他をして殺させた場合や、殺させて後悔を生じた場合など、いくつかの組み合わせが推察される。あるいは上記の内容すべてを備えた殺生の行為は上、その一を欠いたもの、あるいはいくつかを欠いたものを中、下と当ててみることも

できる。こうした叙述は戒律とからんで興味ある問題を提供しているが、いまは深入りするのをやめよう。

次に、黒縄地獄の業因を「悪見」と捉えている。少し詳しくその語るところを聞くと、

もし人に法を説くに悪見の論に依り、以て譬喩に因りて、「一切は不実にして、一切の、崖より投じて自殺するを顧《かえり》みざるも、正善の戒なし」と。

とある。言おうとしている意は、一切は虚妄で真実なものは何一つないという考えを逆手にとって、たとい崖から身を投じて自殺しようとする人を見、これを見殺しにしても、一切、罪にはならない、というのであろう。要するに、仏の教えをまげ、愚痴・邪見にして悪に走ることを堕獄の因だとしたものである。ここには三種の差を説かないが、活地獄と同様に考えてよいことは、以上の二地獄を含めて総括した言葉や、次の合地獄の説明からも推測できる。

ところで、この合地獄の業因については、まず「殺生・偸盗・邪行（邪婬）」の三種の悪業を示したことが注目される。ここには第一活地獄の業因であった殺生と、おそらく第二黒縄地獄の業因だったに違いない殺生・偸盗の上に、もう一つ邪行を加上して、この三をこの合地獄の業因と定めた、その構成過程を暗示するものがある。先取りして言えば、第四叫喚地獄が「殺生・偸盗・邪行・飲酒《おんじゅ》」の四種を業因とし、第五大叫喚地獄が「殺

生・偸盗・邪行・飲酒・妄語」の五種を業因としていて、それぞれ前の地獄に一事を加上していることが、この推測をより確実なものにするからである。第三地獄もこうした加上の思考法を採ったに違いない。そしてそうとすれば、黒縄地獄が「悪見」を業因と説いたことには考慮の余地があろう。実際、そうした視点から改めて黒縄地獄の説明を見ると、そこには閻羅人が罪人に向かって、

　心好みて他の物を偸み　竊《ひそ》かに他の婦女と行じ　常に衆生を殺害するは　自心に誑《たぶらか》されたればなり

　かくの如く業は自在にして　汝を将《ひき》ゐて此処《ここ》に到れり　これ汝の本の悪業なるに　何故にかく呻喚《なきさけ》ぶや

と説く言葉があるのに気づかされる。これは正しく殺生と偸盗（他人の妻と通じたのも一種の盗みと考えられる）を「本の悪業」と指し示したものである。それが「自心に誑された」「悪見」によるものだから、業因を「悪見」としたのであろう。

　こうみることができるとすれば、このように見てきた限りにおいて経典の編者は等活から黒縄、黒縄から衆合と下るごとに一つずつ新たに業因を増していく加上法を考え出していたと思われる（黒縄地獄の叙述が他地獄と比較して不備な点は小地獄にも現われていて、僅か三別処を示すだけに終わっていることからも知られる）。

さて、合地獄には、また上・中・下の三種の差を説いて種々の問題に触れていることも注目を引く。たとえば、先の三種の業に上・中・下の三段階を分け、三種が上品であった場合は根本地獄に、中・下であれば別処に生まれて、上・中・下三種の苦を受けると説いていることである。ここには根本地獄と別処の違いが業因の程度の差に応じて設けられたことを語っている。『増一阿含経』「善聚品」や『長阿含経』「世記経地獄品」で見られたような、根本地獄からまたさらに隔子（別処）に移って獄苦を受けるというのではなく、根本地獄と別処とではじめから役割が違い、両者に隔絶した差があるとしたのである。

またこれを「業を作す時の心力」における三種の差、「心力の攀縁《はんえん》（対象に向かう心のはたらき、とらわれ）」における三種の差などによっても分け、さらにこれによって苦を受けるにも三種の差を生じ、苦を受ける時にも現受・生受・後受の三時の差があるなどと説いている。

しかしこのようにさまざまな三種の差を説いたなかで、肝心なことは殺生・偸盗・邪婬の三種を数えながら、焦点は邪婬にあることである。これは当然と言えば当然なことであるが、それがとくに受苦の相の説明にも現われていることは注意されていい。

この地獄に堕ちた罪人が刀葉の林で受ける苦しみを述べたなかに見えるもので、罪人が自心の妄念によって端正に身を飾った美女を化作《けさ》し、その美女を求めて樹を昇り降りすることによって身を切りさかれる苦悩をなめるというものである。それはひとえに「邪欲を因と為す」と指摘されていて、邪婬がそのまま投影して美女を化作したとみられるところに、この地獄の業因の主体がどこに据えられているかをよく語っている。

さて、これと同様のことは第四叫喚地獄についても言える。「殺生・偸盗・邪行・飲酒」の四種が業因であっても、その主体は飲酒である。だから経も、「今、飲酒を楽しみ行い、多く作さば、則ち叫喚大地獄の中に生ずと説」き、「もし人、酒を与へて衆僧を会《え》し（一所に集め）、もしは戒ある人、出家せる比丘、もしは寂静《じゃくじょう》の人、寂静心の人、禅定を楽しむ者に与へ、その酒を与ふるが故に、心をして則ち濁乱《じょくらん》せしむれば」この地獄に堕ちて大苦悩を受けると説く。

また第五大叫喚地獄についても、業因は「殺生・偸盗・邪行・飲酒・妄語」であるが、主体は妄語にあり、したがって経には、「妄語を増上し満足すると説けるは、第一の極悪にして、一切の善人の憎賤する所、一切の悪道の所由の門たり」と説くのである。

このようにして、第六焦熱地獄ではさらに邪見を加上するが、第七大焦熱地獄ではこれがいささか歯切れが悪い。「人ありて殺生・偸盗・邪行・飲酒・妄語・邪見を楽しみ行い、多く作さば、かの地獄に堕つ。業及び果報は前に説く所の如し」と言って、焦熱地獄と同じであるように言うからである。しかしこれはこの大焦熱地獄の主体的な業因を際立たせ、印象づける意図に出たものらしい。これにつづけて、業因を説くだけにしてはかなりの長文を掲げている。ただし要を取って言えば、戒律を受け、これを堅く持《たも》っている童女や比丘尼をして、戒を破り出家の行を退転させる罪ということであろう。

ところで、最後の阿鼻地獄ではもう殺生など七地獄の業因については全く触れない。ここではこれまでの加上法は廃棄されてしまったもののようである。

その理由は、この地獄が他の七大地獄及び別処のすべてを合わせたよりもなお「一千倍も勝」っているためである。阿鼻地獄の業因が比較を絶した極重の罪業であることを示そうとしたものであって、それがここでも五逆罪であることは言を待たない。経には、「重心にして父を殺し、母を殺し、また悪心ありて仏身より血を出し、和合僧（教団）を破り、阿羅漢を殺さば、かの人この悪業の因縁を以て、則ち阿鼻大地獄に生ず」と説いている。五逆罪が無間（阿鼻）罪といわれる所以である。

さて、『正法念処経』が説く地獄の業因についてはほぼ終わった。しかし以後、これほど整然と、しかも精細に業因に触れたものは現われていないから、いまはこれにとどめて、次にこれら地獄で受ける苦悩の歳月、つまり寿命について述べることにしよう。

地獄の寿命

地獄の寿命については、はじめに『スッタ・ニパータ』「コーカーリヤ」章に寒地獄について説いていたことで触れた。これと同様のことは、比喩を変えただけで『長阿含経』「世記経地獄品」や『雑阿含経』一二七八経にも見えるが、八大地獄については『増一阿含経』巻四十三「善悪品」にこう記している。

閻浮地《えんぶじ》（この人間世界。閻浮提《えんぶだい》）の五十歳は、四天王中の一日一夜なり。かの日夜の数を計《はか》るに、三十日を一月と為し、十二月を一歳と為して四天王の寿命、五百歳なり。或は中夭の者あり。人中の寿《じゅ》十八億歳を計るに、還活《げんかつ》地獄の一日一夜なり。かの一日一夜の数を計りて、三十日を一月と為し、十二月を一歳と為して還活地獄の極寿《ごくじゅ》は千歳なり。また中夭の者あり。人中の寿三十六億歳を計る。人中の百歳を計るに、三十三天の一日一夜なり。かの日月年歳の数を計るに、三十三天の寿は千歳なり。その間に或は中夭の者あり。人中の寿三十六億歳を計るに、阿鼻地獄の中の一日一夜なり。またかの日月の数を計るに、三十日を一月と為し、十二月を一歳と為し、かの日夜の数寿二万歳を計る。人中の寿を計るに、寿一拘利《くり》（梵語コーティの音写。十の七乗）なり。

かくの如く、比丘、この寿を計るに、転々増倍す。

しかしここに言うところはあまり分明ではない。天と地獄とが混雑して説かれていて、相互に連絡がない上に、中夭というやっかいな事情を介在させ、しかも「転々増倍す」るとしながら、還活地獄から阿鼻地獄に一挙に説き及んで、中間の地獄を抹殺してしまっている。ただわかることは、還活地獄の一日一夜が人中の寿十八億歳で、その極寿を千歳とするから、人中の年数に換算して一兆八千億年が還活地獄の寿命だということである。これはほぼ後に整理されてきた段階での計算に近い。

またこれと似たような計算の記述が同じ経の巻五十一にも説かれている。ここでも天と地獄とに連絡はない。また「還活地獄中五千歳なり。或は寿半劫、或は一劫なること、人の所作の行に随ふ」とあって、説くところに統一したものはなく、先の経とも一致点はない。

しかしこのような計算法は紆余《うよ》曲折を経た末か、『倶舎論』では次のように整理されるに至っている。

四天王等の六欲天の寿を、その次第の如く、等活等の六捺落迦《ならか》の一昼一夜と為し、寿量は次第の如く、またかの天と同じ。謂《いわ》く、四天王の寿量の五百を等活地獄に於ては一昼一夜と為し、この昼夜に乗じて月及び年を成じ、かくの如き年を以てしてかの寿は五百なり。乃至、他化〔自在天〕の寿の万六千を炎熱地獄に於ては一昼一夜と為し、この昼夜に乗じて月及び年を成じ、かの寿は万六千歳なり。極熱地獄の寿は半中劫なり。無間地獄の寿は一中劫なり。

これによると、まず等活地獄は四天王の五百歳を一日一夜としてその寿は五百歳であるとしたことがわかる。これを人間世界と対応させるときは、『倶舎論』ではすでに「人の五十歳を六天（四天王天・三十三天・夜摩天・都史多天・楽変化天・他化自在天の六）の中にて最も下に在る天（四天王天）の一昼一夜と為し、この昼夜に乗ずること三十にして月と為し、十二か月を年と為してかの寿五百歳なり」と説くから、人寿に換言すれば一兆六千二百億年が等活地獄の寿命になる。また黒縄地獄は六欲天の寿命と同じであるから、これを天の寿命に当たってみると、「上の五の欲天は漸く倶に増倍す。謂く、人の百歳を第二天（つまり三十三天）の一昼一夜とし、この昼夜に乗じて月及び年を成じ、かの寿は千歳なり」と説く。これを人寿に換算すれば、人寿も二倍、天寿も地獄の寿命も二倍になっていることがわかるから、黒縄地獄は人寿に換算して十二兆九千六百億歳となる。以下、『倶舎論』に天寿を述べて、「夜摩〔天〕等の四は、次に随ひて、人の二〔百〕と四〔百〕と八百・千六百との歳を一昼夜と為すが如く、この昼夜に乗じて月及び年を成じて、次の如く、かの寿は二〔千〕・四〔千〕・八千・万六千歳なり」と言っていて、後の地獄は前の地獄の八倍と計算されることが知られる。したがって焦熱地獄は人寿で言えば、等活地獄の八の五乗をかけた数（三万二千七百六十八倍）になる。

ところで、これと違ったことを説くのが『正法念処経』である。まず、等活地獄についてみると、

この人中の、もしは五十年の如きをかの四天王の一日夜と為して、かの数もまたしかり。三十日夜を以て一月と為し、また十二月を以て一歳と為す。かの四天王の、もしは五十年を活地獄の一日夜と為す。

とあって、人間の五十年を一昼夜とする四天王の五十年が等活地獄の一昼夜だとする。それでは等活地獄の寿命は何年かと言うと、極寿は五百歳としつつ、個人差があるとするのである。

悪業の時に上・中・下あるを以て、活地獄の命にもまた下・中・上あり。中間に死するものあり。業種子《ごうしゅうじ》の多少と軽重に随ひて、活地獄の中に、或は一処に受け、或は二処に受け、或は三処に受け、（中略）かくの如く、乃至、十六処に受け、乃至、悪業未だ壊せず爛れず、業気未だ尽きずんば、かの地獄中に五百歳の命あり。天の年数に依り、人中に依らず。

これは先の『増一阿含経』で説かれた「中夭」に相応する。しかし極寿をもってすれば、『倶舎論』で説く、その十分の一ということである。

ただし『正法念処経』のこの説は残念なことに、この後、第五大叫喚地獄に至ってわずかに姿をみせるだけで、一貫したものではない。しかもそこでは、第五の化楽天の寿を八千年とし、人寿を八千年と立てるから、これを頼りにしては中間の三地獄の寿を推定する道もつかない。『倶舎論』のような「増倍」の関係は成立していないのである。また地獄の極寿についても触れないから、そうした問題にこの経は興味を失ったのだろう。「無量百千歳」に苦を受けるといった表現が随所に用いられたのもそのためと思われる。

ただ阿鼻地獄だけはこれで済ますわけにいかなかったか、「悪業の因縁を以て則ち阿鼻大地獄に生じ、一劫を経て仕し、もしは減劫に住す」と述べている。ここに「減劫に住す」というのは経の説明によれば、増劫の中間にこの地獄に堕ちたものは、増劫から減劫に切りかわっても、それで時節が終わったのではなく、減劫にも引続き罪苦を受け、合わせて一劫を満たすということである。要するにこの地獄の寿量を一劫としたもので、これは『倶舎論』が一中劫としたのと同じものである。

ちなみに、『観仏三昧海経』では、「阿鼻地獄の一日一夜はこの閻浮提の日月歳数の六十小劫にして、かくの如き寿命をも一大劫を尽す」と説く。一大劫は一中劫の八十倍、一中劫は二小劫である。したがって人寿に換算すれば、六十小劫の百二十小劫乗が阿鼻地獄の寿命になる。もはや数の遊戯に終わった感がある。

さて、このノートも終わりに近づいた。地獄を説いてかならず登場する獄卒に触れて結びとしよう。かれらは苦具を携えて現われ、罪人を責め抜く。また獄卒や苦具を借りて責め苦のさまを語らないときでも、地獄に応じて設定された状況が道具立となって責め具の役割を果たす。こうしたことを一々数え上げるのは面倒であるが、言ってみれば、『十住毘婆沙論』が説く次のようなことになろうか。

活地獄（中略）、無間地獄、及び眷属の炭火地獄（中略）、鹹河地獄に於て、その中に斧《ふ》鉞《おち》（おの・まさかり）・刀稍《そく》（稍はほこ）・鉾《む》戟《げき》（ほこ）・弓箭・鉄剗《てっせん》（剗はかりとること）・椎棒《ついぼう》・鉄槍・鏫鑗《じつり》（鉄のむち）・刀剣・鉄網・鉄杵・鉄輪、かくの如き治罪の器具を以て、斬斫《ざんしゃく》（きる）し、割刺し、打棒し、剝裂し、繫縛し、枷《か》鎖《さ》し、焼煮し、拷《ごう》掠《りょう》（うつ）し、その身を磨砕し、擣《う》ちて爛熟せしめ、狐狗・虎狼・師子・悪獣競ひ来りて齟《そ》掣《せい》（引きあう）し、その身を食噉《じきたん》し、烏《う》鵄《し》・鵰鷲の鉄嘴《てっし》（嘴はくちばし）に啄《ついば》まれ、悪鬼駆逼して剣樹に縁らしめ、火山に上下せしめ、鉄火車を以てその頸領（くび）に加へ、熱鉄の杖を以て随《まま》にこれを搥《むちう》ち、千釘を以て身を釘《くぎう》ち、剗《せん》刀もて活削《かっさく》（けずる）して黒闇の中の烽《ふ》焞《ぼっ》たる臭処に入れ、熱鉄は身を鍱（のばす意か）し、その肉を臠《らん》割《かつ》（きりさく）し、その身皮を剝ぎて還りて手足を繫ぎ、鑊湯、沸々してその身を炮煮し、鉄棒、頭を棒《う》ち、脳は壊れ、眼出づ。鉄串《てっせん》（串はくし）を貫著して挙体（全身）に火燃《も》え、血流れて地に澆《そそ》ぎ、或は屎河に没し、刀剣・槍刺の悪道を行くに自然に刀剣、空より下ること、猶《なお》し駛雨の如し。支体を割截《かっさい》し、辛酸苦具の穢悪の河にその身を浸漬《ひた》し、肌肉爛壊し、挙身堕落してただ骨のみ在《あ》るあり。獄卒、牽掣《けんえい》（ひく）し、蹴蹋《しゅうどう》（けりふむ）し、搥撲《ずいぼく》（うつ）す。

かくの如き等の無量の苦毒（くるしみ）あり。

この説明はかなり行きとどいた手際のいいものである。なかなかこうは整理されない。地獄の様相を一般的に叙述した『仏所行讃』巻三はもちろん、『過去現在因果経』巻三のような叙述も遠く及ばないし、『菩薩本縁経』巻下でも、『賢愚経』巻一でも同じである。逆に単純化された嫌いがあり、手際よく整理しようとする意図よりも、その手数をはぶいて、詳しいことは他を参照してほしいといった、先を急ぐ姿勢が強い。多くを言う必要はないが、『菩薩本生鬘経』巻二に、「地獄に堕ちて苦を受くること万端。獄卒羅刹、諸の罪人を取りて種々治罰す。或は断ち、或は斫《き》り、或は擣《つ》き、或は磨《と》ぎ、その身を分析して百千分と作す。刀山・剣林・火軍・煻煨・寒水・沸屎、一切備《つぶ》さに受く」と説くものはその例になろう。

しかしこうした獄卒を含めた苦相を全く別の視点から整理したものがある。『三法度論』

巻下、『顕宗論』巻十六などがそれである。それは『三法度論』で言うと、「有主治・少主治・無主治」の三に八熱地獄を分類したもので、獄卒の有無・多少が規準である。これによると、「活行・黒縄、この三（二の誤り）はこれ有主治」、「衆合・大哭・鉄樫、この三はこれ少主治地獄」、「哭・炙・無欲は、この三これ無主治」とある。訳語が他と幾分異なっているが、哭と大哭は叫喚・大叫喚、炙と鉄樫が焦熱・大焦熱に相応するとすれば、かならずしも八大地獄の順序通りではない。しかしこれを『顕宗論』でみると、「無間・大熱、及び炎熱の三は、中に於てみな獄卒の防守なし。大叫・号叫、及び衆合の三は少しく獄卒あり。琰魔王の使、時々往来し、かれを巡検するが故に。その余はみな獄卒の防守と為る。有情・無情・異類の獄卒、防守し、罪の有情を治罰するが故に」と説き、八大地獄の順序に応じて、有主治・少主治・無主治と分けたことがわかる。しかしそうとすれば、獄卒のいない地獄が焦熱以下の三地獄ということになるが、これまでそんな地獄を説いた経典がはたしてあったかどうか。

その場合、まず機械的にみて、八大地獄それぞれに同じ十六隔子を分けたものでは、十六隔子のいずれかで獄卒が登場すれば、獄卒のいない地獄とは言えないから、その意味では『増一阿含経』「八難品」や『長阿含経』「世記経地獄品」では無主治の地獄は考えられていないと言っていい。また、八大地獄そのものに直接あたってみても、『大智度論』では「熱・大熱地獄」はもちろん、阿鼻地獄にも「獄卒羅刹」の活躍を説いているし、また『瑜伽師地論』でも、獄卒の語はわずかに黒縄地獄でみえるだけであるが、その治罰の姿から当然、その主体が予想され、無間地獄において「口中より舌を抜出して鉄の鉄釘を以て釘《くぎう》ち、これを張る」といった表現一つみても、獄卒の存在を許している。

したがってこれからすれば、『三法度論』や『顕宗論』の考え方は異質だということになる。獄卒はやはり地獄と切っても切れない関係にあるはずである。

閻魔王

ところで、このまま獄卒に触れただけで終わったのでは、このノートも一簣の功を欠くことになるから、最後に地獄の主宰者である閻魔王について記して、これを終わりたい。

まず、閻魔王が使者を遣わして死者を冥界に呼ぶことはすでに知られた通りであるが、王の住所については経典によって異説があり、『長阿含経』「地獄品」のようにあたかも極楽を想わせる記述があるかと思えば、三悪道中の餓鬼道にあるとするもの、地獄界にあるとするものなど、まちまちである。おそらく時代が下るにしたがって、閻魔王の捉え方が変わり、地獄界に位置づけられたのであろう。また、罪人を召して、その生前の行為を審判することも『長阿含経』「地獄品」にみえるところで、審判者としての性格は早くから与えられていたことがわかる。

しかしこの経には、閻魔王もまた堕獄の罪人と同じような責め苦に悩むと説く。それは一日に三度おこる。閻魔王の前に大銅鑊が自然に現われるというのである。宮殿の内にいるときでも、宮殿の外にいるときでも、これが現われると、王も逃れようがない。獄卒が王を捉えて熱鉄の上に臥せさせ、鉄鉤で口をこじ開け、とけた銅をその中にそそぎ入れる。王の唇や口は焼け、咽より腸に至るまで焼け爛れないところはない。しかしすっかり焼け爛れてしまうと、この責め苦もおわり、また元のように宮殿内の女官たちと共に遊び戯れることができる。

ここでは閻魔王もなみの罪人とかわらない一面を持つが、これでは閻魔王の威厳や権威に重みはない。当然、閻魔王を審判者として、さらには衆生の救済者として位置づける考え方が生まれてくるはずである。『瑜伽師地論』では、菩薩の化現とみるようになっている。

こうした閻魔王が五官王・八王・十王などと結びつくのは中国にはいってからで、道教との接触によるものである。

地獄苦

一

地獄は幽酸な極苦の世界である。死後ここに堕ちた罪人の被虐は言葉を超えている。したがって苦という苦はおよそ地獄において極まる。苦の極限、それが地獄苦である。

しかしこの地獄苦を説くには、その前に地獄そのものがどう考えられていたか、それを見ておく必要がある。地獄苦のさまざまな様相と係わって、実におびただしい数の地獄が見られるからである。

仏教における地獄思想がどのような発展過程をたどったか。その問いかけはきわめてむつかしい問題であるとしても、『中阿含経』巻十二「天使経」に説く地獄の姿はかなり素朴なものであることは確かである。ここでは、閻魔王によって獄卒に付された罪人が堕ちる「四門大地獄」というのがあって、

四柱四門あり　壁方十二楞《りょう》にして　鉄を以て垣墻《かんしょう》となし　その上に鉄もて覆蓋《ふがい》す　地獄の内は鉄地にして熾燃《しねん》の鉄火もて布《し》き　深きこと無量由延《ゆえん》にして　乃至地底に住す（略）かれ地獄に堕生し　脚は上　頭は下に在り　もろもろの聖人の　調御《じょうご》し善く清善なるを誹謗せしなり。(1)

と説かれているだけであるし、ここで「極大久遠」にわたって極苦を受けたあと、ここをでて峰巌《ぶがん》地獄・糞屎大地獄・鉄鍱林《てつちょうりん》大地獄・鉄剣樹林大地獄を経て、また逆行して四門大地獄に入るというように終わっている。まだ八大地獄のような形は姿を見せていない。

しかし『増一阿含経』巻三十六「八難品」になると、この八大地獄が未整理ではあるが、姿を見せている。「八大地獄あり、いかんが八となすや。一には還活地獄、二には黒縄地獄、三には等害地獄、四には涕哭地獄、五には大涕哭地獄、六には阿鼻地獄、七には炎地獄、八には大炎地獄なり(2)」というものがそれで、それぞれ十六隔子（小地獄）があると説く。しかし後の整理された八大地獄のように、阿鼻地獄を第八とはしないし、他の地獄の名称についてその因縁を説きながらも、阿鼻について触れるところはなく、ただこの地獄に堕ちるものの業因を示すに終始している。また十六隔子といいながら、名を明らかにして相状を説いたものはわずか二、三にとどまる。

これが『長阿含経』巻十九「世記経地獄品」となると、ほとんど整理された姿を見せることになる。そこでは、八大地獄と十六小地獄との名を掲げて、八大地獄は想地獄・黒縄地獄・推圧地獄・叫喚地獄・大叫喚地獄・焼炙《しようしやく》地獄・大焼炙地獄・無間地獄の八、十六小地獄は黒沙地獄・沸屎地獄・五百釘地獄・飢地獄・渇地獄・一銅釜地獄・多銅釜地獄・石磨地獄・膿血地獄・量火地獄・灰河地獄・鉄丸地獄・釿釜地獄・犲狼地獄・剣樹地獄・寒氷地獄の十六であることを明らかにし、一々の大地獄に堕ちる業因や、大・小地獄一々の様相を説く。ただ堕獄の因について説くところはあまり十分なものとは言えない。たとえば無間地獄のそれを「極めて重き罪[3]」と説くだけで、さきの『増一阿含経』が「父母を殺害し、神寺を破壊し、聖衆と闘乱し、聖人を誹謗し、邪見に習倒せば[4]」と説いて、五逆罪を想起させるのに比べてみてもわかる。また地獄の形状についても、さきに『中阿含経』が縦に無量の深さをもっていて、地底にあるとしているのに対して、横に連なっているように説かれていることは、後のより整理された八大地獄から見て、異質である。『長阿含経』は、大金剛山（鉄囲山）の外側に第二の大金剛山があって、この二山の中間は窈窈冥冥とした暗黒に包まれ、そこに八大地獄があるとしているが、地獄が数珠状に繋がるとも、円環状に外へ外へと押しやられているとも、説かない。それだけ形状に対しては素朴な段階にとどまっている。

しかしこの『長阿含経』には八大地獄とは別の十地獄が説かれている点で、注目されるものがある。先と同じ二山の中間にあって、その名は厚雲地獄、無雲地獄、呵々地獄・奈河地獄・羊鳴地獄・須乾提地獄・優鉢羅地獄・倶物頭地獄・分陀利地獄・鉢頭摩地獄と名づける。その名称のよって起こるところを二、三うかがえば、「その獄の罪人は自然に身を生ず。譬へば厚雲の如し。故に厚雲と名づく」「かの獄中受罪の衆生、自然に身を生ずることなほ段肉の如し。故に無雲と名づく」「その地獄中受罪の衆生、苦痛身を切り、声を挙げて語らんと欲すれども舌を転ずる能はず。ただ羊鳴の如し。故に羊鳴と名づく」「その地獄中、挙獄みな赤きこと鉢頭摩華の色の如し。故に鉢頭摩と名づく(5)」などとある。しかし先の八大地獄が熱地獄であるのに対して、これを寒地獄と説くような形跡はまだ見当たらない。羊鳴地獄、鉢頭摩地獄などには寒地獄と連続するものが想起されるとしても、そうは説かれていない。この点は『起世経』によってみてもかわらない。ただ『起世経』に説く十地獄の名称は『三法度論』に説く「十寒地獄(6)」と重なるもののようである。『三法度論』では寒冷の酷しさによって身体が脹れ破れて、声も出なくなる、その過程を三段階に整理し、阿浮陀・泥羅浮陀・阿波跛を了叫喚、阿吒鵂吒鵂・優鉢羅・阿吒鵂吒鵂優鉢羅を不了叫喚、拘牟陀須・揵緹伽・分陀梨伽・波曇摩を不叫喚と説いている。おそらくこれから取捨と補足を経ていわゆる八寒地獄がまとまってくるのであろうが、経としては「火泥梨に八あり、寒泥梨に十あり。地の半以下に入るものは火泥梨、天地の際は寒泥梨なり(7)」として十八泥梨の一々を細説する『十八泥梨経』の介在も考慮されてよい。

こうして漸次、八寒・八熱といった地獄が整理されてくるが、しかしこうした整理に水をさすような地獄の捉え方もないわけではない。整理段階にはいった時代と平行しているのだろうが、たとえば阿鼻地獄の小地獄をとくに十八と数える『観仏三昧海経(8)』がある。その一々の名を掲げると、十八寒地獄・十八黒闇地獄・十八小熱地獄・十八刀輪地獄・十八剣輪地獄・十八火車地獄・十八沸屎地獄・十八鑊湯地獄・十八灰河地獄・五百億剣林地獄・五百億刺林地獄・五百億銅柱地獄・五百億鉄機地獄・五百億鉄網地獄・十八鉄窟地獄・十八鉄丸地獄・十八尖石地獄・十八飲銅地獄である。その名の頭に十八の数が冠せられていて、いささかまぎらわしい上に、阿鼻地獄以外の他の地獄について全く説こうとしない点も特異である。おのずから比較するすべもない。

また『問地獄経』という経典があり、十八地獄、六十四地獄を説く。『経律異相』や『法苑珠林』が述べるところによると、十八王があって、十八地獄を典領するとし、その地獄は、泥梨・刀山・沸沙・沸屎・黒耳・火事・鑊湯・鉄床・嵯山・寒氷・剥皮・畜生・刀兵・鉄磨・水・鉄笧・蛆虫・洋銅の十八(9)であるという。この最初の泥梨《ないり》は地獄の意であるから、どのような地獄か、明確ではない。また六十四地獄として掲げるものは先の十八地獄の一、二を除くほとんどを含んでいるから、これを元に拡大増広したと見てよいが、かなり悪意的な増広であることは、同名の餓鬼地獄が三、黒耳地獄が二、鉄材地獄が二、洋銅地獄が二、擄弄地獄が二といった重複があることからもうなづける。また「十五日縦広四万里」[10]は地獄名の脱落がないとすれば、いささか異様な名称である。

ここで、迂路をたどったついでに、中国成立の偽撰経典が説く地獄についていくつか当たってみると、もっともよく知られるその一つは『浄度三昧経』に説く三十地獄である。それによれば、地獄天子閻羅王の下に小王八人があり、これを扶けて三十王があり、さらにその下に九十六王があるとし、地獄に大涅黎があり、そのなかに八中涅黎があり、さらにその下に三十小涅黎、そしてさらに九十六涅黎があるとする。おのずから閻魔王は涅黎全体を総括した大涅黎の王、八王は八中涅黎の王、三十王は三十小涅黎の王、九十六王は九十六涅黎の王と知られる。しかしこれと別に十八地獄の呼称も見られ、「地獄濫官」として十三王、五都督、十八使者などといった言葉もある。十三王の名はその二、三を除いて三十王と、名が重複するが、経が明かす三十王と地獄の名はつぎの如きものである。(一)平胡王—阿鼻摩訶涅黎、(二)晋平王—黒縄地獄、(三)莽都王—鉄囚獄、(四)輔天王—合会獄、(五)聖都王—太山獄、(六)玄都王—犬城獄、(七)広武王—剣樹獄、(八)武陽王—嚾吼獄、(九)牢陽王—八路獄、(一〇)都陽王—刺樹獄、(一一)消陽王—沸灰獄、(一二)延慰王—大噉獄、(一三)広進王—大阿鼻獄、(一四)高都王—鉄車獄、(一五)公陽王—鉄火獄、(一六)平斛王—沸屎獄、(一七)柱陽王—地獄《ママ》、(一八)平刃王—

弥離獄、(一九)璉石王―山石獄、(二〇)狼耶王―多洹獄、(二一)都官王―黎洹獄、(二二)玄陽王―飛虫獄、(二三)太一王―湯河獄、(二四)合石王―大磨獄、(二五)涼無王―寒雪獄、(二六)無原王―鉄杵獄、(二七)政始王―鉄柱獄、(二八)高遠王―膿血獄、(二九)都進王―焼石獄、(三〇)原都王―鉄輪獄である。獄名からその地獄の性格が少しく察せられるが、なかでとくに注意を引くのは(一)の阿鼻摩訶涅黎と(三)の大阿鼻獄で、一見したところ重複のように思われる。しかし説明するところでは、前者は「殺生婬盗不孝不中《(忠カ)》」の罪、後者は「五逆十悪、並に五戒を犯」[11]した罪が問われる地獄であることがわかる。ただ大阿鼻獄を典ずる広進王は十三王の一人であっても、これが八王のなかに含まれているかどうか、はっきりしない。経は八王の名を明らかにしないから、大阿鼻獄も八熱地獄の一つなのかどうか、不明である。

また『地蔵菩薩本願経』には、大鉄囲山の内側に大地獄が十八所、さらにこれと別の地獄が五百、千百あるとし、これらが無間地獄のなかにあい連なっていると説く。そしてこれとは別に独立した地獄が一つあって、それを「無間」[12]と名づけると言う。いわばこの独立の無間地獄が地獄として最悪極苦の世界であるため、これを取って諸地獄の総名としたもののごとくである。したがってこの「無間」地獄の様相だけがとくに細説されているが、大地獄十八所についてはその名さえ示されていない。ただ別に地獄の名を列挙した箇所では、「閻浮提の東方に山あり、号して鉄囲と曰ふ。その山黒邃にして日月の光なし。大地獄あり、極無間と号す[13]」と説きおこして、大阿鼻地獄に始まり多瞋地獄に至る二十四地獄と、さらに叫喚地獄に始まり火狼地獄に至る二十二地獄との名を掲げ、さらにその罪報を述べたもののなかにはこれらの地獄名と合致しない様相がいくつか見える。たとえば罪人の心臓を夜叉がとって食う地獄や、「一向寒氷[14]」の地獄などは先の地獄とは別のもののようである。

また三十巻本『仏名経』には三十二の沙門地獄を説く。宝達菩薩が三十二地獄を訪ね、回り歩くといった設定の、いわゆる地獄回りの形をとったもので、とくに沙門が悪業の報いとして堕る地獄という点に他の例にない特色がある。ここには東方の鉄囲山中、日月の光も及ばない幽冥の処に阿鼻地獄があるとされ、その無量の地獄のなかに三十二沙門地獄がある[15]と説かれていて、『地蔵菩薩本願経』との関連が予想される。地獄名を見たかぎりでもかなり発想の近いものが見受けられる。その地獄は、㈠鉄車鉄馬鉄牛鉄驢地獄、㈡鉄衣地獄、(3)鉄銖地獄、㈣洋銅灌口地獄、㈤流火地獄、㈥鉄床地獄、㈦耕田地獄、㈧斫首地獄、㈨焼脚地獄、(一〇)鉄鏘地獄、(一一)飲鉄銖地獄、(一二)飛刀地獄、(一三)火箭地獄、(一四)䐠肉地獄、(一五)身然地獄、(一六)火丸仰口地獄、(一七)諍論地獄、(一八)雨火地獄、(一九)流火地獄、(二〇)糞屎地獄、(二一)鉤陰地獄、(二二)火象地獄、(二三)咩声叫喚地獄、(二四)鉄鏃鑈地獄、(二五)崩埋地獄、(二六)然手脚地獄、(二七)銅狗鉤牙地獄、(二八)剝皮飲血地獄、(二九)解身地獄、(三〇)鉄屋地獄、(三一)鉄山地獄、(三二)飛火叫喚分頭地獄の三十二である。

さて、道を返して元に戻ると、経典で地獄を説いてもっとも詳細を尽くしているのは『正法念処経』に指を屈する。八寒地獄こそ触れてはいないが、八大地獄の一々とその十六小地獄について、いくつかを除くほかは、その極苦の様相はもちろん、堕獄の業因や大地獄と小地獄の差異など、細部にわたって説かれている。したがって地獄苦の諸相を説くには欠くことのできない経典である。しかしいまはこれを後に譲り、地獄の整理された姿を論書に求めるなら、まず『倶舎論』がある程度それに適しているようである。先行の論書を手際よく整理し、要を得たものであろう。

これによると、まず八熱地獄の構造について贍部洲の下、二万踰繕那を過ぎて無間地獄に達するという。つまり七地獄はこの二万踰繕那の間に相上下して重なっていることになる。しかし無間地獄の深さ、縦横の広さを共に二万踰繕那と説くように、他の地獄についてその深さ、広さを説くことはない。ただ漠然と重なっているという印象に終わるが、このほかにもう一つ、他の七地獄は無間地獄の傍にあるという説を紹介している。先行の『大毘婆沙論』(16)では無間地獄までの深さを四万踰繕那とし、かなり理窟にかなった一説が見られるが、なぜこれを採らなかったのか、と思われる。

またこれら八地獄には同じように十六増があるという。増は先行の小地獄に当たるもので、地獄の四面の外にそれぞれ四所があり、煻煨増・屍糞増・鋒刃増・烈河増の名がある。その名の如く、煻煨増は熱灰の地獄で、膝を没するほどの熱灰が海のように広がり、足を踏み入れると、皮も肉も血と共に焦爛し、足をあげると、また元に戻る。屍糞増は屍糞の泥で充満した地獄、ここには娘矩吒（嬢矩吒とも訳し、針口虫ともいう）という嘴が針のように鋭い虫がいて、皮を穿ち、骨を破って髄を食う。鋒刃増は剣刃の地獄で、ここはとくに刀刃路・剣葉林・鉄刺林の三種にわかれている。刀刃路は路に刃《は》が上を向いた刀を一面に敷きつめているところで、足を下すときは、皮も肉も断砕され、上げるとまた元に復する。剣葉林は薬がすべて鋭利な刃からなる林で、罪人がここにくると、吹く風に葉が落ちて、五体を刺し斬り、骨も肉もばらばらになる。すると、烏駮狗（斑な黒犬）がこれを食う。鉄刺林は樹に長さ十六指にも及ぶ長い鉄の刺《とげ》が生えている林で、追われてこの樹を上下すると、刺も針先を上下させて皮肉を刺し、空には鉄の嘴をもった鳥がいて、眼を啄《ついば》み、心臓や肝を食う。鋒刃増のつぎは烈河増で、この増はとくに広い。沸騰する塩水に満ちみち、罪人が浮き沈みしつつ煮られて、骨も肉も爛れる。また大きな鑊《かま》には熱い灰汁が満ち溢れ、米などが煮られると、上下し回転して、やがて柔かく溶けていくように、罪人の身体も全身糜爛する。ここからのがれようとしても、岸には獄卒がいて、手に執る刀鎗で突き戻して出させない。

以上が四増の特徴であるが、前の三増が庭園に似ているとすれば、第四の烈河増は塹《せん》(堀)のようなものだという。またこれらをなぜ増というか、その理由について三説があるとし、一つは本地獄以上にその刑害が激しいから、二つは本地獄と刑害の苦は同じく、重ねて同じ苦を受けるから、三つは本地獄だけにとどまらず、また改めてさらに苦しめられるから、と説く。いずれが意を得たものとも言えないが、先行経典がこれらを小地獄と捉えたかぎりでは、第三説が穏当のようである。

ところで、八熱地獄の構造を十六増との関係において説明しながら、八寒地獄については、この八が「並に贍部洲の下に、前に説きたる如き大地獄の傍に居す」(17)と言うだけである。八寒地獄が等閑視された証左と見られるが、翻ってこれを別の角度から十六小地獄に収めていたのは『大智度論』である。

ここでは十六小地獄は八炎火地獄と八寒氷地獄とに分けられ、八炎火地獄は炭坑・沸屎・焼林・剣林・刀道・鉄刺林・醎河・銅橛の八、八寒氷地獄は頞浮陀、尼羅浮陀・阿羅羅・阿婆婆・睺睺・漚波羅 波頭摩・摩訶波頭摩(18)であるとする。これらがどこから始まって大地獄の周辺をぐるりと一繋がりになっているのか、『倶舎論』の十六増ほど明確でないが、ただ十六増といっても四面に同じ増が分かれてあるという『倶舎論』の構造は、罪人の罪業の複雑さという点からは単調にすぎ、同じ増を四面に振り分ける必然性に欠ける。

その意味では『大智度論』の方が行き届いているようである。たとえば、炭坑地獄に堕する因縁について「もし清浄戒出家の法を破り、白衣をして仏道を軽賤せしめ、あるいは衆生を排（イ推）して火坑の中に著け、あるいは衆生の命いまだ尽きざる頃に火上にこれを炙る、かくの如き種種の因縁もて、炭坑地獄中に堕す(18)」といっているものは、その一端である。

しかし一面からはこの複雑さは混乱と背中あわせであることも確かで、堕獄の因縁が整然と区別されないときは、ただ混乱に終わる可能性がある。

また、これらの地獄の名の縁由についても『倶舎論』はわずかに無間地獄と他地獄の差異を説くだけである。「その中に於ては苦を受くること、間なく、余の七大捺落迦の苦を受くること、恒にあらざるが如きにあらざるを以ての故に、無間と名づく(19)」といい、たとえば等活地獄で、罪人は身を切りさかれ磨《す》り擣《つ》かれて、いったんは死んでも涼風に吹かれて、また活きかえるような、一時的にもせよ、苦の断絶がないと説く。その他はその名称によってすでに自明としたからであろうか、説こうとしない。これについてはすでに『増一阿含経』や『長阿含経』などに説明が見え、『大智度論』では堕獄の業因も加えて説明しているが、いま地獄の二、三についてその名の起こった理由を窺ってみると、まず等活地獄について、『増一阿含経』の説明はこうである。

ここでは還活の呼称が用いられ、逼《せ》めさいなまれた罪人が、血肉も落ちた姿になると、互いに呼びあって、「活きかえれ、活きかえれ」と言い、元の姿になるから、還活の名があるとする。『長阿含経』では想地獄と名づけ、罪人が死ぬと、冷風が吹いてまた蘇生するが、生きかえった罪人がそれぞれ、「活きかえった」という想いを抱くから、想地獄の名があるとし、『大智度論』では、冷風が吹いて、獄卒が「咄《とつ》（この馬鹿のもの）[20]」としかりつけると、活きかえるから、活大地獄と呼ぶという。

第二の黒縄地獄については、『増一阿含経』では、罪人の筋脈が化して縄となると説いて、この縄が鋸引きにどんな役割をするのか触れていないが、『長阿含経』は縄としては別に鉄縄があって、これを以て「絣《すみなわをひ》き、鋸を以て之を鋸《ひ》く[21]」と言い、『大智度論』もこれを踏襲する。

また第三の衆合地獄については、すでに『増一阿含経』は等害地獄の称を用い、『長阿含経』は堆圧地獄と名づけ、『大智度論』は合会地獄と呼んで、呼称に差があるが、『増一阿含経』が、罪人の首を一処に梟《さら》すところからその名があるとするだけで、後の二者は山がよせてきて罪人を圧しつぶすという点で、名の由来に一致するものが見られる。

また堕獄の業因についていうと、『大智度論』以上によく整理しているのは『正法念処経』であろう。とくに大地獄と別処（小地獄に当たる）との関係がかなりはっきり浮び上がっている。

たとえば活地獄（等活地獄）についてその業因を殺生とし、その殺業の上・中・下の差によって受ける苦に差を生ずると説き、その上の業については、殺された相手が「善人、もしは受戒せる人、もしは善を行ずる人(22)」であること、また殺生を犯して悔いがなく、これをむしろ讃嘆すること、また他にも勧めて殺生を犯させることなどを教えている。そしてこの悪業の上・中・下の差によって地獄における寿命にも差を生じ、一定の寿命が終わらないその中間に死ぬ軽い罪業のものから、あるいは別処にさらに生まれても、「業の種子の多少と軽重に随ひて(23)」一処だけですむもの、ないし十六処をすべて経廻るものなどの差が生ずるとする。

また十六別処に堕ちる悪業の因については、まず最初に屎泥処を掲げて、「殺生にして、もし欲心を以て殺す(24)」ものと規定し、殺生の対象として鳥、鹿などの鳥獣をあげ、懺悔の気持などなく、殺生を讃え、人にもこれを勧めて行なわせるものと説く。つぎの刀輪処については、物に対する貪心による殺生を業因と定め、生きるために殺すことを加えているが、懺悔等のことは前と同じで、以下もこれはほぼ共通して説かれる。ただ十六別処のうち名称があがってくるのは七別処だけで、黒縄地獄の別処について述べた箇所で「普遍《あまね》く十六別処を観察すること、活地獄の如し(25)」と言ってはいても、そのようにはなっていない。

十六別処の名がすべてあがっているのは、第三の合地獄、第四叫喚地獄、第六焦熱地獄、第七大焦熱地獄、第八阿鼻地獄で、第五大叫喚地獄はとくに十八別処を数え、黒縄地獄は僅か三別処を挙げるだけである。この点、いささか未整理の印象を与えるが、なお各地獄の別処名で同名または類似のものもあり、合地獄の第十四別処と焦熱地獄の第十別処とが同じ大鉢頭摩処、大叫喚地獄の第十八と阿鼻地獄の第十六とが同じ十一炎処、大焦熱地獄の第九と第十五が同じ無間闇処、またこれと似た名は活地獄の闇冥処であり、活地獄の第四多苦処と合地獄の第六の多苦悩処も似ている。

とにかく活地獄の根本業因を殺生と規定することによって、以下、黒縄地獄の業因は殺生に欲行（合地獄によって偸盗だとわかる）を合わせ行なうこと、合地獄はさらにこれに邪行を加え、叫喚地獄はさらに飲酒を加え、大叫喚地獄はさらに妄語を加え、焦熱地獄はこの邪見を楽しみをもって行なうこととし、さらに禁戒を守る浄行の童女や比丘尼をして戒を犯させることを加える。ただ最後の阿鼻地獄についてはいわゆる五逆罪を掲げている。阿鼻地獄だけを詳説する『観仏三昧海経』では五逆罪のほかに、「四重禁を犯し、虚しく信施を食し、誹謗し邪見にして因果を識らず、般若を学するを断ち、十方の仏を毀ち、僧祇物を偸み、婬泆無道にして浄戒の諸比丘尼・姉妹親戚を逼略（ィ掠）し、慚愧を知らず、親しむ所を毀辱し、もろもろの悪事を造る[26]」などの罪を加えて、この地獄が他との比較を絶した極悪の世界であることを強調している。

さて、最後にこれらの地獄の寿量について触れると、これについて手ぎわよく説いたものは『倶舎論』である。そこには、

論じて曰はく、四大王等の六欲天の寿を、その次第の如く、等活等六捺落迦の一昼夜となし、寿量はついでの如く、またかの天に同じ。謂はく、四天王の寿量の五百を等活地獄に於て一昼一夜となし、この昼夜に乗じて月及び年を成じ、かくの如き年を以てして、かれの寿は五百なり。乃至、他化〔自在天〕の寿の万六千を炎熱地獄に於て一昼一夜となし、この昼夜に乗じて月及び年を成じ、かの寿はかくの如くにして万六千歳なり。極熱地獄の寿は半中劫、無間地獄の寿は一中劫なり(27)。

とある。ただしここで寿量の規準になっている六欲天の寿量については、別に説くところがあるから、それを参考すると、まず最初の四天王の寿量は人間の五十年を一昼夜とし、三十日で一月、十二か月で一年とした五百年であることがわかる。したがって等活地獄はこの四天王の五百年を一昼夜とした五百年だから、人間に換算すれば一兆六千二百億年となる。またつぎの三十三天は人寿百歳を一昼夜として千年を寿量とするから、黒縄地獄の寿量千年は等活地獄の八倍に当たるし、以下夜摩天ないし他化自在天も、それぞれ先の倍数、人寿もそれに応じた倍数、地獄もまた倍数であるから、炎熱地獄は実に等活地獄の三

万二千七百六十八倍という数になる。これが等活地獄から炎熱地獄までの具体的な年数で、極熱地獄から上は劫をもって説くから、すでに数を超えるが、一中劫は住劫の二十分の一だから、世界の成立から消滅までの一大劫の八十分の一が無間地獄の寿量という計算である。

また『倶舎論』はこのほか八寒地獄についてもその寿量を説く。しかしその最初の頞部陀の寿量を喩えをもって説くから、等活地獄のような具体的な数字は示されていない。ただ尼刺部陀以下、順次、二十倍増しに寿量が増加すると見るから、最後の摩訶鉢特摩は頞部陀の十二億八千倍の寿量ということである。

二

すでに明らかなように地獄で受ける苦はそれぞれ地獄の特色や性格によって異なる。またそれに付属する別処（増、小地獄）はさらにその差異を複雑なものにする。しかも諸種の経典や論書は地獄や別処そのものについて一致を見ないから、差異は複雑を超えてもはや混乱に近い。したがってこれらを適当に切り捨て、取捨選択する必要がおこる。そこでいまは地獄のごく単純なものと複雑なもの、さらに整理されたものという三つの視点からこれを眺めることにしたい（ここではパーリ経典については触れない）。

まず『中阿含経』に説く地獄の構造はまだ八熱地獄の形を整えない単純なものであるが、その単純さは地獄の総括的な状況や苦具といった道具だてなどの単純さと相応する。そのことは四門を有する中心の地獄で罪人が苦しめを受ける、それを叙して「かれら、その中に於て極重の苦を受けて啼哭喚呼し、心悶《もだ》えて地に臥し、終に死するを得ず(28)」という表現に暗示的である。「極重の苦」といっても、その具体的なものは何一つ語られない。火に焼かれるのでもなく、刀で切り刻まれるのでもない。それは逆に、肉体的苦痛ではない、精神的な苦悩を言おうとしているかと疑われる。四門の大地獄の東門が開くのを見て、安穏な場所を求めたいと東門に罪人が集まるとき、その門が閉じるという状況からすれば、そのように思える。しかし、そうではなかろうから、やはり極苦の具体的な表現を欠いたものと言うほかない。いわば四門の大地獄はそれとしての特徴をもたない、四門の外の地獄を導き出す、構造上の一手段に終わっている。

大地獄がすでにそうであるから、門外の地獄の苦相も単純である。たとえば、糞屎地獄では、糞屎が満ちたなかに凌瞿来という名の、嘴の針のように鋭い虫がいて、罪人の足を破り、膞腸骨を破り、髀骨を破り、ないし頭骨を破り、頭脳を食うという。こうした罪人の身体の各部分を食い破るといったパターンは、鉄鍱林地獄では鉄鍱（鍱は鉄などを薄くのばして葉のようにしたもの）が切り刻む機能を果たすものに変わり、そこに住む烏鳥にしても同様であり、鉄剣樹林地獄では剣樹の刺《とげ》が、灰河地獄では熱灰が、多少の差を見せるだけで、同じ画一的な役割をになっている。このことは他地獄でも同様だから、要するに、罪人の全身が食われるか、刺されるか、切られるか、焼かれるか、融かされるか、といった差で示されているにすぎない。苦はむしろ、これを見聞く側の、第三者の想像力の豊かさに委ねられた感がある。いわばそれだけ説得力に欠けると言えよう。状況設定や道具立て、あるいは描写の創造性が不十分のままで終わっている。

この点は『増一阿含経』の場合も、さして違わない。むしろ苦相の描写よりも叙述の焦点が他に移ったせいか、後退さえうかがわれるが、『長阿含経』になると、一挙に苦相の内容は豊富になる。

まず八熱地獄について見ると、想地獄では苦具は罪人自身の手に生ずる。たがいに害想を抱くことが自然に刀剣を生じ、それを執ってたがいに斫《き》りあい、刺しあい、皮が剝げ、肉は割れ、身砕けて死ぬ、という。黒縄地獄では、罪人を熱鉄の上に臥せさせ、鉄縄で絣《すみなわ》をひいて鋸で切り刻むほか、鉄縄そのものが熱鉄で、これで焼き切り、また熱鉄縄の縦横、無数に交差したなかに罪人を追いこみ、身に鉄縄を絡ませて焼き切る。あるいは熱鉄縄の衣を着させて焼き切るともいう。また堆圧地獄では、向き合った山があって、その間に罪人がはいると、自然に山が動いて、罪人を挾んで推し潰し、砕く。しかし山だけではない。大鉄象が全身に火を放って、罪人を踏みつけ、その上を転げまわって砕く。また碾臼《ひきうす》のような「磨石」でひいたり、あるいは鉄臼のなかで鉄杵で擣《つ》くともいう。

また叫喚地獄と大叫喚地獄ではほぼ内容を等しくするから、程度の差が違うものと受け取られ、この点は焼炙地獄と大焼炙地獄も同様であるが、前者の場合は、鉄鑊や鉄瓮、鉄鍑、鉄鏊といった各種のかま、なべで罪人を煮たり、炒ったりするという。焼炙・大焼炙の両地獄では苦具は鉄城・鉄室・鉄楼・鉄陶の大火坑といったなかの大火炎そのもので、獄卒は罪人の焼炙に手を貸すだけである。もう罪人には叫喚の余地さえないかに見える。

しかし無間地獄では、獄卒が鉄城に罪人を追いこむ前に、罪人の皮を剝ぎ、それを身に纏《まと》わせて、火車輪に乗せ、熱鉄地の上を走らせる。そして火焔が東に興って西に至り、西に興って東に至るなど、東西南北に興って東西南北に至る鉄城のなかで、罪人は右往し左往して火に焼かれ、熱鉄地に倒れてまた焼かれる。またここでは「弾指の頃も苦ならざる時」がないから、無間の名があるというが、罪人自身苦に逼められ、「苦痛辛酸万毒並び至」[29]りながら、なお目を挙げて見るものは悪色、耳に聞くものは悪声、ないし心に思うところはただ悪法であって、これから逃れられないという。

これだけ見ても、かなり状況設定は複雑になり、道具立ても豊富であるから、苦の描写が、「憧惶馳走して自ら救護を求む」とか、「苦痛万端」「苦毒辛酸[30]」といった相似の表現に終始しても、その単調さが苦相の説得をはなはだしく阻害することはない。

しかも、こうした苦相の内容の豊富さは付属の小地獄が加わることによってより豊かなものになっている。状況設定の類似した、重複を思わせるものはあるにしても、八熱地獄すべてに一様に係わるものではない。たとえば、想地獄とその十六小地獄とに重複がないことを見ても、その苦相に対する創造的な豊かさを認めることができる。その意味では中心の大地獄の個々の単純をむしろ付属の小地獄を説くことによって解消し、さらに小地獄に地獄の焦点をあてて、これに大地獄の性格を重ね合わせるといった操作がここに試みられているようである。その十六小地獄を瞥見すれば、こうである。

まず、黒沙地獄では、熱風に吹かれた黒い熱砂が罪人の全身に付着し、罪人は黒雲のようになる。熱砂は皮を焼き、肉を尽くして骨に徹り、黒焔が全身から吹き挙がる。ここで罪人は苦を受けおわると、つぎに沸屎地獄に送られる。ここには「沸屎の鉄丸」[31]があって、それを罪人は抱かされ、さらにこれを口中に抛りこまれるという。「沸屎の鉄丸」とはどんなものか、いささか想像に余るが、沸屎地獄という名称からも飛躍した特殊性が感じられる。またここには鉄の嘴の虫がいて、罪人を食い、骨に徹り、髄に達するという。

つぎの鉄釘地獄ではその名のごとく罪人の身体に鉄釘が打たれる。その数は五百本という。救いを求めて赴くところは飢餓地獄に渇地獄である。ここでは、罪人が飢えや渇きに苦しむという設定に立って、前者では熱鉄丸が、後者では消銅が口中に入れられる。沸屎地獄と相似ているが、罪人の飢渇をいやしたいという願望を前提とした点が特異である。ただ、つぎの銅鍑地獄・多銅鍑地獄・石磨地獄は、叫喚・大叫喚、および堆圧などの地獄では重複する可能性がある。前者では鍑中で豆のように煮られ、後者ではその点は沸騰する膿血で煮られる膿血地獄も同様のようであるが、ここではまた罪人がみずからこの膿血をとって呑み、身体を内部から爛壊させるともいい、差異はある。

しかしここで他に例を見ないのはつぎの量火地獄である。そこでは獄卒は罪人の手に鉄斗をとらせて、「火聚を量ら」せるという。量るとき、手足を焼くことがこの地獄での苦相であるが、こんな方法で罪人の手足を焼くことの意味はよくわからない。『起世経』ではこの地獄を函量地獄と名づけ、鉄函で火を量らせるというに止まるから、大差はない。

ところで、小地獄もつぎの灰河地獄と最後の寒氷地獄以外に、続く鉄丸・釿斧・犲狼・剣樹の諸地獄はあまり特色はない。鉄丸はすでに沸屎地獄に見え、釿斧はわずかにその例がなかったにしても、鉄釘や鉄剣と同工異曲であり、犲狼・剣樹は灰河地獄でも説かれているからである。その点、灰河地獄は内容豊富で、灰湯の涌沸する河の底には鉄刺が縦横に鋒先を伸ばし、河岸には長刀剣が生え、剣樹林もあり、剣樹は枝葉花実すべて刀剣であるうえ、岸にはさらに獄卒や犲狼・鉄嘴鳥がまちかまえている。河に入れば、波のまにまに「上下・廻覆」し、沈めば鉄刺に身を刺し徹され、岸に上れば、獄卒は罪人の口から洋銅を灌ぎ、犲狼は鋭い牙歯をもって嚙みつき、肉を食い、逃れようと樹に昇れば、剣樹の刀剣は身を刺し切り、樹上にはまた鉄嘴鳥が頭骨を啄み、脳を食う。罪人はこうした河中から樹上へという経路を反覆して、苦しめられることになる。この灰河地獄の苦相の豊富さがその後の小地獄の内容を手薄にした格好である。寒氷地獄にしても、地獄としてはこれまでの熱地獄とは対極的なものであるのに、内容はただ大寒風が吹いて、「挙体凍瘃し皮肉堕落す」という数語で尽されているに過ぎない。ただ。この地獄で看過できないのは、これを結んで「しかる後、命終す(32)」とあることである。他の地獄では死はなかった。「余罪いまだ畢らざるが故に、死せざらしむ(33)」として、送られてきた、その罪がここですべて償われ終わるとしている。つまり、地獄からの転生がようやく始まるのである。

さて、八熱地獄や小地獄の一々をこのように見てくるとき、『瑜伽論』などの論書の説く地獄の単調さは覆いようもない。整理がゆきとどいたためであろうが、その点、『大智度論』は生彩を放っている。苦具を例にとって阿鼻地獄一つ見ても、鉄槌・鉄釘・鉄火車・毒虫・剣・悪狗・刺樹・毒蛇・蝮・長嘴鳥・鉄刺・鉄杙《いき》・洋銅・鉄丸など、きわめて多彩で、小地獄のさまざまな苦具をも収めとった感がある。しかも皮剝・釘磔などといった責苦の方法を加え、状況設定に屎河・剣道・刺林も用意されている。それだけ嗜虐性が高められ、罪人の苦痛は激烈である。たとえば、こう記している。

獄卒・羅刹は、大鉄槌を以て諸の罪人を槌《う》つこと、鍛師の鉄を打つが如く、頭より皮を剝ぎ、乃しその足に至りて、五百の釘を以てその身を釘もて磔《は》ること、牛皮を磔るが如くし、互に相《あい》掣《ひ》挽いてまさに手を破裂すべし。

熱鉄の火事は以てその身を轢《ひ》き、駆りて火坑に入りて炭を抱かしめ、出でて熱沸の屎河に駆りて入らしむ。……鉗を以て口を開き、灌ぐに洋銅を以てし、熱鉄丸を呑んで口に入るれば口焦《こ》げ、咽に入るれば咽爛れ、腹に入るれば腹燃《も》へ、五臓皆焦げて、直ちに過ぎて地に堕つ。ただ悪色のみを見、恒に臭気を聞《か》ぎ、常に麁渋に触れ、諸の苦痛に遭ひ、迷悶委頓し、或は狂逸唐突し、或は蔵竄投擲し、或は顛匐堕落す[34]。

その苦痛の激しさは描写を超えたものであろうが、それでも結びの「迷悶委頓」「狂逸唐突」などといった表現にその一端は示されている。なすすべなく心は乱れ悶えて、力なく疲れ果てているさま、突然、狂ったように走って苦しみから逃れようとするさま、あるいは逃れ隠れようとして、地に倒れ、ひっくりかえり、ばったり倒れるさまなど、罪人の苦しみもがく姿がそこにある。

しかしこうした罪人の苦痛を、ただ逃れるだけでなく、悦楽の追求と対象させることによって、その苦の激しさを一層際立たせようとした状況設定が見られることは注目される。

それは小地獄の一つの鉄刺林地獄である。

『長阿含経』の灰河地獄に一部、該当するところがあるが、ここでは性的欲望をかき立てる美女を刺樹の上に配する。毒蛇の化身というのも特異であって、いかにも身をくねらせて媚を呈する誘惑の肢体を思わせるに十分である。この女が樹の上から声をかけて、「昇っていらっしゃい。あなたと一緒に楽しみたい」と罪人を誘う。誘いにのった罪人を獄卒がけしかけて、樹に昇らせる。しかし樹は刺樹だから、昇るにつれて下を向いた刺は罪人を刺し、皮肉を破り、骨や髄を貫く。血みどろになってやっと樹上に昇りつくと、女はいつの間にか元の蛇身に復《かえ》っていて、罪人の頭を破り、腹に入り、あちこちに穴を穿って、ばらばらにしてしまう。しかしばらばらになっても、たちまちまた活きかえって、罪人の体が元に復すると、こんどは女が樹の下にいて、また声をかけて誘う。獄卒は箭を射かけて、降りるようにし向ける。当然、罪人は体中を刺され、血みどろになって地上に降りるが、待ちかまえているのは、また元の蛇である。同じように蛇は罪人の体をばらばらにする。

こうしてまた活きかえり、同じことが繰り返されるが、このような繰り返しのなかで、罪人の欲情がしばしば苦を忘れさせ、ときには苦痛にあえぎながら、なおそれを遥かに上まわる欲情に身を焦がしているかに思われるものがうかがわれることは注目されていい。

苦はこうした欲望との相乗によって、より激烈なものに変わるのであろう。そうした効果をこの鉄刺林地獄は期待しているようである。そしてさらに、この地獄に堕ちる因縁に触れて、とくに「邪婬を犯し、他の婦女を侵し、楽触を貪受し[35]」たものという条件を加えることによって、地獄での婬欲の必然性を明らかにし、苦を乗り越えようとする欲望の激しさを説いて、苦痛の酷しさを倍加させている。

このような罪人の心が、ことさら触れられた例は少ない。『長阿含経』の飢餓地獄や渇地獄はその少ない例の一つであるが、この飢餓や渇きは所詮、鉄丸や洋銅で一ぺんに消え失せてしまうものである。その意味では苦は倍加されることはないが、ここでは苦にめげず、ひるまない、飽くことを知らない欲情の強《したた》かさが説かれる。しかし強かであればあるほど、これを捩《ね》じ伏せる苦痛が増す。苦痛を計る計量器があるとすれば、計数を指す針が動かなくなるまでのぼる。それは、痛苦の知覚がなくなった解体のときをおいてないのである。それを死といえるから、「忽ちにして復還《ま》た活き、身体平復す[36]」ということになるが、しかしその限りにおいては、たとえ無間地獄といえども、苦は断続すると捉えられたことになる。『大智度論』が無間地獄について、「この地獄に入り、罪を受くること最も劇し[37]」といっても、死が苦を断ってくれるのであろうか。

ところで、『瑜伽師地論』によると、地獄の罪人に婬事はないという。「所以はいかん。

かの有情は長時に無間に多く種種の極めて猛利なる苦を受くるに由ればなり。この因縁に因りてかの諸の有情、もしは男なれば女に於て女欲を起さず、もしは女なれば男に於て男欲を起さず。いかに況んや展転して二二交会せんや[38]」というのが、それである。ここでは房事はもちろん、婬欲もないと否定される。したがって『大智度論』の鉄刺林地獄に相応する鉄設拉末梨林地獄に、化身の女が媚を見せることはない。極苦を語って、その特徴的な表現を見せたものといえば、「焼然・極焼然・遍極焼然[39]」といった三熱で、熱地獄としての苦の猛利はこれに尽くされたようである。たとえば、無間地獄の描写を拾っても、それが明瞭である。

また無間大那落迦の中に於ては、かの諸の有情、恒にかくの如きの極治罰の苦を受く。謂く、東方多百踰繕那の焼然・極焼然・遍極焼然の大鉄地の上より猛熾の火ありて焔を騰げて来り、かの有情を刺し、皮を穿ち肉に入り、筋を断ち骨を破り、またその髄に徹る。焼くこと脂燭の如し。かくの如く挙身皆《みな》猛焔と成る。東方よりするが如く、南西北方も亦またかくの如し。……また鉄の箕を以て、焼然・極焼然・遍極焼然の猛焔の鉄炭を盛満して、これを簸剪（イ揃）す。……また更に熱鉄地の上に臥せしめ、熱焼の鉄鉗を以て、口を鉗みて開かしめ、焼然・極焼然・遍極焼然の大熱鉄丸を以て、その口中に置く。即ちその口、及以《およ》び咽喉を焼き、腑臓に徹り、下より出づ[40]。

以後、論書にはさして注目に価するものは見当らない。
しかし経典には、とくに『正法念処経』は地獄の苦相を総括したかの感を与える。さきにも触れたように、一、二の例外を除いて、十六別処が一々その名を挙げて説かれているし、地獄に堕ちる業因も八熱地獄の個々にわたって説明され、その加上的性格が明らかにされている。あるいはまた、地獄での寿命についても、『倶舎論』では尽くされていない、それを上回る細説を見ることができる。

それだけ大風呂敷を広げたようなところがあるが、いまいくつか他に見られない点をうかがってみると、まず前世の業因に応じて苦果も相似のすがたを取るとし、苦相を業因によって語らせようとしていることである。したがってこの場合は苦相よりも業因について多く語られる。たとえば活地獄の多苦処について、その苦相は「悪業に相似して相似の果を得。かくの如き地獄の十千億種は具さに説くべからず。この極苦悩、具さに説くこと上の如し[41]」と示されるだけで、すべてを業因の説明に譲っている。そこに述べられた業因は、それだけに、細微にわたり、多様多彩で、わずかにその一端を掲げるだけでも、次のとおりである。

もし人、種種の苦もて衆生に逼《せま》る。しかれどもかの衆生、命なほ尽きざらば、所謂る、木もて圧し、それをして苦を受けしめ、もしは縄を以て懸け、もしは火を以て頭をもしは焼き、もしは柱《ささ》へ、もしはその髻《たぶさ》を繫《しば》りて以てこれを懸け、もしは煙を以て熏《いぶ》して苦悩を受けしめ、もしは道の上を牽《ひ》きて疾走せしめ、もしは地上の棘刺《きょくし》の中に置きて苦悩を受けしめ、もしは撲《う》ちて地に著《つ》け、もしは高嶮なる処よりこれを推して堕ちしめ、もしは針を以て刺し、……[42]

このように蜒々《えんえん》と語られている。したがってもしこれを業果の苦相として語るときは、合地獄の根本地獄における「燃鉤の苦[43]」のような叙述になる。火と燃える鉤に引っ掛けられて赤銅の河中に投げ込まれた罪人が、浮き沈みして焼かれるさまをこと細かに語って、飽きることを知らないかのようである。「身、水衣の如きあり」とか、「その身を擘《さ》かれてなほし細き縷《いと》の如く[44]」といった表現には妖しい嗜虐的な幽気さえ漂っている。

あるいはまた「刀葉林」のような苦相も見られる。罪人はかつての自業が化して作りだした婦女を、それが自心の誑《たぶら》かすものとも知らず、求めて、欲愛の心に身を切り割かれる。ここでは、樹上の婦女を叙して、「好き端正に厳飾《かざ》れる婦女」といい、「妙なる鬘にて荘厳《かざ》り、末香を身に坌《ま》き、塗香を身に塗り、かくの如く身形、第一に厳飾る。身は極めて柔軟《やわらか》にして、指の爪纎《ほそ》く長く、熈怡《きい》として笑《えみ》を含み、種種の宝を以てその身を荘厳り、種種に媚《こ》びんと欲す[45]」と記し、さらに媚《こび》を含んだ眼や美しい甘い言葉で、女をして情交を迫らせている。それが罪人の自心の投影であるだけに、『大智度論』が語った、苦と欲情との相乗以上に、この地獄の苦の恐しさが生々しい。

また「無辺彼岸」の苦相はこれと違った世界である。そこでは河の向こう岸にさまざまな食物、柔かそうな敷具、涼しげな木影がある。罪人はこれを見て、たがいに呼びあって、「来い、みんな来い。あそこにうまい食物や柔かい敷物がある。おれは行って食うぞ」と叫ぶ。呼んだものも、呼ばれたものも、あるいは聞かなかったものも、向こう岸に食物や敷物があると思って、心を同じくして河にとびこみ、向こう岸に行こうとする。しかし河は実は熱い白鑞の汁や、鉛・錫の汁が飛沫をあげてその表を覆っているから、とびこんだ罪人はたちまち、「生酥の塊の如き」肉塊となり、あるいは「消洋《と》」け、五体は散り失せる。しかしこのように「焼かれ煮られ、熟爛《ただ》れ分散《ち》りて消洋《と》け[46]」る苦は、実は罪人の痴がもたらしたのであり、その痴に誑かされて、ここに罪人が心ならずもたがいに誘いあって、ともに苦を受けるに至ったことになる。他人に食を与えようと思う罪人の一片の好意が恐ろしい悪業の報いの変容であり、好意がすでに嗜虐的な偽装だったのである。

ところで、いままで散見してきた苦相はほとんど肉体的なものであった。しかしいまここに挙げる苦はまさに心の苦である。そしてそれとの比較において身体的苦が勝れていると説かれることにまず注意しよう。その例は合地獄の小地獄、悪見処である。

ここに堕ちている罪人は「悪業を以ての故に、自らの児子の地獄中にあるを見、かの児子に於て重愛の心を生ずること、本《もと》の人中の如」くであるという。だから、これを見とどけた閻魔羅人（獄卒）はことさら、この罪人の子を捉え、その「陰中」に鉄の杖や錐を突き刺し、あるいは鉄の鉤を釘《くぎ》うつ。罪人は子の苦を見て、みずから「大苦を生じ、愛心の悲絶《はなは》だしく、堪忍《たえしの》ぶ」ことができない。しかし「この愛心の苦も、火焼の苦に於て、十六分中その一に及ば[47]」ない。罪人の受けるその苦は、頭を下に糞門から熱銅の汁を灌がれる苦であって、体内を徐々に焼きつくして、最後に脳を焼いて出るというものだからである。

しかしこうした「身心の一苦」は他地獄にも見えるとしても、次の例はその二苦の比較が逆転して説かれたところに注目されるものである。第六焦熱地獄の別処、「一切人熟」がそれで、そこでは、かつて人中での「男女、妻妾、愛する所の知識、もしは父、もしは母、一切の愛する所の親友」などが焼かれ煮られているさまをみずから犯した罪業によって化作する。

> 地獄に在りて焼かれ煮らるるを見、かの人、見已りて心大いに憂悲し、極大の苦を受く。かの一切の敬愛する所の者の焼かれ煮らるるを見、かの地獄処の愛火をもて自ら焼け、憂悲の苦重し。十六分中、かの地獄の火すら一分に及ばず。地獄人中の一切の苦悩にて愛火苦《はなは》だ勝《すぐ》る。かの愛火は火中の火なり。……かの地獄人は愛火もて自ら焼く。かの地獄の火は愛心の火に於て、なほし霜雪の如し[48]。

ここでは心の苦が肉体の苦を遥かに凌駕したものとして打ち出されているのである。このような捉え方は大焦熱地獄の大悲処にも

地獄の火は熱しといえども　ただ能く身を焼くのみ　愛の火の、衆生を焼かば　身心倶に焼かる　愛の因縁にて生ぜし火は　火中に最も上と為す　地獄の火は普《あまね》からず　愛の火は一切に遍し(49)

と説かれている。

しかし所詮、地獄の苦は阿鼻地獄に極まる。その別処のいずれにおいても、前七地獄のすべてをもってしても、それら一切の苦が及ばないことを説くからである。阿鼻地獄では「活・黒縄・合・喚・大叫喚・熱・大焦熱の七地獄中にて受くる所の苦悩なるかの一切の苦を、この中にて具《つぶ》さに受け、百倍しても更に重く、また勝る者あり(50)」と説かれている。したがってその苦に似たものはなく、また喩えることも不可能である。なぜなら、これを説ける人はいないし、聞けるものはいないからで、もし説く人があってこれを説くとしても、聞く人はたちどころに「血を吐きて死(51)」ぬほかはない。経のこの言葉はもはや、その苦についていくら説いても無意味であることを教えているようである。筆を擱いて、地獄苦の説かれた意味を回想することにしたい。

注

(1)『中阿含経』巻一二(大正一・五〇四下)。
(2)『増一阿含経』巻三六(大正二・七四七下)。
(3)『長阿含経』巻一九(大正一・一二五中)。同経の註釈『起世経』巻四には少しく詳しく「恒に多く諸の悪業を作り　曾て一の善心も発起せず」「もし正法を説いて非法となし諸の非法を説いて正法となさば」(大正一・三二八下)とある。ただし『大楼炭経』(大正一・二八五下―)にはこれに当たる部分はない。
(4)『増一阿含経』巻三六(大正二・七四八上―中)。
(5)『長阿含経』巻一九(大正一・一二五下)。
(6)『三法度論』巻下「依品」(大正二五・二七中)。
(7)『仏説十八泥梨経』(大正一七・五二八中)。
(8)『観仏三昧海経』巻五(大正一五・六六八中)。
(9)『経律異相』巻四九(大正五三・二五九上)、『法苑珠林』巻七(同・三二七中)。
(10)『経律異相』巻五〇(同・二六七中)。
(11)『浄度三昧経』巻一(続蔵一・八七・四・二九七左上、二九八右上)。
(12)『地蔵菩薩本願経』巻上(大正一三・七八〇上)。
(13)同(同・七八二上)。
(14)同(同・七八二中)。
(15)三十巻本『仏名経』巻一(大正一四・一九〇下)。
(16)『大毘婆沙論』巻一七二(大正二七・八六六上)。
(17)『倶舎論』巻一一(大正二九・五九上)。
(18)『大智度論』巻一六(大正二五・一七六下―一七七上)。『倶舎論』も訳語が多少違うだけで、寒氷地獄の一々の名称は同じである。また寒氷地獄が十六地獄のなかに加わったのは『長阿含経』に始まるのだろうか。
(19)『倶舎論』巻一一(大正二九・五八中)。

(20)『大智度論』巻一六（大正二五・一七五下）。
(21)『長阿含経』巻一九（大正一・一二三中）。
(22)・(23)・(24)『正法念処経』巻五（大正一七・二七中）。
(25) 同巻六（同・三一上）。
(26)『観仏三昧海経』巻五（大正一五・六六九中）。
(27)『倶舎論』巻一一（大正二九・六一下）。
(28)『中阿含経』巻一二（大正一・五〇五上）。
(29)『長阿含経』巻一九（同一二五上）。
(30) 同（同・一二二上、一二二下）。
(31) 同（同・一二二上）。
(32) 同（同・一二三下）。
(33) 同（同一二二上—一二三下）。
(34)『大智度論』巻一六（大正二五・一七六中—下）。
(35) 同（同・一七七上）。
(36) 同（同・一七七中）。
(37) 同（同・一七六下）。
(38)『瑜伽師地論』巻五（大正三〇・三〇〇上）。
(39)・(40) 同巻四（同・二九六中）。
(41)『正法念処経』巻五（大正一七・二八下）。
(42) 同（同・二八中）。
(43)・(44) 同巻六（同・三二下）。
(45) 同（同・三二上）。
(46) 同（同・三二下）。
(47) 同（同・三四上）。
(48) 同（同・五九上）。
(49) 同（同・六六下）。
(50) 同（同・八三上）。
(51) 同（同・九〇下）。

Ⅱ

地獄の受容

地獄観念の受容

日本で地獄の考え方が文献の上に姿を見せるようになったのはいつごろのことなのか、はっきりとわたしは知らない。伝えられるところによると、『日本霊異記』が最初だといわれるが、あるいはそうかとも思われる。『日本霊異記』が平安初期、完全な形で編集を終えたのは弘仁十四年(八二三)前後と推定されているから、そうとすれば、平安に入ってようやく文献化したということになる。

しかし考え方そのものはそれを遡るはずだから、この視点に立てば、いつごろから受け入れられるようになったとみたらよいものか。経典の将来がそのまま、地獄の志向や受容につながるものなら、仏法興隆のごく初期まで溯らせることもできようが、それはいささか牽強にすぎる。経典がいくら口を酸っぱくして地獄の存在を説いていても、それを看過し黙殺するのが初期の仏教受容の姿らしく思われるから、直線的に経典を持ちだすことは少しく性急というものであろう。

とすれば、何かある状況が整ってくる過程で、それとの係わりにおいて徐々に地獄の観念が定着してくるようになると、こう理解してみてはどうか。

ところで、そう考えてみて、まず思い浮ぶのはいわゆる悔過《けか》である。これには朱鳥元年（六八六）六月、川原寺で燃燈供養のため悔過したと伝える『書紀』の記録が最初のものとして知られているが、その後行なわれていく悔過の跡を見ても、どうも罪の懺悔といった表向きの表現とはかなり裏腹なものが感じとられる。要は五穀の豊穣とか国家の平安、あるいは天皇をはじめ皇家の御悩平癒といった功徳をもたらす読経法会を出ない。したがって吉祥悔過、薬師悔過、十一面悔過などといった悔過が公的な形で厳かに執り行なわれたかぎりにおいて、それは国家的な法要行事の域に留まり、地獄の観念のような、個人的な自覚のなかにはいりこむものとはなりにくい、かなりの距たりが感じられる。個々人の罪の自覚を呼びおこす懺悔とはならないで終わる可能性がある。

ただここで十一面悔過については一つ注目されるものがあることは看過できない。それは、この悔過が行なわれた東大寺二月堂の十一面観音の光背に地獄変相画が見られることである。そこには天界より須弥山・七金山・鉄囲山というように上から下へとくだって娑婆世界の姿が刻まれた、その最下辺に十六地獄の様相が認められるからである。このことは流転輪廻の迷いの世界がかなりしっかり定着していたことを語るものであって、この十一面悔過としての、いわゆる修二月会が起こった天平勝宝四年（七五二）以前に、地獄の観念が三界六道のなかの重要な一世界として位置を占めるに至っていたことを推測させる。したがって文献には見えなくても、この時を溯るいつかの時点で、地獄の観念はすでに注目され始めていたと見て、誤りないだろう。

しかしそれがいつごろ、何によって触発されるようになったか、新たな疑問を呼ぶが、そこで思い当るのは浄土教の信仰である。とくにかなり個人の信仰のなかに位置を占めるようになった奈良朝半ば頃の時点が注目される。この時点では、ほぼ浄土教関係の典籍は将来されており、なかでも従来の唱礼作法の讃詠の乱れを正すものとして養老四年（七二〇）取りあげられた善導の『往生礼讃』（岩井大慧「聖武天皇宸翰雑集に見えたる隋大業主浄土詩について」）をはじめ、『般舟讃』、とくに『法事讃』が注目される。写経という面ではこれらは早いもので天平十二年（七四〇）、遅いものは天平二十年とくだる（石田茂作『写経より見たる奈良朝仏教の研究』）が、実際の将来はかなり溯ると見ることができ、『往生礼讃』などはすでに斉明天皇七年（六六一）、道昭が持ちかえったといわれる。

浄土教と地獄

さて、そう理解した上で善導の著述を見ると、その『法事讃』巻上には、一切の悪を作って、罪障のもとに堕ちていく世界のことをみずから省みてこう述べている。

弟子衆等、曠劫《こうごう》よりこのかた、乃至今身、今日に至るまで、その中間に於て、かくの如き等の罪を作る。楽行《ぎょうぎょう》して多く作ること無量無辺なり。よくわれ等をして地獄に堕せしめて、出づる期《とき》あることなし、この故に経に言く、「阿鼻地獄・十八寒氷地獄・十八黒闇地獄・十八小地獄・十八刀輪地獄・十八剣輪地獄・十八火車地獄・十八沸屎地獄・十八鑊湯地獄・十八灰河《けが》地獄・五百億刀林地獄・五百億剣林地獄・五百億刺林地獄・五百億銅柱地獄・五百億鉄鐖地獄・五百億鉄網地獄・十八鉄窟地獄、十八鉄丸地獄・十八火石地獄・十八飲銅地獄、かくの如き等の衆多地獄あり。仏言《のたま》はく、「阿鼻地獄、縦広正等にして八万由旬なり。七重の鉄城・七層の鉄網あり。下に十八の隔、周匝すること七重、みなこれ刀林なり。七重の城内にはまた剣林あり。下に十八の隔、八万四千重あり。その四角に於て、大銅狗ありて、その身広長にして四十由旬、眼は掣電の如く、牙は剣樹の如く、歯は刀山の如く、舌は鉄刺の如し。一切の身毛よりみな猛火《みようか》を出し、その煙臭悪にして、世間の臭きもの以て譬ふべきなし。十八の獄卒あり。頭は羅刹の頭の如く、口は夜叉の口の如く、六十四の眼ありて、眼ごとに鉄丸を散迸《さんぺい》すること、十里車の如し。鉤《まが》れる牙は上《かみ》に出でて、高きこと四由旬、牙の頭より火流れて、前《さき》の鉄車を焼き、鉄車輪の一一の輪輞《りんもう》をして化《け》して一億の火刀・鋒刃・剣戟となさしむ。みな火より出で、かくの如き流火、阿鼻城を焼きて、阿鼻城をして赤きこと融銅の如くならしむ……。阿鼻に四門あり。門閫《もんこん》の上に於て、八十の釜ありて、沸銅湧き出で、門より漫《みだ》れ流れて阿鼻城に満つ。一一の隔の間に八万四千の鉄蟒《もう》・大蛇ありて、毒を吐き火を吐き、身城内に満つ。その蛇、哮吼《きょうく》すること天の震雷の如く、火鉄丸を雨《あめふ》らして阿鼻城に満つ。この城の苦事は八万億千、苦中の苦は集めてこの城におく。五百億の虫あり、虫に八万四千の觜《くちばし》あり、觜の頭より火流れ、雨の如く下りて阿鼻城に満つ。この虫下る時、阿鼻の猛火、その炎大いに熾《さかん》に、赤光の火炎、八万四千由旬を照らし、阿鼻地獄の上より大海の沃燋《よくしょう》山を衝きて下すに、大海の水滴りて車軸許《ばかり》の如く、大鉄炎と成りて阿鼻城に満つ」と。……」と。弟子道場の衆等、元身よりこのかた、乃至今身、今日に至るまで、その中間に於て、三業を放縦にしてかくの如き等の罪を作る。楽行して多く作ること無量無辺なり。いま仏の阿鼻地獄を説きたまふを聞くに、心驚き毛竪ち、怖懼無量にして慚愧無量なり。いま道場の凡聖に対して発露懺悔す。願はくは、罪消滅して永く尽きて余なけん。懺悔し已んぬ。至心に帰命して阿弥陀仏を礼したてまつる。

以上、長文にわたるため少しく省略して掲げたが、ここに「経」とは『観仏三昧経』をさし、その巻五の意を取って述べたものであった、いまはとくに阿鼻地獄の様相が示されている。阿鼻地獄は八熱地獄の最下底、五逆罪を犯した、もっとも罪深いものが堕ちる世界であるから、その地獄の極苦に対する怖畏の心を抱くことによって、罪を懺悔し、阿弥陀仏に帰依のまことを捧げようというのが、ここの部分のねらいである。

しかも『法事讃』の懺悔はここに終わらない。さらに大乗・小乗一切の戒を犯して信施を食し、因果を否定し、嬉妖無道にして浄戒の比丘尼や姉妹親族を犯して懺悔を知らないなど、さまざまな悪業の懺悔をうながしているが、このような罪を犯した者が死と同時に早くも味わされる痛苦や地獄に堕ちていくその途中の地獄の極苦を示すために、ここで『地獄経』という経名を掲げて、『観仏三昧経』の文を引いたことは注目される。その経文は『観仏三昧経』では前掲の文に続く部分であるから、間違いなく『観仏三昧経』の文である。したがってこれからすれば、『観仏三昧経』が『地獄経』の名で呼ばれたことが明らかである。もっとも『観仏三昧経』では巻五「観仏心品」が主として地獄について語っているから、巻五だけが別出されて、この名で呼ばれる可能性は強い。いずれにしても、『法事讃』によって『観仏三昧経』が「地獄経典」と見做された、その影響の及ぼすところをここに推測することができる。そして、これには同じ善導の『般舟讃』も与って力を籍したとみてよいかもしれない。ここにも極楽の依報を讃えた後、これと対応するかのように地獄の様相が百句をはるかに越える数で七言の詩にうたわれているからである。

戒律と地獄信仰

もっとも、『観仏三昧経』がとくに流布したという形跡は全く見当らない。写経の上からは天平七年が初見（石田茂作・前掲書）と知られるだけである。また浄土教の流布と『観仏三昧経』がどんな係わりを持ったかといった点も、いま皆目わからない。

ただ、奈良時代も天平期を過ぎると、浄土教と係わりなく、別の、とくに戒律との係わりにおいて地獄が注目されてくるようになった、その形跡が幾つかある。

それは、たとえば『梵網経』に対する関心の高まりである。この経にはいわゆる「十大願」の発願が強調されているが、それが地獄との係わりにおいて護持を誓うといった形をとっていることは注目に価しよう。そこには

またこの願を作すべし。むしろこの口を以て熱鉄丸および大流の猛火を呑んで百千劫を経とも、終に破戒の口を以て信心檀越の百味の飲食を食せじ、と。

といった表現の形式をとった誓いが見られるのである。

この経が急速に注目されるようになるのは天平勝宝二年（七五〇）あたりからで、以後、

東大寺大仏の完成ともからみ、鑑真の渡来による授戒伝律によって一層、拍車をかけられるに至るものである。もっとも、「優婆塞貢進解」などを見ると、すでに天平六年の「鴨県主黒主」の貢進解には「読経」として「梵網経上部」の名が見えているし、天平八年に渡来した道璿《どうせん》のことも忘れられない。

しかしやはりそれ以上に忘れてならないものとしては、法進の『沙弥十戒威儀経疏』であろう。そこには、たとえば沙弥の飲酒を禁じて、こういっているからである。

菩薩戒の下の文にもまた云く「もし自身の手より酒器を過《わた》して人に与えて酒を飲ましめば、五百世に手なし」と。何ぞ況んや自ら飲むをや。もし余の経説に準ずれば、二千五百世までも手なきなり。第一に醎糟《かんそう》地獄に堕ちて五百世に手なし。第二に沸屎地獄に堕ちて五百世に手なし。第三に虫蛆地獄に堕ちて五百世に手なし、第四に蚊蚋《ぶんぜい》地獄に堕ちて五百世に手なし。第五に痴熟無所知虫地獄に堕ちて手なしと。経文かくの如し。仏説虚しからず。修道の人、特によろしく制断すべし。律に準ずれば、飲酒は二十一億四十千歳、覆障焼煮地獄に堕すと。……

いまはこの一例にとどめるが、この書が書かれたのは天平宝字五年（七六一）であって、『日本霊異記』よりはるかに先行している。ただ法進は中国の帰化僧であり、経文の引用に終わるところもあって、『日本霊異記』ほど、その受取り方や理解に具体性がうかがわれないことは確かである。

地獄と浄土の思想

『日本霊異記』の地獄

六道輪廻

仏教では生は死を媒介として新たな生に連続すると考えている。いわゆる生死流転《しょうじるてん》の輪廻《りんね》の思想である。長く無限に伸びている糸を次々に切断して、一片の糸屑と捨て去る、そうした単調な操作の繰返しにも似て、生は死によって闇に葬り去られ、新たな生に再生する。もっとも一瞬の死が切断した生はすぐ次の生に連続するとはしない。次の生が始まるまで、仮りの生が次の生を求めて中間に介在するという。生は存在するものの生存の姿であるから、この仮りの生もそのかぎりにおいて生存の一つの姿であって、これを中有《ちゅうう》（死と生との中間的存在。中陰とも）と名づける。しかしすでに有《う》（存在）であることにかわりはない。だからでもあろう、この中有は新たな生を受けて生まれてくるものの姿に似た、予示的形態を帯びているとされる。つまり新たな生のあり方は、流転輪廻の世界では、いわゆる地獄・餓鬼・畜生の悪趣《あくしゅ》と修羅・人・天の善趣との六趣（六道とも。修羅をはぶいて五趣ともいう）のなかのどれかに決定しているから、その六趣と相似の姿をとると考えたらしい。地獄の中有は焼け木杭のようで容貌醜悪であり、餓鬼の中有は身体の色が水のようだが、畜生の中有は色は煙に似ているなどという。また動く姿は、畜生や修羅、人の中有の場合は四足の動物のように身体を横にしているが、天の中有は頭を上に、地獄の中有は頭を下に逆さ吊りのような形になって、動きまわるという。しかしともかく、中有の期間（一般には四十九日）が終わると、すでに定められた世界に生を受けることになり、ここにまた新しい生とその死が始まるのである。

しかし、こうして始まる新たな生をいまの人として生を受けている時点から眺めるとき、そこでもっとも恐れられるものが地獄や餓鬼であることはいうまでもない。それは仏教が求めるさとりからもっとも遠ざかった境界《きょうがい》であると同時に、いつはてるともわからない極苦に責めさいなまれる境界だからでもある。とくに、さまざまな経典は、何かといえば、悪業の報いを説き、地獄の責め苦の恐しさを説いてはばからないのである。仏教を信ずるということが、こうした悪趣の業報に対する恐怖心と背中合わせになっていた点は、おそらく否めないだろう。

しかし日本における仏教受容の過程において、地獄の思想が大きな役割をおびてくるのはかなり遅れる。少なくとも、奈良末から平安にかけて、景戒《きょうかい》（—七八七—八〇〇—）という一破戒僧が登場するまで待つほかないようである。彼はこの地獄の思想を『日本霊異記』（詳しくは『日本国現報善悪霊異記』）という著述のなかで鮮かに描きだしたのである。

地獄の現在性

景戒が説く地獄の理解のなかでとくに留意される点は、その書の標題からも知られるように、それが「現報」だということである。死んで地獄に生まれるというだけでなく、人として生きているその姿のままで地獄としての生存のあり方をも生きる、いわば生きながら地獄に堕ちるといった人の姿を捉えたのである。つまり、人と地獄とが二重写しに重なっている姿、人であり地獄でもあるという奇妙な存在状態が現実にあるということである。これは、人が死んで牛や猿に生まれかわることはあっても、人が人のままで牛や猿にもなる、その可能性が稀薄であることを想えば、一種特異な思考であると思われるが、こうした現世における地獄の実例について景戒がかなり多く伝えているところからすれば、いささか定着した考え方だったことがわかる。

いまその実例に一々触れる余裕はないが、たとえば『日本霊異記』巻上「邪見なる仮《け》名《みよう》の沙弥《しゃみ》（よこしまな考えの、通称だけで本名のわからない沙弥）塔の木を斫《さ》きて、悪報を得る縁《えに》第二十七」はその一つである。そこには、塔を造るといつわって人の財物を着服したり、寺に住みついて塔の柱をたたきわって焼いた自度僧が、突然病にかかったことが語られている。

忽《たちまち》に病を得、声を挙げて叫びて言《い》はく「熱《あつ》や熱《あつ》や」といふ。地《つち》を踊離《となか》る（地面から跳びあがる）こと一二尺許《ばかり》。衆集り見、或るは問ひて曰はく、「何の故にか此《か》くの如く叫ぶ」といふ。答へて云はく「地獄の火来りて我が身を焼き、苦を受くること此《か》くの如し。故《ことさら》に問ふ可《べ》から不《ず》」といふ。即日《そのひ》命終はりき。

景戒がこの話の結びに『涅槃経』の「悪を修行せんには、名、地獄に見《あらわ》れむ（地獄にその名が知られることだろう）」といった言葉を引いていることからすれば、この沙弥は今世同様、来世も地獄と見たものと思われる。

しかし、もっと端的に現世における地獄相を伝えたものは、巻中の「常に鳥の卵を煮て食ひて、現に悪死の報を得る縁第十」であろう。ここにはいつも鳥の卵を煮てたべたその報いによって、火の気もない麦畠のなかで足を焼かれて死んだ男の話が載っている。麦畠で熱い熱いと跳びまわり泣き叫んでいた男を、通りがかった村人が不審に思って麦畠から引きずり出し、その足を見ると、肉は焼け爛《ただ》れて銷《と》け落ち、骨がむきだしになっていたと、その業報の恐しさを伝えるもので、景戒はこの話の結びに『善悪因果経』の「今身《こんじん》に鶏《とり》の子を焼き煮る者は、死して灰河《けが》地獄に堕つ」という文を掲げるとともに、「誠に知る、地獄の現に在ることを」と記して、地獄が現実にいま同時存在としてあることを明らかにしている。

『霊異記』における地獄の様相

ところで、ここに描き出された地獄の様相はほぼ火と熱に苦しめられる、きわめて単調なものであるが、翻って死後の地獄のそれに目を転じてみても、大差はない。地獄には八寒、八熱などといったさまざまな地獄があるけれども、ここには八熱地獄が想定されるだけで、しかも、そのどことも見当はつかない。かなり地獄に触れた説話が多いのに、そこに見られる姿は画一化されている嫌いがあるのである。たとえば比較的くわしい描写を行なっている巻上の第三十にしても、死後三日を経て蘇生した男が地獄で亡妻と亡父に遇ったことを伝えているが、そこで遇った妻は「鉄《くろがね》の釘《くぎ》を以て頂に打ちて尻に通し、額《ぬか》に打ちて頂《うなじ》に通し、鉄の縄を以て四枝（四肢。手足のこと）を縛」られて、ちょうど猟師が獲物をかつぐように、かつがれて運れてこられたといい、また亡父については「甚だ熱き銅《あかがね》の柱を抱かしめられて立つ。鉄の釘三十七を其の身に打ち立て、鉄の杖を以て打たる。夙《あした》に三百段（三百回のこと）、昼に三百段、夕《ゆうべ》に三百段、合はせて九百段、日毎に打ち迫《せ》む」と記しているにすぎないからである。他はこれよりもっと簡単で、熱い鉄の柱を抱かされるとか、熱い鉄の網を背中に押しつけられるとか、湯のわきたぎる釜の中に投げこまれるとかいった体のものに終わっている。ただここで一つ興味を引くのは、巻下第三十五の「大海の中に、釜の如き地獄」があったという記述である。「其の中に黒き桴《くいせ》（木の切株）の如き物有りて、湧き返り沈み（熱湯が煮えたぎって沈むこと）、浮き出で」て、声をかけた、というのである。その木の切株のようなものが地獄に堕ちた人であって、その地獄が大海のなかにあるというのが一風かわっている。

地獄と末法思想とのかかわり

ところで、翻って、景戒においてこうも地獄の思想が色濃く打ちだされたのに、彼をめぐる時代の思想としてはあまり地獄に対する関心が見られないのはなぜか。考えてみると、その理由の一端は、当代を末法と受け取った、彼の時機（時代とその時代に生を受けた人の能力資質）感にあるようである。彼は仏教が説く正・像・末の三時の終末論的世界観を素直に受入れて、修行もさとりも得がたくなった末法に生きる自己の罪業を見据えた人だったのである。このことは、彼と同時代に生きた学僧たちの著述を見れば、ほぼ明らかである。学僧たちには像末の自覚はあっても、末法は拒否しようとする姿勢が顕著に見られるからである。

したがって、景戒におけるこうした末法意識が極楽浄土や兜率天《とそつ》（弥勒《みろく》浄土）を欣求させる導体になったとしても不思議はない。かなり自然な思考の推移だと思われる。彼においては、自己の罪業に対する懺悔自戒の想いが、霊異の世界に地獄の現報や死後の極苦の実相を探らせ、また他方において極楽往生や兜率天往生を培ったのである。

このことは、また逆に景戒以前の浄土教信仰が地獄の思想と結びつかなかったその理由を語ることにもなる。

浄土信仰は奈良時代の智光（―七七六年ごろ）に溯って見ても、さらに遠く聖徳太子（五七四―六二二）に溯っても、地獄思想と疎遠である。もっとも聖徳太子についてはその浄土信仰自体が極楽信仰であったか、兜率天信仰であったか不分明であるから、問題にはならない。太子の浄土観を窺わせる幾つかの資料がいずれも極楽とも兜率天とも決定しがたい（しいていえば、兜率天信仰の傾きがある）からである（拙著『浄土教の展開』参照）。

しかし地獄と浄土の結びつきは、景戒以後ぷっつり切れる。末法の思想が景戒という一個人に芽生えて、そのまま消えさったことを想えば、当然のことかもしれない。ともかく地獄は思想のなかから姿を消し、極楽浄土の信仰だけが、天台宗の教勢拡張と相俟って、

「山の念仏」として広く浸透していくことになる。

ただ、ここで注意したいのは、年末十二月に行なわれた仏名会《ぶつみょうえ》の存在である。

仏名会と地獄

地獄絵

この法会は仁明天皇のとき、律師静安の勧めによって承和年中（八三四―八四七）に始まったものである。はじめは『仏名経』を内裏で読誦するだけのものだったらしいが、鎮護国家の願いのもと、経典を写し仏像を画いて広く天下に分かとうと計画し、業半ばにして終わったため、弟子の賢護が遺志を継いでこれを完成したという。『類聚三代格』によると、仏画は一万三千体の仏像を六幅に収めて総数七十二鋪が作られ、太政官・図書寮各一鋪をはじめとして諸国に分かたれたようで、一幅の大きさは一丈六尺におよぶ壮大なものだったことが知られる。このような法会が計画された理由は、『仏名経』という経典の性格によるもので、『三宝絵詞』をしてその趣意を語らせるならば、

仏名経にのたまはく、「もしこの三世三劫《さんこう》（過去荘厳劫、現在賢劫、未来星宿劫の三）の諸仏の名をきゝて、或はよくかきうつし、或は仏の形をかき、或は香花伎楽を供養し

て、心をいたして礼拝したてまつらば、その功徳無量なり。在々所々常に三宝を値遇《ちぐ》したてまつる。八難におちず。もしをがむ時には心に念《おも》ひ、口にとなへて我今諸仏ををがみたてまつる。願は三途《さんず》のやみを息《やめ》、国ゆたかに民やすくして、邪見人《じやけんのひと》に善根《ぜんごん》を発《おこさ》しめ、願は衆生と共に無量寿仏（阿弥陀仏のこと）の国に生《うまれむ》と思へ」との給へり。又云《またいわく》、「若し仏の御名をきかば、心を一《ひとつ》にして拝《おが》みたてまつれ。たがひあやまたむ事をば恐《おそれ》ざれ。無量阿《あ》僧祇《そうぎ》劫《こう》（阿僧祇は無数を意味する梵語の音訳。劫も梵語の音訳で、長い時間の意）にあつめたる所の諸の罪をけつ（消すこと）」との玉《たま》へり。

とあるように、仏名を称え聞くことによって犯した罪を消除しようとしたものであることがわかる。

ところが、当初からそうだったかどうかはっきりしないが、この法会には地獄変の屏風を立てる風のあった（『政事要略』巻二八、年中行事十二月上）ことが知られる。『枕草子』八十一には、その絵について「ゆゆしう、いみじきことかぎりなし（気味のわるいことこの上ない）」と記していて、『仏名経』（『塵添壒囊鈔』によると、はじめは三十巻本が用いられ、のち延喜十八年にいたって『三千仏名経』に改められたという）の説くところによって描かれたものと考えられる。

『仏名経』の地獄

そしてもしこの推定に誤りがないとすれば、この経に説く「東方阿鼻地獄」にある「三十二沙門地獄」が素材を提供したに違いない。そこには、鉄車鉄馬鉄牛鉄驢地獄に始まり、飛火叫喚分頭地獄に終わる三十二の地獄がその名を連ねている。

その地獄の様相を一、二瞥見すれば、たとえば洋銅灌口《ようどうかんく》地獄と名づける地獄はこうである。

この地獄は縦横の広さ二十四由旬《ゆじゅん》（由旬は長さの単位。約七マイル。また九マイルとも）、周囲は鉄の城、鉄の網でめぐらし覆われ、絶え間なく燃える火焔と煙に包まれており、地面より燃え上がる火は鉄の網にまで達している。また、大きな鉄の池からは真赤な鉄の塊が火焔とともに飛び散り、罪人の口にそそがれる。罪人が地面に倒れると、馬頭《めず》の羅刹《らせつ》が手に三股の鉄叉を捉って地を撞き、鉄叉から吹き出る火焔は罪人の心を焼きつくすから、罪人は瞬時にして死ぬ。しかしまた瞬時にして生きかえり、新たな苦しみにせめ抜かれる。

あるいは鉄の鉤《かぎ》が現われて罪人の舌をひっかけ、あるいは鉄の棒がその頭を打ちのめしたり、刀が飛んできてその肉を剝ぎさく。また馬頭の羅刹は罪人たちを流れる火の河に追いこみ、鉄の箕で鉄の火珠をすくいとっては、罪人の口に灌《そそ》ぐ。灌がれた鉄の小さな塊は口からはいって肩先から出、口といい眼といい、火焔を吐いて燃えあがる。

あるいはまた飛刀地獄についてはこういっている。

縦横の広さは十五由旬、ここも鉄壁と鉄網でかこまれ覆われている。城の四隅に火風が起こって鉄の山に吹きつけると、山はけずられて鋭い両刃《もろは》の刀となり、空中に舞い上がり、互に打ち当たって雷鳴のごとくなり響き、空より降って罪人に刺さる。その頭に刺さったものは足に徹り、肩先より入ったものは胸を貫き、火とともに燃えあがる。罪人はこうして昼となく夜となく苦しみに責め抜かれ、「千生千死、万生万死」するのである。

さて、これらの地獄の責め苦はいうまでもなくこの世で犯した罪業の報いであるが、ここではそうした罪の恐ろしさを説き、その罪障を払う経典のありがたさが窺い知られるだけである。したがって、このような地獄の様相を描写して、それを一隅の点景とした仏名会において地獄絵の果たした役割はどの程度のものだったか、おおよそ推察がつく。仏名懺悔《さんげ》の言葉が語るように、今生での幸福を願わせるに急な一種の刺激剤に終わったのではないか、と思われる。慶滋《よししげの》（かも）保胤《やすたね》（九三四？—一〇〇二）の「勧学会仏名廻文」を見ても、その感がある。保胤にして「今生無量の福」をこの懺悔に期待しているにすぎない（『本朝文粋』巻一三）。

しかし、ともかくここで改めて注意したいのは地獄が来世へと追いやられ、そこに定着を見たかに思われることである。人は現世の罪業の報いを受けて、地獄に生まれかわる、そうした形で、景戒に見られた人と地獄の同時的二重構造を捨てて、人の変態《メタモルフォーゼ》としての地獄の存在だけを来世に許した、ということができよう。このことは、地獄を他の三界《さんがい》（欲界・色界・無色界）の人・天などに対応させて、地獄か人・天かといった択一に繫がることになると同時に、ひいては、地獄を極楽と対応させ、その択一を考えるといった志向をも可能にするようになるかもしれない。もっとも後者は、極楽が地獄を含めた三界を勝過した世界という理解に眼を閉じたときにいえることであって、こうした地獄・極楽の対応はかなり後世に起こって来た考え方である。ただそれを許すようになった素地があったことだけは確かである。そのもっとも大きな素地は、日本浄土教に一金字塔を建てるものとなった源信（九四二―一〇一七）の『往生要集』であったということができる。

源信の『往生要集』

観想念仏

彼がこの書物のなかで説こうとしたことはもちろん極楽に往生するための方法であって、正しい念仏の在り方を明らかにすること以外に他の目的はなかった。山の念仏として拡がった不断念仏がいささか法要儀式に走り、音楽的な曲調の美しさを求めて、念仏が本来目指してきた極楽往生を現世的な陶酔にすり変えてしまう傾向のきざしを恐れたからである。また慶滋保胤が主宰した勧学会（法華の講経と念仏とを主軸とした、いわゆる念仏結社。年に二回、同心の僧俗が参会して行なったもの）に触発されるところもあったと考えることができるが、とにかくここで源信が明らかにしたものは、世親の五念門（念仏に関する五つの要素。礼拝《らいはい》・讃歎《さんだん》・作願《さがん》・観察《かんざつ》・廻向《えこう》の五）を手がかりとして、阿弥陀仏の観察をどのように行なうことが正しい念仏の仕方かということであった。したがって主題は、彼が整理した「別相観」「総相観」「雑略観」といった「正修《しょうしゅ》念仏」の内容に収まっているといえるが、ただ注意されることは、こうした観想（つまり雑念を払い、心の動揺を圧えて、禅定《ぜんじょう》にはいって仏を心眼に見ようとするもの）だけに止まることなく、凡愚の能力を考慮して口に称える称名念仏の道をも許したこと、さらには観念《かんねん》・口称《くしょう》の差なく、深く仏を信じて至心であることが念仏の基本的な条件だと考えたことなどである。

　こうした指摘は、従来の念仏の雑然とした理解や方法に適切な評価を与えて位置づけを行なう結果ともなり、また念仏の音楽的娯楽的形態を払拭して、往生極楽のためのひたむきな修行に純化することとなった。また他方では、同心行者の念仏結社を促すものをも含んでいたから、ここに念仏の指針を求めて心ある念仏者が集まるにいたったのも当然である。源信が住んだ叡山横川《よかわ》を中心におこった二十五三昧会《さんまいえ》や飯室《いむろ》安楽谷の念仏結社などがそれである。

厭離穢土

こうして以後、浄土の信仰は陰に陽に『往生要集』の影響のもとに展開することになるが、しかし他面、この『往生要集』が念仏へ導きいれるために採ったその叙述の方法にはいささか特異なものがあったことを忘れてはならない。それは、いわゆる「厭離穢土《おんりえど》」から「欣求《ごんぐ》浄土」へと導いていこうとした線であり、とくに厭離穢土において、その現実が不浄をきわめ、苦しみに満ちていて、安らぎを与えるものはなに一つないことを六道の一々にわたって説こうとしたことである。したがって、その叙述が地獄から説き起こされたのは当然である（古くは空海の『十住心論』にこれが認められる）が、しかしその描写の筆が地獄の苦しみの様相を余すところなく描き出した点は、まさに刮目《かつもく》に価する他に例を見ないものであった。扱われた地獄は八熱地獄に限られ、八寒地獄についてはただその存在を指摘するだけに終わった（また孤地獄といった、特定の場所をもたない地獄についてはまったく触れるところがない）にしても、等活地獄をはじめとする一々の地獄の描写は、読む者をして肌に粟を生じさせるような、恐怖の心を抱かせるに十分であった。獄卒の責め苦は酸鼻をきわめ、罪人が刺され、切られ、砕かれ、あるいは焼かれて、前世の罪報にたえかねて泣き叫ぶ、その声が聞こえてくるからである。源信の筆の冴《さ》えは地獄を活写して、読者の身辺に地獄をもたらしたといってもいい過ぎではあるまい。それはもう、悪業を犯したものが来世で堕ちる世界といったものではなくて、現実のいまにも瞬時にして襲ってくるかもしれない、そうした世界として、強く印象づけられるものであった。

八大地獄

ところで、こうした八熱地獄について源信が受取ったところをいささか整理してみると、この地上の閻浮提《えんぶだい》（私たちの住んでいる世界）の下、一千由旬の所にある等活地獄をはじめとして、以下順次に、黒縄《こくじょう》地獄・衆合《しゅごう》地獄・叫喚《きょうかん》地獄・大叫喚地獄・焦熱《しょうねつ》地獄・大焦熱地獄・阿鼻《あび》地獄（無間《むけん》地獄ともいう）が下へ下へと上下に重なって、阿鼻地獄を欲界の最下底とする、とされている。その深さは堕ちて行くにも二千年の歳月（ただし人間世界の一昼夜が地獄の一昼夜ではない。それぞれ地獄の一昼夜の長さがちがっていて、下のものは上のものの八倍という関係にある。ちなみに、等活地獄の一昼夜は人間の五〇年を一昼夜とする四天王天の五百歳に相当するという）を要するといい、広さは等活地獄から大焦熱地獄までが同じ一万由旬四方で、阿鼻地獄だけは八万由旬四方だとするから、長方形の柱のようなものが阿鼻地獄の上にのっかっている格好になる。ただその高さについては二万五千由旬というだけで、各地獄の厚さがどのようになっていると見たのか、その点ははっきりしない（『大毘婆沙論』にはこれがよく整理されている）。

また、これらの地獄一々については、それぞれ東西南北に門があって、その一々の門の外に四つのこれに付属した小地獄（別処ともいう）があると考えているが、源信では中心をなす地獄の大城と付属の小地獄との関係や、小地獄相互の関係がどうなっているのか、明確ではない。たとえば等活地獄の小地獄について、屎泥処《しでいしょ》・刀輪処・甕熟《おうじゅく》処・多苦処・闇冥《あんみょう》処・不喜処・極苦《ごくく》処といった七つを挙げ、どのような罪によってここに堕ちるか、その理由には触れても、相互の関係は何も説こうとしないのである（『大毘婆沙論』によると、門外の四小地獄〔ここでは増という〕は東西南北共通して煻煨増・屍糞増・鋒刃増・烈河増と呼んで、固有の名としない）。ただ、各地獄についてははっきりしていることは、等活地獄には殺生《せっしょう》の罪を犯したものが堕ち、黒縄地獄には殺生・偸盗《ちゅうとう》の罪を犯したものが堕ちるというように、罪が漸次、地獄の下るとともに加増されていることである。したがって、衆合地獄では邪淫が、叫喚地獄では飲酒《おんじゅ》が、大叫喚地獄では妄語が、焦熱地獄では邪見が、大焦熱地獄では浄戒の尼を汚す罪が加増されることになる。しかし阿鼻地獄だけは五逆罪（一般に父・母・聖者である阿羅漢《あらかん》を殺す、仏を傷つけて血を出させる、教団の和合を破壊する、の五をいう。これを五無間業《むけんごう》ともいう。無間地獄に堕ちる悪業《あくごう》という意）を犯したものが堕ちるところと定まっているから、源信は、これに「因果を撥無《はつむ》し、大乗を誹謗《ひぼう》し、四《し》重《じょう》（殺生・偸盗・邪淫・妄語の四）を犯し、虚《むな》しく信施を食」うといった罪を加えて、ここに堕ちる条件としたのである。当然、ここで受ける罪の報いがどのような極苦を招くか、予想されよう。語るところによれば、「七大地獄と幷《ならび》及に別処の一切の諸苦を、以て一分とせんに、阿鼻地獄は一千倍して勝《まさ》れり」とあって、気の遠くなるような数字がそこに見られる。

地獄・極楽

さて、源信が「厭離穢土」で扱った厭離の対象は地獄だけではない。欲望にまみれた欲界の生存の在り方はもちろんのこと、三界すべてが厭離されねばならない世界である。禅定の境界において心が浄化された無色界も、それが流転輪廻の世界であるかぎり、究極の願わしい境界ではないからである。当然、欣求されねばならないのは、こうした三界を超越した浄土、いわばこの土《ど》にもっとも有縁とされる極楽浄土以外にはない。

こうして、源信は「厭離穢土」から「欣求浄土」へと読者を導いて、極楽がいかに喜楽に溢れた世界であるかを十の楽しみに整理して説くことによって、浄土願生の念仏者になるように勧めるのである。ここでは、念仏者が臨終に阿弥陀仏や観音・勢至の来迎《らいこう》を受け、死の瞬間、浄土の蓮に化生《けしょう》する、そうした「聖衆来迎楽《しょうじゅらいこうらく》」をはじめとして、阿弥陀仏を見、その法を聞く「見仏聞法楽《もんぼうらく》」、もしこの世に生まれることがあるとすれば、そのときは仏となって生まれる、そうした菩薩として最高の一生補処《いっしょうふしょ》の位につく「増進仏道楽」などがこと細かに説かれ、念仏者となってこの彼岸の極楽に生まれないではおれない思いをおこさせるに十分である。しかしさらにこの思いを揺ぎないものにするために、源信は「極楽の証拠」という一章を設けて、弥勒の兜率天と極楽とを対比し、極楽の優位を証明しようとしたのである。ここに三界を勝過した極楽が三界の衆生のすべてにとって欣《ねが》わしい浄土であることが立証されたといっていい。

しかし翻って、この「厭離穢土」「欣求浄土」の対応がいつか地獄・極楽という対応に変わっていったことは注目される事実である。源信が地獄の描写にみせた筆の冴えが、その酸鼻を尽した苦しみの極限状態をあまりにも鮮明に写しだしたために、地獄の印象だけがこれを読む者の心を捉えたからであろう。『往生要集』は時代を下るとともに、ますます多大の影響を与え、浄土信仰を培ったばかりでなく、文学に絵画に彫刻にその影響の跡を残して、ついには好悪《こうお》にかかわりなく日本人の血肉となるにいたっているのも、この地獄の印象の鮮明さによると思われる（拙著『極楽浄土への誘い――『往生要集』の場合――』参照）。

ところで、こうした地獄―極楽の対応が成立する過程で、地獄に対する異常な関心が新たな局面を迎えたかに見えることをここに付記しておきたい。それはいわゆる十王（秦広王・初江王・宋帝王・五官王・閻魔王・変成王・太山王・平等王・都市王・五道転輪王の十）思想に基づいた『地蔵菩薩発心因縁十王経』の登場である。

この経は平安末期、わが国で作られた偽撰という線が濃厚だとされるものであって、そうとすれば、平安後期にたかまりを見せてきた地蔵信仰と、名を他に仮りて偽作を行なう風潮との合体がこれを可能にしたものと推察されるが、その説くところは、罪人が死後三年間にそれぞれ定められた時期を主宰する十人の王のもとを経めぐるということである。

まず、死者は臨終と同時に閻魔王が遣わす奪魂鬼と奪精鬼・縛魄鬼に縛られ、冥途に向かうという。途中、無常鳥と跋目鳥に脳をすすられ、眼をくり抜かれて、閻魔王の国にはいるが、そこで死天山というところで改めて再び死に、やがて冥途にいたるのだといい、そしてこの死後七日間を見とどけている冥途の主宰者が秦広王だとする。以後、二七日が初江王、三七日が宋帝王、四七日が五官王、五七日が閻魔王、六七日が変成王、七七日が太山王、百日が平等王、一年が都市王、三年が五道転輪王と配されるが、いわゆる三途の川や奪衣婆・懸衣翁のことは第二初江王のところで説かれ、川を渡ろうとする罪人は川の畔の衣領樹という大樹の下に追いやられて、奪衣婆は衣をはぎとり、懸衣翁は衣を枝にかけて、罪の軽重を顕わすという。しかし、もっとも詳細に説かれるのは閻魔王国である。浄頗梨鏡によって死者は生前の善悪の一切の行為を明らかにされ、以後の在り方がここに決定すると説くが、忘れてならないのはこの国に地蔵の住する善名称院があって、地獄の衆生の救いに従事しているということである。いやむしろ、実は閻魔王こそは地蔵の化身だとしていることである（この考え方は『日本霊異記』にすでに見えている）。そしてこの考え方が十王全体をそれぞれ仏・菩薩に配当する考え方へと発展したものであろう。十王は順次にその本地を不動明王、釈迦仏・文殊菩薩・普賢菩薩・地蔵菩薩・弥勒菩薩・薬師如来・観世音菩薩・阿閦《あしゅく》如来・阿弥陀仏としている。

こうした趣意は同類の偽経『仏説預修十王生七経』にも窺え、これら偽経の普及が十王図の製作を促すことになるが、さらにここから十三仏の信仰が生じてきたことも忘れられない。十仏にさらに勢至菩薩・大日如来・虚空蔵菩薩を加え、少しく配置を変えて阿閦如来の位置に勢至菩薩を置き、阿閦を七年、蓮上王、大日如来を一三年、抜苦王、虚空蔵菩薩を三三年、滋恩王と配したものである。一見して密教的性格が看取され、死者の冥福を祈る追善供養の強化と密接に係わっていることも明らかである。室町時代より行なわれるにいたったもので、時代の要求を知る好箇の例といえよう。

『往生要集』の極楽

地獄と極楽

地獄と極楽はちょうど左右の両極のように受け取られ、しかもなにかセットもののように一組で理解するのが一般であるかに見える。そうした理解の仕方は長い間にさまざまな条件が重なって作りあげてきたものだから、今後もそう理解されていくだろう。そこではとくに勧善懲悪の考え方が基調をなして、善《よ》いことをしたものは極楽に迎えられ、悪いことをしたものは地獄に堕ちる、といった型が、その型どおりに受け継がれていくにちがいない。

しかし翻って考えてみるとわかるように、地獄は六道の一つであって、その意味では人間の世界も天上の世界も、同じ六道の一つとして、生死を重ねる輪廻の迷いの世界としては差はない。生まれては死に、死んではまた生まれて、果てしない生と死の繰り返しをつづける世界である。ただ六道それぞれに固有の生存のあり方があって、それが違っているだけである。両極端を言えば、地獄は苦だけの世界、天上界は楽しみ、ないしは悦楽を超えた心の平安の世界といった差があるにすぎない。もちろん、その差はそれこそ天地の差であろうが、迷いの世界である点では変わりはない。だから、六道全部をひっくるめて、一口に三界といい、「子は三界の首枷《かせ》」といった諺でもわかるように、親が子への愛情に引かれて抜け出ることができないような、迷いの世界としては、大同小異ということに終わる。

しかし極楽はこれとは違う。「勝過三界道」という一句に示されるように、この三界の世界に超え勝れた、流転輪廻を超脱した世界だからである。したがって対応した捉え方をするなら、迷いの世界と悟りの世界、此岸《しがん》と彼岸《ひがん》、娑婆《しゃば》（穢土《えど》）と浄土といった表現で収めることになろう。

だから、源信が書いた『往生要集』でも「厭離穢土《おんり》」「欣求浄土《ごんぐ》」といった、穢土を捨てて浄土に生まれるという形で、極楽に往生する方法が説かれる。地獄を含めて、六道は厭離されねばならない穢土なのである。

源信の地獄・極楽の描写

ところが、皮肉なことに、地獄・極楽という捉え方は、どうも源信の『往生要集』に基づくらしい。源信が予期しなかった結果であることは仏教本来の考え方からもうなずけるが、一つには源信が六道を説くのにまず地獄を取り上げ——この取り上げ方はきわめて一般的なものではあるが——、その様相を八大地獄の一々について克明に描写しすぎたためだと考えられる。罪人たちが地獄の獄卒にせめさいなまれる阿鼻叫喚のさまざまなすがたが間断なく、畳みかけるように活写されていて、その印象があまりにも鮮明に残るために、一度でもこの書を手にした者は、反芻を余儀なくされ、その結果、地獄だけが六道のなかから跳び出て、極楽に対応するような位置を占めるにいたったといえよう。実際、地獄を描写した筆の冴えは、他の五道の比ではない。この書がもつ制約——すなわち往生の要文を集めたという書名が与えた制約。このことは源信自身、序文に明らかにしている——を逸脱してまで、かれはみずからの文章でこれを書き綴っている。

そこには、嗜虐的とさえ思われる罪人を責めさいなむ獄卒の愉悦にも似た、躍るような筆の運びを感じさせるものがある。読み進んでいくにつれ、地獄の様相を目の当たりにする錯覚におそわれ、泣き叫ぶ罪人の悲しみの声さえ聞えてくるような恐怖が突きあげるようにおこって、肌は粟立ち、身の毛もよだつ戦慄が走るのを禁ずることはできない。読者はもはや地獄の罪人となって、みずから獄卒の責苦のなかに身を置く思いになる。その恐ろしさから逃れるには、ただ書を閉じて、酸鼻の余残を払いのけるよりほかはない。

源信の描いた地獄は、その意味で極めて感覚的である。かれは読者の感性を刺激して、いやがうえにもその恐怖心をあおりたてようと、ねらいをそこに当てているかに見える。そして読者はものの見事にそこにはまりこむだけに、地獄描写の効果は成果をほしいままにすることになる。その文学性が改めて考え直され、評価されてきたのも、その辺にあるといえよう。

ところで、極楽の描写においても、源信は同じような効果を収めることに成功している。かれの筆致の冴えは、まさに読者をして極楽にある思いを抱かせさえする。

ここでもかれは地獄の描写を自分の文章で書き綴ったように、経典の言葉を借りて描写に替えるような姿勢は採らない。あたかも源信自身が実際に極楽に生まれて——遠く溯って三論の智光は極楽を目の当たりにみて、いわゆる智光曼荼羅《まんだら》を描いたというが——沸々とわきあがる身の喜びをおさえることができないかのように、次々に目に映じ、展開してくる極楽のすがたを軽妙な筆致に託している。そして極楽で受けるさまざまな「快楽《けらく》」をほしいままにし、観音・勢至をはじめ極楽の菩薩たちに遇って、親しく言葉をかわし、あいさつしあい、これらの菩薩たちの導きを受けて、ついに阿弥陀仏を拝するに至って、その喜悦は極に達する。そこで発する歓声は源信自身の喜びの声であるとともに、読者のそれともなる。読者は知らず識らずのうちに、源信の心を心として、極楽に遊ぶ思いにひたる。「欣求浄土」はいつの間にか、既成の事実として読者の心に定着するのである。したがって源信はその効果を見とどけるかのように、目を真直ぐ極楽浄土の阿弥陀仏に向けて、浄土で仏にまみえる喜びを、いまこの現世に移し植えようと、その手だてとしての仏の観想に読者を導いていくことをためらわない。

感覚の世界と想念

こうして、かれは『往生要集』の中心課題である「正修《しょうしゅ》念仏」、どうすることが往生浄土の念仏として正しい念仏なのか、という問題にはいっていくが、ここで注意されるのは、一面においてきわめて感覚的要素を多分に含んでいることである。源信がこれを説くに当たって用いている「観察《かんざつ》」という言葉は、もちろん対象を正しい智慧によって捉え、これを洞察することであって、たんに肉眼でこの対象物を見るといった、今日使用するような意味内容の言葉とはまったくちがっているが、それでもその仏の想念のあり方はやはり視覚的である。少なくとも視覚で捉えうる仏のすがたというものを通して、想念の世界にはいっていくのであり、その想念が完成するとき、また改めて目の当たり仏を見る視覚的なはたらきの再現が期待されているのである。

もちろん、それは振り子の振動が右から左に動いて、また右にかえるという類の、視覚と想念の反復でも、想念から視覚への逆転でもない。想念の完成によって生まれる、仏を見るという見仏の現象は、やはり想念の極致において起こってくる視覚性を超えたものにちがいないからである。肉眼とはもはや直接には無関係の、心に映ずるものであり、かといって病的な幻覚的なものでもない。

しかしこうした普通状態を超えた宗教体験の、いわば異常さも、源信においてはその説明の仕方は、やはり視覚的である。視覚的な説明しか方法として残っていないという限界もあるかもしれないが——それはかれが極楽やその仏をまず視覚的に捉えるという方法論から出発したことによって必然的に帰着する限界でもあるが——とにかく視覚的な姿勢はほぼくずれない。そしてこれが捨てられるのは、わずか阿弥陀仏をもって三身即一の仏と観ずることが説かれてくる部分だけである。いってみれば、天台的な仏の捉え方が示されたとき、はじめていままでの視覚性を脱却した、いわば無相の念仏といわれるものが説かれるのである。源信はこの念仏の境界《きようがい》を最高のものとしているから、あるいは「頑魯《がんろ》」な底下の念仏者には、これを多く説く必要がないと見たのかもしれない。

源信の念仏を語るには、後の法然に見られるような明快単純な面があまりない。なにかさまざまな要素が介入して来て、すっぱりと割り切れないところが多い。法然が後に源信を評して、「諸行往生」だときめつけているように、往生の業として念仏を中心にしていることはまぎれもないところだが、にもかかわらず、あれも必要、これも大切とする盛りだくさんが目につきすぎる。だから、いささか焦点ぼけを招く結果となっている点はいなめない。そこら辺に歴史のなかに位置づけられた源信が、いやでも応でも負わなければならない限界があるだろう。

そしてそう考えてくれば、かれがなにか異常に視覚的な感性の世界に興味を抱いているように見受けられるのも、そうした時代のせいかと思われてもくるが、この点はどうもそうではないようである。もちろん、源信とほぼ同時代には千観の「極楽国弥陀和讃」などというものがあって、千観の方が年齢的にもずっと上だから、影響を受けなかったとは言えないが、より以上に、源信の個人的な性格が強くはたらいているように思える。それを明らかにしてくれるような別の資料があればと思うが、源信については伝えられる説話・伝説の類も多いから、案外、そんなところに適当なものが見つかるかもしれない。

極楽への誘い

浄土教の移植

往生浄土の教えが阿弥陀仏の極楽に固定しはじめる端緒を求めるとすれば、小野妹子に随伴して入隋した恵隠《えおん》（―六〇八―六五二―）の帰朝まで待たねばならない。それまでは、死後、生まれたい世界としては阿弥陀仏の浄土も弥勒《みろく》菩薩の兜率《とそつ》天も区別されることなく望まれていた確証を残している。しかしそれがまがりなりにも区別されるようになるのは、三十二年の修学の末、帰国した恵隠が舒明天皇十二年（六四〇）、阿弥陀仏の本願を説いた根本経典『無量寿経』を宮中で講説したことに始まると思われる。かれはその後も白雉二年（六五二）、再度、内裏でこの経を講じ、沙門一千人が聴衆として参加したと伝える。

またこうした阿弥陀仏の信仰が定着に向かった事例は、たとえば斉明天皇四年（六五八）と推定される河内観心《かんしん》寺の阿弥陀像、翌五年と推定される河内西琳《さいりん》寺金堂の阿弥陀像、あるいは天武・持統両天皇の頃と推定される橘夫人の念持仏という阿弥陀三尊をはじめ、七世紀半ばの再建とされる法隆寺金堂の西方浄土の壁画などに見ることができる。さらにまた持統天皇が天武天皇のために造ったという、阿弥陀仏を中心に菩薩・天人等百余体を織りこんだ高さ三丈、広さ二丈一尺八寸の壮大な繡帳のことも忘れられない。しかしとくに注目されるのは、七世紀後半より八世紀前半にわたって造られたと推定される押出阿弥陀三尊像（東京国立博物館・知恩院等所蔵）や塼《せん》製の阿弥陀三尊像（法隆寺蔵）の存在である。説法印を結んだ阿弥陀仏を中心にして、左右に観音・勢至の二菩薩を配するか、あるいは仏と菩薩との間に比丘一体をそれぞれのぞかせた形式をとり、押出仏の中尊は坐形、塼像の場合は倚形で、塼像は堂塔の壁に貼りこめられる性質のものであろうが、法隆寺大宝蔵殿のものは独立した礼拝像とみられている。その点、共に造像の目的を同じくしているが、重要な点は、本になる素型が破損しない限り、同じものを多量に造ることができること、大きさも四十センチ内外の小さなものだということである。こうした利点は信仰の普及化と無関係ではありえない。当然、阿弥陀信仰の普及・滲透に大きな役割を担い、一般化に弾みを与えるものとなったに違いない。

もっとも、礼拝対象としての阿弥陀像の造像やそれを安置した寺院の建立と相俟って、信仰を伝達した人達があったことは言うまでもない。その教化の内容は、多くは薬師如来や弥勒菩薩の信仰が主体であって、阿弥陀仏の信仰は余り顕著ではなかったにしても、その間隙にこの信仰が点綴されていたことも事実である。現在の経典の奥書はそれを語ってくれる。当時としては阿弥陀仏も弥勒菩薩も共に死後の救いを約束するものとして共通性をもって捉えられていたことでもあり、また法相宗が優位に立っていた関係もあって、総じて弥勒の兜率天信仰が強いが、極楽と兜率天の違いはそのまま仏と菩薩との救いの差に還元されるものである。この理解はやがて、極楽が兜率天より以上に死後の幸福を約束する世界と意識させるに至ったものに違いない。三論宗の智光（—七七六頃）・華厳宗の智憬《ちきょう》（—七五一—）・法相宗の善珠《ぜんじゅ》（七二三—七九七）といった学僧の輩出はこうした理解を高めるに一役を担ったことであろう。また出家になるための修行期間、優婆塞《うばそく》たちが読誦経典として『阿弥陀経』の読誦を学んだことも、この信仰に係わっているし、法会における唱礼の作法に中国浄土教の大成者、善導《ぜんどう》の『往生礼讃《らいさん》』の讃詠法が養老四年（七二〇）以来、採用されたことも注目される。また法会は主として現世の幸福を祈るものであるが、とくに罪を懺悔してこれを祈る悔過《けか》に阿弥陀悔過があって、薬師悔過や十一面（観音）悔過・吉祥天悔過などと並んで、行なわれたことも付記しておく必要がある。善珠の弟子昌海（—七九九—）には『阿弥陀悔過』という作法書があったと伝える。

常行三昧

しかし平安期に入って、最澄（七六七―八二二）の天台宗の発足は新しい発展の基礎を作った。天台宗が朝廷から許された年分度者《ねんぶんどしゃ》は二人、その学業は止観業《しかんごう》と遮那業《しゃなごう》、つまり止観と真言である。このうち、止観業は天台宗本来の教学を専修するものであるが、その修行は天台開祖智顗《ちぎ》の『摩訶止観』が説くところを研鑽することにあり、修行の中心は四種三昧と称する四種の三昧《さんまい》であって、その中の一つに常行三昧《じょうぎょうざんまい》と呼ばれる、『般舟《はんじゅ》三昧経』という念仏経典に基づいた念仏三昧法があったのである。それは、その名の示すごとく、阿弥陀仏の周りを常に歩きまわることを身の動作とし、歩きながら口には念仏を称え、心には阿弥陀仏を念じて、その姿を心眼に捉えようと努めるもので、九十日に及んでこれを実践する修行法であった。これを行ずる道場を常行三昧堂（略して常行堂）というが、堂舎の建立が十分、整備するに至らなかった天台宗発足の当初は、四種三昧の一つである半行半坐三昧を修する法華三昧堂など、すでに建立をみていた堂内で、これが実修されたとみて、誤りないだろう。当然、常行三昧の実修は阿弥陀信仰に新しい息吹きを与えることになった。

常行堂の建立は最澄の弟子円仁《えんにん》(七九四―八六四)によってなされた。しかしここで常行三昧に一つの変容が生じた。引声《いんぜい》念仏と呼ばれる念仏の音楽的唱礼法である。入唐した円仁は中国五台山に発祥した法照《はっしょう》の五会《ごえ》念仏という唱礼法を学びとってこれを移植したからである。法照が現身に浄土に行き、水鳥樹林の念仏の声を聞いて発想したと伝えるこの念仏法は、宮《きゅう》・商《しょう》・角《かく》・徴《ち》・羽《う》の五音《ごいん》(五声)の音階を基に、声の高低、長短の旋律を、第一会から第五会までの五会(十二律に配すれば、第一会は平調《ひょうじょう》、以下、双調《そうじょう》・黄鐘《おうしき》調・盤《ばん》渉《しき》調・壱越《いちこつ》調であったと考えられる)にまとめた、きわめて音楽性の高いものであった。それは、堂内中央の金色阿弥陀像に各一体の菩薩像を四隅に配し、四方の壁には九品の浄土を描いたと伝えられる常行堂の荘厳と調和して、この念仏の会座《えざ》にあって唱和するものに浄土に遊ぶ思いを抱かせるに十分であった。それは第一会から徐々に第五会に移っていくにつれて、心も澄みわたる「深禅《じんぜん》」といわれる境地をもたらすことを目的とした点においてまさに念仏三昧法であるが、同時にその音楽性のゆえに音楽法要的性格を持ったといえる。

しかも円仁の没後遺命によって、この念仏法はさらに不断念仏として八月十一日より七日にわたって行なわれるものと形を整える。また円仁の建てた東塔の常行堂にならって第十代座主増命《ぞうみょう》(八四三―九二七)が西塔に常行堂を建ててこれを行ない、さらに第十八代座主良源（九一二―九八五）が横川《よかわ》にもこの堂を建立するに至って、また新たな段階に入った。叡山三所（東塔・西塔・横川）の常行堂で八月十一日より七日間、同時に行なう三《さん》七日《しちにち》の不断念仏がそれである。世に「山の念仏」として人口に膾炙《かいしゃ》したものである。念仏に心を寄せる堂上貴顕はこの法会に参加して法悦にひたったと思われる。たとえば『栄花物語』「うたがい」の巻に、道長がこの「山の念仏」に「公《おおやけ》のまつりごと・私の御いとなみを除きて籠り」、功徳に浴したことを伝えているのは、その一例である。これからしても、不断念仏のめでたさが広く共感を呼び、鑽仰《さんごう》され、人の心を捉えたことは推察に難くない。時を限った不断念仏はこうして、当然の推移として、随時、望むところに応じて形を改め、普及していく。寛忠（九〇七―九七七）が姉の尼の臨終に際し、願いのままに三日の不断念仏を行なったことはそれを語ってくれる。

念仏の普及

ところで、荘重華麗な音楽法会としての山の念仏は一般庶民と無縁であるが、念仏を民衆の間にまで引きおろしたのは、市聖《いちのひじり》とも阿弥陀聖とも呼ばれて崇敬された空也《こうや》（九〇三―九七二）にまつ。社会救済活動に身を挺《てい》したかれは、また世に空也念仏と呼ばれる躍《おどり》念仏を創案した。鉦《かね》を打って拍子をとる体《てい》の、素朴な音楽と踊りによる娯楽性の強いものである。それがもたらす一種の陶酔境は民衆の要求するところに適合したとみえ、かつては念仏を忌みきらった「小人・愚女」も加わり、「世を挙げて念仏を事とす」るに至った。『日本往生極楽記』のなかで慶滋保胤《よししげのやすたね》（?―一〇〇二）は念仏の普及を空也の一身に帰して、「上人、衆生を化度《けど》せる力なり」と讃えている。あるいはこうした躍念仏に和讃《わさん》がうたわれるようになったかもしれない。三井寺の千観（九一八―九八三）が作った「極楽国弥陀和讃」にはそうした想像をかきたてるものがある。

しかし不断念仏や躍念仏の普及を語ってくれるその一隅で、念仏に心を寄せ、信仰を一つにした人たちの集まりが営まれたことも忘れられない。勧学会《かんがくえ》と名づけられた同信の結社である。その中心的人物は慶滋保胤であって、かれは大学寮の学生と語らい、叡山の僧に働きかけて、俗二十人、僧二十人からなる結社を発足させた。康保元年（九六四）に始まる。その集まりは年に二回、三月と九月の十五日、予め定めた集合の寺に参集し、日中は『法華経』の講義を聴聞《ちょうもん》して、それを詩に讃詠し、夜は念仏を唱えて終わるという、一種の念仏結社であった。この動きが世人の注目を引いたことは源為憲《みなもとのためのり》（―一〇一一）の『三宝絵詞』に窺うことができるが、この試みはまた個人的には保胤をして、仏を観想する念仏の実修を行なわせた点、注目される。かれはみずから「池亭記」という一文の中で、邸内に阿弥陀仏安置の小堂を設けて、「弥陀を念じ、法華を読」んだと記している。

それはまさに清少納言（―九九〇―一〇〇〇―）が『枕草子』に「羨《うらやま》しきもの」とした、「三昧堂たてて、宵暁に祈られたるひと」の姿にかようものであった。財ある人は来世を安楽浄土の往生に求めて、三昧堂を造り、静かに仏の前に念仏の時を過ごしたのである。それは念仏法会と異なり、またいささか喧騒な民衆の念仏とも違った、静かな冥想の世界である。

しかしこのような動向の指針はやはり僧の中に発するものでなければならない。比叡の僧達の間ではそうした念仏の実修は、座主良源が天禄元年（九七〇）、山徒に示した「二十六箇条起請」に「当今、修する所はただ常行三昧のみなり」とあることが語ってくれるように、本格的な常行三昧であった。したがって念仏の実修と相俟って、念仏に関する著述も試みられたことは当然といっていい。応和二年（九六二）の千観の『十願発心記』、千観と相前後した良源の『極楽浄土九品往生義』、北嶺探題禅瑜《ぜんゆ》（九一二―九九〇）の『阿弥陀新十疑』など、それである。しかしその中でひときわ光彩を放った白眉の書は、恵心《えしん》院源信（九四二―一〇一七）の『往生要集』三巻である。

『往生要集』の念仏

『往生要集』は念仏に最初の大系的な組織を試みた、画期的な道標の書である。源信はこの書の稿を永観二年（九八四）十一月に起こし、翌年四月、脱稿した。

かれはこの中で、末代の救いは念仏に勝るものがないとし、現実の穢れきった三界六道の流転輪廻の世界を捨てて、極楽浄土の往生を勧め、極楽には十の楽しみがあると説いた。そして極楽が他の諸仏の浄土と較べていかに勝れているか、とりわけ、当時広く信仰されていた弥勒の兜率天と対比して、その優劣を鮮明にした上で、この浄土に往生するにはどうしたらいいか、そのことを「正修《しょうしゅ》念仏」「助念の方法」「別時念仏」等の章を立てて明らかにしたのである。

ここで源信が示した念仏には、時を限って、一日ないし七日、十日と行なう別時念仏、あるいは九十日の常行三昧などがあるが、その念仏の中心は阿弥陀仏の三十二相などの色相を心眼に見る観想にあって、能力の劣った、修行に耐えない者のためには、口に仏の名を称える称名念仏があると説いた。そしてこうした念仏は勿論、深く信じて疑わない真心から常に行なわれるものでなければならないことを強調すると共に、さとりを求めて世の人を導き救おうという菩提《ぼだい》心を抱き、行ないは身も口も意《こころ》も慎むことによって、仏の本願のままに必ず往生することができるとした。これがかれのいう「往生の業《ごう》は念仏を本となす」という、そのことの肝要である。

しかしこのような平生の念仏のあり方はそのまま臨終にあっても望まれるものであるが、

とくに臨終を迎えた者に対して、その終わりも目出たい、心静かな念仏のあり方に触れた点は、注目されるものであった。これを説くかれの姿勢はそれまでと異なり、病者の枕頭にはべる者の心構えや心遣いについて触れ、それをみずからの言葉として語って生彩がある。臨終正念に息を引きとるには周囲の者の心配りが重要だとしたのである。

源信の念仏は、このように平生にあっては観想を主体として称名を許し、臨終にあっては心静かに少なくとも十遍の念仏を限度として、これを強調した。しかし念仏だけが往生の因だとはしなかったことも見逃せない。当時、隆盛だった真言の行《ぎょう》法《ほう》をも含めて、さまざまな功徳行に往生の可能を認めた。いわゆる諸行往生であって、これが後に浄土教に夾雑的性格を許し、変容を招く結果になったことは注目される。

二十五三昧会

『往生要集』は完成すると間もなく、比叡山横川の僧たちに影響を与えた。飢えた者が食を得たように、挙《こぞ》ってこれを読み、これを指針とした念仏同信の結社が誕生する。その一つに二十五三昧会《え》があり、結成後、源信の指導を仰ぎ、結束を固めている。その申し合わせ「十二か条」には、毎月十五日、一所に集まって念仏することをはじめ、互いに信仰を温めあい、病人がでた場合の看病から臨終の際の正念への配慮、死者の葬送・追善など、細かな取り決めがみられる。とくにこの結社の集まりには源信発案の迎講という催しも行なわれ、臨終に仏菩薩が来迎する姿に擬したことは世人の注目を引くものであった。迎講は各地で催され、また往生講・菩薩講などと姿を変え、浄土の来迎思想を鼓吹する役割を担うに至っているが、このことは横川以外の地にも二十五三昧会が移された動向とも無関係ではあるまい。また源信にも「極楽六時讃」や「来迎和讃」があり、これが浄土往生の願いを高めたことも忘れられない。こうした和讃が人の口の端にのぼって流布したことは、『栄花物語』をみても理解される。後に源信に仮託された「十楽和讃」や「二十五菩薩和讃」等が作られるのはその影響である。

末法の念仏

しかし源信の念仏が大きな影響を与えていくに当たって与って力のあったものに、末法という時の到来があったことも忘れられない。

釈迦入滅後、正法《しょうぼう》・像法《ぞうほう》二千年の時をへて永承七年（一〇五二）の年から末法に入ったとされる。正法には得られるとされた悟りも、像法に行なわれるとされた修行も共に失われて、ただ仏の教えだけが残るとされ、闘諍堅固《とうじょうけんご》と呼ばれる争いに明け暮れる時代が幕をあける。その足音を身近に意識するようになるころ、早くも以前とは異なった現実の凝視による人心の不安が始まっているが、末法という時代の様相はその予想通り、僧界の腐敗堕落、僧徒内の争いや目にあまる強訴に加えて、これに対する政府の無能無策、無気力が露呈し、まさに王法・仏法陵夷の姿を現出したのである。

こうした現実に対する諦念は必然的に欣求《ごんぐ》浄土の信仰に拍車をかける。道長（九六六―一〇二七）の無量寿院に始まった夥しい数の阿弥陀堂の建立が、来世の幸福を願う貴族達によって手がけられる。富と権勢にまかせて、規模の壮大を競ったかれらは、丈六像や九品の像を堂内に安置し、その願いの切実さはとくに迎接《ごうしょう》像に顕著である。道長は九体の像の手より中尊の手に濃淡に染め分けた村濃《むらご》の紐を集め、臨終にはその紐の端を手にして終わったというが、永承二年に建立された浄瑠璃寺に現存する九体の阿弥陀像の中尊は上品下生の来迎印を結び、三千院の往生極楽院に久安四年（一一四八）造立された阿弥陀三尊の本尊も来迎印を結んでいる。しかし往生の願いをより端的に語ってくれるのは来迎図であろう。天喜元年（一〇五三）に建立された頼通（九九〇―一〇七四）の平等院鳳凰堂には扉と壁面に九品往生の模様が描かれ、東扉の上品下生図は今も鮮明に来迎の姿を止めて、注目される。

しかし迎接像を作り、来迎図を描いた堂内にあって、ひたすら阿弥陀仏の救いを祈っても、往生の確信がえられるとは限らない。二十五三昧会の結縁衆が死後どこに生まれたかを、現《うつつ》に、または夢に託して、互いに同信者に知らせるよう約束したのもそのためであり、死後はじめて往生の得否がそれと知られると信じたからである。「往生伝」が往生の瑞相を光明や紫の雲、かぐわしい異香、美しい天の音楽、その他さまざまな現象に求めて、往生の確証としたのも、すべて念仏者その人の生前の確信には繋がらないからである。極楽を願う心が強まるだけ、それだけ極楽が遠のいた現実であったといえる。

こうした不安・焦躁は、不確かな夢などに確証を求めようとする方向をとったとみえる。『源氏物語』「若菜」の巻に、明石入道がかつてみた「小さき舟に乗りて、西のかたをさして漕ぎゆく」夢を正夢として、「九品の上の（往生の）のぞみうたがひな」しと信じたことや、『更級日記』の著者が「天喜三年十月十三日の夜の夢に、ゐたる所の屋のつまの庭に阿弥陀仏」が立ったとみたことを「後の頼みとし」たことが語るように、わずかな手がかりをも捉えて、すがろうとする風潮が生じている。

異相往生

しかしそれで満足できないとき、往生の願いは熾烈さの度を増し、時と共に高まる。それはみずからの手に往生の確証をしっかり握って死にたいという願望であって、そこに異常な往生の姿が生まれている。つまり焼身・入水《じゆすい》・投身・縊死《いし》など、自殺行為の流行である。たとえば今様が「極楽浄土の東門は、難波《なにわ》の海にぞ対《むか》へたる、転法輪所《てんぽうりんしょ》の西《さい》門に念仏する人参《まい》れとて」とうたっている四天王寺の西門は、極楽の東門に連なると信じられ、西門に設けられた、念仏の法を説く転法輪所は、上は鳥羽法皇（一一〇三―一一五六）や関白忠実（一〇七八―一一六二）などをはじめ、多くの参詣者が集まった所であるが、入水往生を願った者はここから内海に漕ぎ出して入水するという風潮が生まれている。僧西念はその典型的な一人で、かれは四十余年にわたって積んださまざまな功徳行を細大洩らさず列挙して、保延六年（一一四〇）入水した。しかもこれによって死ぬことができなかった西念は、その二年後、自宅に穴を掘って死んでいる。

しかしこのような風潮が生じたのも、臨終を極端に重視し、往生はこの一点に懸かっているとみた異常な考え方にある。それには源信にも一端の責任があるが、むしろ平生の念仏を軽視する姿勢を培った時の推移に問題があったと見るのが妥当であろう。それは源信の念仏が期した方向とは逆の方向であって、そのために念仏の力は弱められ、逆にその弱まった念仏の功徳を補うためにさまざまな行《ぎょう》が必要だとする方向へと転換していった末法後の風潮にかかっている。

こうした臨終重視・諸行往生はいつかは断ち切られる状況にあった。そしてこの病巣を見出した人こそ、専修念仏に活路を開いた法然その人だったのである。

Ⅲ

浄土信仰と末法思想

浄土思想の確立

浄土とは仏の国の謂《いい》である。薬師仏の浄土を浄瑠璃《じょうるり》世界、釈迦仏は霊山《りょうぜん》浄土、阿弥陀仏は極楽浄土である。したがって観音に補陀落《ふだらく》浄土をいい、弥勒《みろく》に兜率《とそつ》天浄土をいうのは、その菩薩がいつか仏となることを先取りした可能性の上に立って、その居所を浄土と呼んだにすぎない。しかし平安以前は浄土の概念はいささか曖昧であったから、かならずしも仏の浄土を求めるものとはなっていない。むしろ弥勒の信仰が優越したといえる。ただ平安に入って天台宗が確立し、常行堂《じょうぎょうどう》が建てられ、円仁による引声《いんぜい》念仏の創設をみるに至って、阿弥陀仏の信仰の飛躍的な上昇を伴い、弥勒信仰を凌駕するようになった。しかし、こうした趨勢を決定的なものにしたのは、源信の『往生要集』である。彼はこの書の中で、極楽浄土が諸仏の浄土に勝っていることを明らかにすると同時に、とくに、弥勒の兜率との対比を求めて、その勝劣を判定した。こうして浄土信仰は阿弥陀仏のものとなったので

である。

しかし浄土信仰の確立を成し遂げたこの書のもっとも大きな意義は、往生の要件である念仏をどのように修めることが正しい念仏であるのか、これを明示したことにある。それは普通、観想の念仏と呼ばれているが、もちろん観想だけにとどまるものではない。心の動揺を静めて、仏の身体的な特徴である相好《そうごう》を心の眼で捉えたり、あるいは仏の三身（法《ほっ》身《しん》・報身《ほうじん》・応身《おうじん》）を阿弥陀仏一身の上に捉えるといった観想以外に、口に阿弥陀仏の名を称える、いわゆる称名念仏も、観想などできない能力の劣った者のための念仏として考えていることは確かである。念仏やそれと直接関わりをもつさまざまな行為を述べた後、それらを総括して「仏を称・念するは行善《ぎょうぜん》（積極的な善）なり」といい、称名に浄土に往生するための直接的な行為の一翼を認めていることはこれを語っている。いわば、貴族的な観想を主軸としながらも、庶民的な称名をこれに併合したのが、源信の念仏である。

しかし『往生要集』は、浄土往生の要件を観想や称名に求めながら、これを行なう時を平生と臨終とに分けて、とりわけ臨終の念仏に焦点をしぼっている点は注目されてよい。源信はここで、死の床に臥す者の念仏よりもその枕頭に侍る者の心構えに重点を置いて、念仏ができるように、迫りつつある死期を見定めながら、臨終の人を力づけ、阿弥陀仏や菩薩たちの来迎《らいこう》と引接《いんじょう》を願わせるよう、教えている。このことは後に迎講という法会が起こる引き金となったものであり、また臨終を重視する風潮をも醸成するに至っているが、これと並んでもう一つ忘れられないのは、念仏以外のさまざまな行為をも「往生の業《ごう》」として認めたことである。その諸行のなかに名利を逃れる隠遁を数え、これを特に重く見たことも、後の諸行往生の風潮とあわせて、忘れられないものであろう。

末法の到来

『往生要集』ができあがったのは寛和元年（九八五）、その翌年、これを指針の書とした念仏結社が比叡山横川《よかわ》首楞厳《しゅりょうごん》院の僧たちによって組織された。「二十五三昧会《え》」と呼ばれるものがそれである。僧たちはこの結社の発願にあたって、互いに善友となって、念仏の日をともにし、臨終を迎えたときは、相助けて念仏を勧め、もし死後、往生を遂げた場合には、往生者は自らの願力と仏の加被力とによって、夢の中に、あるいは醒めている時に、結縁の人に示すことを固く申し合わせた。どのような極悪深重の者でも、臨終に十遍の念仏を唱えるならば、かならず極楽浄土に救いとるという仏の誓いの、その実証を得たいと願ったことがうかがわれる。この発願は、この結社に直接、源信の考え方が採用されるに至って、さらに大きく展開した。そこでは、毎月十五日の不断念仏の申し合わせをはじめとして、結縁者相互の日頃の心構え、病人が出たときの看病、さらには病が重くなった場合、往生院という一宇に移して臨終の作法を行なうこと、あるいは遺骸に対する光明真言による土砂加持、安養廟への埋葬・追善などに触れ、とくに七日以内にその生処がどこか、善悪にかかわらず知らせるよう申し合わせている。こうした臨終と往生の重視の、その意味は大きい。阿弥陀仏の信仰は確かに無常感と深く関わって、現世を否定し、浄土往生を欣求するものではあるが、臨終と死後にすべてを託したこの姿勢は無常感をかりたてるものであった。しかもこうした無常感をすっぽり包みこんで社会全体をその方向へと大きく動かしていったものが静かにしのびよっていた。いわゆる終末観的な末法の意識がそれである。

末法の意識が起こったのは、古くは『霊異記』に認めることができる。しかしこの場合はごく特殊であって、時代はまだ末法の近づくのを感じとっていたにすぎない。こうした差は、仏陀の教えが衰滅に向かう末法という時の、その算定法がかなり動揺していたことによるものである。

仏陀が世を去った仏滅の時を規準として、その教えの衰滅に向かう過程を正《しょう》法《ぼう》・像《ぞう》法《ぼう》・末法と捉えるこの三時説は、教えが正しく守られ修行されて、さとりが得られる期間を正法と呼び、教えによる修行は行なわれても、さとりが得られなくなった期間を像法、教えだけがあって修行もさとりもない期間を末法とする。しかしこの正法・像法の期間を五〇〇年、または一〇〇〇年とする差が生じたことによって計算の組み合わせに二通りの違いを生じ、また仏滅年代にも二説あったことが問題を複雑にした。したがって末法がいつから始まるか、当時の人の受け取り方はかなりまちまちであるが、ほぼ固まったのは仏滅年代を周の穆王五十三年壬申とする『周書異記』の説によって、正法・像法ともに一〇〇〇年と計算して算定した、永承七年（一〇五二）を末法の最初の年とする考え方である。『春記』の著者がこの八月二十五日の条に、長谷《はせ》寺の焼失を記して、末法の開始を告げる現実であると受け取ったことは、これを語る。

こうした末法の意識は、後に仏滅後を五〇〇年ずつ五段階に分ける五五百年説と結びつき末法は第五の五〇〇年で、仏法が衰滅し、争いに終始して邪見のみが盛んな闘諍《とうじょう》堅固の時であるとされることによって、さらに強固なものになるが、しかし末法は仏法の破滅だけではなく王法の陵夷と併行して捉えられたことを忘れることはできない。『中右記』の著者がことあるごとに「仏法王法、破滅の時か」と歎き、『永昌記』の著者が「王法なく、仏法なし。恐るべし、悲しむべし」（嘉承元年〈一一〇六〉十月二十七日の条）と悲しんだことは、その一端を示すものである。

このような王法仏法の陵夷の影には、疫病の流行や、大風・火災・洪水・旱魃などの頻発、盗賊の横行、僧兵の跋扈による政情不安があるが、わけても院政がもたらしたものは大きい。院政による法秩序の崩壊は、浄土信仰の高揚に拍車をかけ、末法万年においては救いは阿弥陀仏の浄土に往生する以外、道はないと考えられるに至ったのである。

弥勒信仰と埋経

もっとも、末法到来の意識が他面、弥勒信仰を復活させた事実も忘れられない。弥勒は五十六億七千万年の後、この世界に兜率から下生《げしょう》して竜華《りゅうげ》樹のもとでさとりを開き、世の人を救うために三度、説法の座を設けて教えを説き、さとりに至らせる（これを竜華三会《さんえ》という）と信じられていたからである。それは、いったん極楽浄土に往生して、その後、弥勒下生の時にこの世に生まれ会わせ、説法の会座に加わりたいという願いとなって、ここに実を結んだ。この願いを端的に語るものは、埋経である。

埋経の最古の遺物は、藤原道長が経巻を納めて金峰山に埋めた経筒であるが、後には経そのものを保存に耐えるように作った瓦経・銅板経・柿《こけら》経などとなって現れた。

しかしこうした埋経に象徴される弥勒信仰の復活は、阿弥陀信仰と対比してみるとき、はなはだしく自力作善的であり、諸行的であったことを知る。例を兵庫県極楽寺瓦経銘に求めるならば、毘盧遮那仏をはじめ、釈迦・阿弥陀・弥勒、あるいは金剛界三十七尊九会曼荼羅諸尊・胎蔵界八葉九尊十三大会聖衆などを数えあげて、おびただしい数の曼荼羅・

仏菩薩像・顕教密教の経典・諸種の真言などを彫り写したことを述べていることはこれを語る。

　それはいってみれば、末法の意識に対するあがきともいえるものであり、末法と受け取りながら、末法の現実を否定する姿勢とも相通ずる。末法という現実にあって、力なさ、愚かさ、罪深さに目覚めつつあった阿弥陀仏信仰とは、その点、対照的である。今様に「弥陀《みだ》の誓ひぞ頼もしき、十悪五逆の人なれど、一度御名を称《とな》ふれば、来迎引接《らいこういんじょう》疑はず」とうたわれた罪の意識と救いの他力が阿弥陀信仰の庶民性を語るとすれば、弥勒信仰の自力作善は貴族的であったといえる。したがって道はおのずから異なっていたのであるが、実は弥勒信仰の自力作善的性格が、浄土信仰にも影を落として、自力的な風潮を醸しだすことに力を貸したようである。

阿弥陀堂と念仏法会

　さて、末法の進むとともに、末法相応の阿弥陀信仰にみられる顕著な傾向の一つは、おびただしい阿弥陀堂の建立、迎接阿弥陀像または九体《くたい》阿弥陀像の造立、ないしは堂の壁面を飾った九品《くほん》往生図である。

　すでにそれは道長の無量寿院（御堂）に発するもので、彼は出家後間もなく御堂の建立を営み、丈六の阿弥陀像九体を安置した堂を完成した。そして病が篤くなったときにはこの堂に移って、臨終には九体の阿弥陀像より五色の糸を引き、念仏の声を聞きながら没したのである。このことは、阿弥陀堂が臨終の床に臥す念仏者の最後の、仏の来迎引接にあずかる往生の場と考えられたことを意味する。平生の念仏の道場が、そのまま迎接堂の意味をも兼ねるものと変わったのである。

このような道長の阿弥陀堂建立はやがて末法意識の滲透と呼応し、院政後の奢侈の風潮と相まっておびただしい数の浄土教建築をみるに至る。貴族階層はこぞって自らの念仏道場を造り、それをもって臨終の場とし、仏の来迎に預かろうとするようになった。そのなかにははじめから迎接堂を名乗って、来迎引接の臨終のみを極端に重視するものもあって、総じて来迎思想が際立って顕著である。善美を尽した念仏道場の結構は浄土教芸術を発展させた半面、仏を前にして行なわれた観想をして耽美的な、あるいは享楽的なものと変貌させ、生きながら仏の来迎に損かっている思いさえ抱かせたのである。

しかしそれは、所詮、幻想であり、錯覚にすぎない。来迎を念仏道場の中に取り組んでみても、それがそのまま往生の確証とならない不安を振り払うことはできなかったのである。

こうした点は、迎接を期待した迎講についても言うことができる。この法会は二十五三味会のなかで初めて行なわれたと思われるが、漸次、伝道的な役割を担って普及するようになるとともに、往生講や菩提講などともなって姿を変え、念仏の普及に力を貸した。しかしそれは同時に、法会という儀式的な荘厳を借りた往生の幻想にほかならない。臨終には仏の迎えを得て往生したいという願いをかり立てるものとはなっても、一時の気休めにすぎない。結局は往生の決定を約束するものではないし、臨終正念をも約束してくれない。末法の現実は、こうして臨終を重視し、来迎を期待する、その高まりの中で、逆に往生の確証が得られない不安を根深いものにしていったのである。

したがってこの不安から逃れるためには、仏の来迎を得て浄土に生まれるに役立つと思われることを、可能なかぎり行なうことが必要になってくる。力あるものはさまざまな善根功徳を積むことによって往生をより確実にしようとしたのも当然である。

それはいわば念仏そのものの軽視である。臨終にたった十遍、念仏を称えただけでも浄土に迎えると約束した仏の誓いの念仏を軽んじ、諸行の功徳で埋め合わせようという、それ以外の何物でもない。つまり浄土信仰はここに至ってははなはだしく聖道化したということができる。

平安後期の宗教状況

ところで、末法の高まりはまた、正統的な教団を放棄して、体制外に身を置く遁世者を激増させた。いわゆる聖の存在である。

もっとも、聖の発生は古く、その性格も多様で、はっきり特徴づけることは困難であるが、いま別の視点からこの時代の聖を眺めるときは二つに大別することができるかと思われる。その一つは世間の汚濁を逃れて山林浄処に籠り、自己の内に深く沈潜して念仏に救いを求めたもの、いま一つは、心は遁世しながら、世間に立ち止まり、あるいは世俗の生活を送りながら、ときに法を説き、講を催した念仏者である。

しかしいずれにも共通した点は、正統的な権威を否定し、自己の心に信仰を確認しようという営みの、個人的な信仰にとどまったことである。内に深く信仰を温めることによって仏の救いに預かろうとした。しかしこのような営為によって往生の確証を得ることができるかどうか、疑問の余地を残した。それを語る好例は、いわゆる異相往生といわれる異常な行動である。

夢に往生の確証を認める安易さを否定したかれらは、いま生きているこのときに往生を確認しようとした。臨終正念がかれらの往生の支えであったから、病や老衰による死の時を待つことなく、進んで死の時を自ら選び、心静かに念仏して、仏の来迎を得ようとしたのである。焼身・入水《じゅすい》・投身・縊死《いし》などがそれである。しかもこうした風潮を助長した一端は世間一般の念仏聖に対する尊敬である。焼身往生があると知った民衆が陸続としてその場に赴き、その往生の姿を目撃し、讃嘆と崇敬を惜しまなかったからである。こうして都に近い阿弥陀峯は焼身の名所となり、四天王寺の西門は瀬戸内海に漕ぎ出して入水する念仏者の門出の場となった。

ところでこのような異相往生に対してもう一つ注目されるのは、いわゆる「屠牛《と ぎゅう》販鶏《はんけい》」のたぐいである。どんなに破戒無慚な者でも念仏によって往生が可能であるという確認がここにある。その確認はたとえ臨終における異香・妙音・瑞雲・光明といった異常な現象に待つものであったとしても、破戒無慚も往生の障りにならないとした意味は大きい。それは一つには仏の本願の救いに対する帰依信順を高めると同時に、愚かで罪深い一般庶民の心の救いともなるからである。そしてこのような破戒無慚をさらに一歩進めて、末法を無戒の世と定め、無戒にして名前だけの僧も末法の宝であり、燈火であるとする『末法燈明記』が書かれるに至ったのである。

さて、最後にもう一つ触れなければならないのは、正統的な教学を否定し、自由な発想によって新たな思想・学風が生みだされたことである。源流は遠く源信に発すると見られるが、この風潮の高まりはほぼ院政期と歩調をあわせ、一面においてさまざまな偽経や偽書を生み、秘密口伝《くでん》を尊び、師より弟子へと相伝されたところに特色がある。一般に口伝法門と総称され、現実の事象ないし衆生がそのまま永遠の真理であり仏であると考えるようになっているところから、本覚思想と呼ばれる。浄土信仰の面では、称名という行《ぎょう》よりも、救いを信ずる信心を重んじ、信じて疑わない信の決定（信の一念）によって同時にさとりが得られるとし、心の中に仏があり、浄土があるとみるに至っている。

末法の思想と浄土教

末法思想と地獄意識

釈尊入滅後、その教えが正法・像法・末法という時を経て、漸次衰え、ついにはこの地上から姿を消すと考えた仏教の終末論的歴史観は、すでに奈良時代の文献にうかがわれる。しかしそこでは、いまをもはやさとりがえられなくなった像法の時と見ることに反撥する姿勢が強い。国分寺の創建計画が緒についたばかりの時点である以上、むしろ仏法の中興が謳われたとしても当然である。

しかし反撥とはおかまいなしに、像法の暗い影は拡がりはじめた。国家の仏教政策は欠陥を見せはじめ、僧尼は自覚と反省を欠いた惰眠のなかに安らぎを求めるに至った。天平宝字四年（七六〇）大僧都良弁が奏文のなかで、「今は像教（像法の教え）まさに季《おとろ》えて、緇侶《しりょ》（僧）ようやく怠《おこた》る」といっているのは、それを語る。危機的な意識はここにようやく芽生えたのである。

しかし危機意識は人の心の、現実の様相を捉える視点やその個人の自覚などの差によって異なると同時に、仏滅をいつと見、正法、像法の時を何年と解するかによって、とくにその振幅の度を異にする。今を像法を捉えても、それが像法の初めか、終わりかでは、大変な差があろう。

この時点、この危機意識を支えた仏滅の計算法は、察するに、中国の穆王五十三年壬申をもって仏滅の年とし、正法・像法の期間を各千年とするものであったと考えられる。したがってこれからすれば、仏滅は紀元前九四九年、天平宝字四年は仏滅後一六五八年ということになる。仏の教えが固く守られ、修行されて、さとりを得ることができた仏滅後の正法千年を経て、像法千年の半ばを過ぎたい、ま、さとりから遠く距てられた悲哀は自覚と反省を通して、さらに高められる可能性がある。その「願文」のなかで、みずからを顧みて、「愚中の極愚、狂中の極狂」と語った最澄が、今を、像末（像法のすえ）と見、「末法はなはだ近きにあり」と記したのは、その端的な姿にほかならない。

ところが、最澄とほぼ時を同じくした薬師寺の僧景戒は深い慚愧と反省のなかで、延暦六年（七八七）という年をもって、末法にはいってすでに「二百三十六年」を経たと見る、先の計算とは別の方法を語っている。それによれば、正法五百年、像法千年、末法万年である。この計算も穆王五十三年を起点としたものであるが、ただこの正法五百年とする計算法は、景戒だけのものだったことに注意する必要がある。以後、この計算方法が採用された跡はない。

しかしここで忘れられてならないのは、この末法という意識のなかで、あるいはその裏づけのもとに、かれの「現報善悪」という、善因善果、悪因悪果がこの現世で生きているいま、この身の上に起こるという理解が育てられ、とくに悪因の悪果として地獄に生ずると捉えられたことである。しかも地獄がこれほど強く語られたことがかつてなかったことも、留意する必要がある。そしてこの地獄意識がまたかれだけに終わって、以後は地獄を、現世での悪業の果として死後の世界と捉え、地下の果てもなく深い暗黒の世界と位置づけるようになったことも、知っておく必要がある。なぜ、「誠に知る、地獄の現（現世）に至ることを」というかれの洞察が顧慮されなくなったのか。おそらく、この地獄観の推移には末法意識の欠如がはたらいたためであろう。

しかし時代も下って、末法の足音を間近に聞きとるようになった平安中期、地獄の意識も急速に高まりを見せる。仏名会における地獄絵、良源（天台宗中興）の『九品往生義』における地獄の説明などもその線上にあろうが、とくに良源の弟子源信の『往生要集』はその極点に立つものである。

源信の地獄描写

末法は永承七年（一〇五二）をもって始まったとされる。その年を迎えた藤原資房は日記『春記』のなかで、長谷寺の焼失に末法開始の現実を確認して、「霊験所第一なり。末法の最年にこの事あり。これを恐るべし」と記しているが、源信が『往生要集』を書き上げた時点はこれを溯る七十年近い以前のことである。したがって『往生要集』には直接、末法に触れた言葉は見当らない。しかし末法の開始を体験したもの以上に、末法の意識はかれの機（機根）の自覚において燃焼していた。このことは、源信の「濁世《じょくせ》末代」に生きる「予が如き頑魯《がんろ》（源信自身とその同類を含めて、かたくなで愚かだといったもの）の者」という深い自己省察と、堕地獄の罪業の懺悔自誨を通して、「往生極楽」の教えが仰がれていることからもうかがわれる。念仏に生きながら、なお九品の浄土（極楽浄土に生まれる人を、その能力資質の上から上中下の三に分け、さらにそれをおのおの上中下に分けて九つとしたもの）の下品の三を「我が分」とした源信において、末法はすでにかれの「喉に至」っていたのである。

だから、「喉」元に迫った末法の救いを求めて、かれは『往生要集』を書かねはならなかった。救いを念仏に求めなければ、堕地獄必定の末法に救いはなかったのである。

しかし源信自身を含めて、世の人は、地獄を対岸の火と見てきた。この人間であることがそのまま地獄と直結して、六道輪廻の一環であることを忘れている。これに目覚めた源信が、このことを喚起するために『往生要集』開巻劈頭をまず八熱地獄の説明から始めたのも当然である。第一章「厭離穢土」の約半分の分量が地獄のためにさかれたことも、これを語っている。

しかし源信の地獄の描写はただ八熱地獄（等活地獄・黒縄地獄・衆合地獄・叫喚地獄・大叫喚地獄・焦熱地獄・大焦熱地獄・無間地獄の八）の一々の形状、大きさ、またはその地獄での寿命（苦を受ける年数）、あるいは堕獄の罪業、ないしは責め苦の様相を羅列するに終始したものではない。地獄についてすでに多くの注目される経論があるが、それらから、説明に必要な部分を拾っただけのものに終わらなかったところに、源信の地獄描写の特異性がある。そこにかれの構成力の卓越と文章表現の巧みさが浮び上がってくるが、とくに注目されることは描写が読む者の感性に訴えかけてくる感覚的な点である。地獄に堕ちた罪人が、体中を切られ、突かれ、つぶされ、切断されるといった責め苦、あるいは獣や鳥、虫などに体中を刺され、食われ、吸われ、ばらばらに引きさかれるといった苦しみ、あるいはまたどろどろにとけた熱い鉄汁、鉄丸などが口中にそそがれ、五臓六腑ことごとくを焼きつくして肛門から出るといった苦しみなど、さまざまな極苦の様相を克明に描写して、きわめて視覚的であり、泣き叫ぶ罪人の苦しみの声を聞く思いを抱かせる。読者は、いまこの現実に地獄の猛火を見、罪人の責め苦に泣く叫喚の声を聞く恐怖におののくにちがいない。それほど、源信の筆の冴えは、臨場感を抱かせるに十分である。

しかしこうした感性の痛みは振り返って、身に犯した罪業と直結するとき、より切実なものとなることだろう。等活地獄の様相が説かれて、それがかつて殺生を犯したものの堕獄の姿と知らされ、さらにこの地獄の周辺に付属して配置された小地獄での苦しみを説いて、それぞれの小地獄に応じた殺生の違いが指摘されているのを知るとき、読者は省みて、それらの罪のいずれも犯したことがないと断言することができない自己を発見して、地獄の恐しさを越えて、罪の恐しさに目覚めさせられるのである。

等活地獄から黒縄地獄に移れば、ここには殺生と盗みとを犯した者が堕ちるとされ、衆合地獄ではこれに邪淫の罪が加えられる。邪淫とはかつて出家に禁じられた姦淫のことではない。在家の夫または妻が、自分の配偶者以外の異性と交わること、またたとい配偶者であっても、不適当な方法や手段、場所、時間などに行なうことも、このなかにはいる。叫喚地獄ではさらに飲酒が加わり、大叫喚地獄では妄語（うそを言うこと）が、焦熱地獄では邪見（よこしまな見解、思想。因果を否定する考え）が、大焦熱地獄ではとくに戒律を固く守っている、行ない清浄な尼をけがすことが加わる。そして最後に無間地獄（阿鼻地獄とも言う）では、父母を殺害するなどの五逆罪や因果を否定したり、大乗の教えを誹謗したり、殺生、盗み、邪淫、妄語を犯したり、出家として恥じる行ないをしながら在家信者の布施を受けたりする者が堕ちると説かれる。

以上は、源信が説いた地獄のわずか一端を垣間見たにすぎないが、源信のごとく、みずからを「頑魯」と見ることができるときは、こうした地獄に堕ちる罪のすべてがわが身の上に覆いかぶさっている恐れを禁じえないだろう。罪業深重、地獄必定の思いといったものがそれである。そして源信自身、この思いにひたった懺悔の人だったからこそ、阿弥陀仏の救いを信じて疑わない念仏者となりえたのである。

末法の自覚に生きた法然・親鸞

源信の念仏は普通、観想の念仏だといわれる。なるほど、念仏はどのようにするのが正しい念仏か、それを説いた「正修念仏」の一章では、雑念をすべて払い去った、鏡のような清浄な心で仏の姿を観想することを念仏と呼んで、口に阿弥陀仏の名を称える称名念仏は、そうした心的状態にはいることのできない、愚かな資質、能力の者のために付記されているにすぎない。しかしこれをもって源信の念仏の正しい把握とするには躊躇されるものがある。というのは、念仏とそれに直接、密接な係わりをもつさまざまな念仏の補助行為とを含めて、それを総括した言葉のなかで、「往生の業《ごう》（行為）は念仏を本と為す」と説き、その念仏は、深く信ずることと真心をもってすることと、「仏を称念」することとの三つを備えたものだ、と結論しているからである。「称念」とは称名と観想を一つにしたものであるから、源信が観想念仏に限って念仏を考えたとみることは当たらない。ただ重点がどこにあったかとなると、観想にあったということはできる。しかし観想はやはり称名とは比較にならないほどむつかしいから、念仏の普及にあたっては称名に所を譲らなくてはならない。当然、一般には称名が念仏として広く受け入れられていくのが時の成り行きとなるが、こうした源信の説く念仏としてもう一つ忘れられないのが臨終の念仏である。

かれは平生の念仏に対してとくに臨終の念仏を重視し、臨終の床にある人の心を励まし、力づけて、浄土に思いを繫いで心静かに念仏できるよう、傍にある者の心構えを教えていて、それだけにかれの臨終念仏に対する気の入れようには注目されるものがある。こうした臨終重視はやがて迎講という法会を作り上げてくるが、それはまた平生の念仏よりも臨終のそれの方が往生のためには重要な鍵をなすという誤まった考えを誘発する危険を孕んでいたことも確かである。そしてこの危惧《きぐ》が現実のものとなったのが、源信没後の念仏の風潮である。これにはもちろん、末法が到来したという動かすことのできない事実があずかっていたことも忘れられない。末法の現実は臨終を極端に重視する風潮をかもしだす引き金になったのである。

臨終が極端に重視されれば、どうなるか。当然、往生はこの臨終の一点に絞られ、このときの心のあり方、つまり臨終正念の有無に左右されることになる。そして臨終正念であることができたときには、阿弥陀仏や聖衆が死の床に来迎する姿をまのあたりにすることができると考えられた。しかし臨終正念や仏の来迎は死を前にした当事者だけのことであって、客観性をもたない。傍にあって死をみとる者にも、確かに往生したことを事実として証明してくれるものが当然、望まれてくる。それが往生の奇瑞である。空にたなびく五色の雲、えもいわれぬかぐわしい香、美しい音楽など、さまざまな自然現象のなかに人は往生の確証を見出そうとした。あるいはまた、死後、夢枕に現われて、往生したことを告げるといったことも、往生の事実を語るものとして固く信じられたのである。

しかしこうした確証もやがて揺ぎはじめる。それを不安定なものとしたのは、ほかならない、末法の現実である。

院政期にはいって、法秩序の崩壊は、疫病の流行や、大風、火災、旱魃などの頻発、盗賊の横行、僧兵の跋扈と共に、政情悪化の路をたどる。このことは、浄土信仰に一層の拍車をかけると同時に、それとはまた裏腹に、往生の不安をより根深いものにしたのである。

したがってこの不安から逃れるために、より以上、往生を確実なものにしようと、可能なかぎり、往生に役立つと考えられる功徳を積む風潮が生まれても、不思議はない。いわゆる諸行往生と呼ばれるものである。往生に役立つことのすべてが、写経、読経をはじめ造寺、造仏に至る多くの功徳行が積まれるに至った。

しかしこれは、振り返ってみると、念仏の軽視であり、その弱体化以外のなにものでもない。阿弥陀仏の第十八願を想起するまでもなく、「往生極楽の教行」を念仏に求めた源信の本意を遠く隔たったものである。こうした誤った念仏の軌道は当然、修正されねばならない。そしてこの修正を果たした者こそ、法然であり、親鸞なのである。

この二人にとって、臨終正念も来迎往生も諸行往生も、阿弥陀仏が誓った本願の念仏の前では、空しい色あせたものとしか映らない。

上は生涯にわたって、下は臨終にたった一声、称えて終わっても、その念仏によって阿弥陀仏の救いにあずかるとした法然の考えには、念仏以外のどんなことも不要であり、その念仏を称えたかぎりにおいて、来迎をまつ必要はないし、たとい臨終に狂い死にしても、往生のさわりとはならないのである。

こうした点は親鸞でも同様であるが、とくに親鸞においては、信心は阿弥陀仏からたまわるものだという考え方があり、この信心をいただいたかぎりにおいて、念仏者はすでに浄土に往生することがきまった正定聚《しょうじょうじゅ》の位につくから、臨終をまつことも、来迎を頼むこともいらないし、したがって来迎を頼んだ諸行往生も不要であると説かれる。自力《じりき》をすべて払拭した絶対の本願他力に生きた親鸞としては、当然の帰結であったと言うことができる。

しかもここで忘れられないのは、二人とも深い末法の自覚に生きた人だったことである。末法の現実が踏み誤らせた念仏の軌道が、真に末法の自覚に生きた者によって修正された、このことの意味は大きい。

念仏における生き死にの道——源信・法然・親鸞をめぐって——

浄土経典における生死観

浄土ということ

浄土という概念を広く考えた場合、そこには諸仏はもとより、弥勒《みろく》菩薩の兜率天《とそつてん》浄土もあり、観世音菩薩の補陀落《ふだらく》浄土もある。その場合は浄土経典といっても、阿弥陀仏の極楽浄土について触れた代表的な「浄土三部経」（『無量寿経』『観無量寿経』〔観経《かんぎょう》〕『阿弥陀経』の三）や『般舟三昧経《はんじゅざんまいきょう》』といった経とは違ったものを考える必要がある。おのずから説かれる内容も、阿弥陀仏の浄土がこの流転輪廻《るてんりんね》の三界六道《さんがいろくどう》（欲界・色界・無色界の三。地獄・餓鬼・畜生・阿修羅《あしゅら》・人・天の八）を超えた彼土《ひど》であるのに対して、菩薩の浄土は此土《しど》であり、生死無常のなかにあるといった特徴が考えられていい。また諸仏の浄土は彼土であるが、きわめて多種多様で、阿弥陀仏ほど救済の姿勢が整理されていないし、また偏向的でもある。当然、浄土教といえば、阿弥陀仏とその浄土とに係わる教えという形に固定化するようになった。したがって、いまここで扱う浄土の念仏とは阿弥陀仏を称念することと限定される。

ところで、この仏に言及した浄土経典として取り上げることのできるものは、その数二百余部に及ぶといわれる（徳川時代の真宗学者、継成《けいじょう》が『阿弥陀仏説林』で示した計算）。天台宗の第六祖湛然《たんねん》が、「諸教、讃する所多く弥陀にあり」といったのも、けっして不当ではない。しかし、いまそうした数多くの経典を念頭に置く必要は全くない。浄土経典が、浄土宗の祖法然によって「三部経」に整理され、これが根本経典として示された時点で、評価は定まったとみられるからである。そうした意味で、ここではこの三部の経を中心にして当面の問題の考察を進めることになる。

さて、『無量寿経』によれば、阿弥陀仏は法蔵という菩薩であったとき、この世の衆生を救うために、過去に無量の仏たちがたてた誓いを師の仏に問い、その教えによって五劫という無限に近い時間をかけて熟慮した末、自分にふさわしい誓いを選び取って、四十八に整理したといわれる。阿弥陀仏という仏になったのは、その誓いに応じた修行を成就したその結果であるが、それではその誓いの内容はどのようなものだったのか、それが語られねばならないだろう。

その内容は古くより、ほぼ成仏後の、⑴仏身について誓ったもの（光明の無量と寿命の無量）、⑵浄土の荘厳《しょうごん》について誓ったもの、⑶浄土にいる衆生について誓ったもの、の三つに大別される。しかし⑴と⑵に関するものはごくわずかで、ほとんどは衆生に関するものということができるが、しかし衆生といっても、人・天や菩薩の差があるし、苦楽という視点でも差が認められる。中国の学匠、憬興《きょうごう》は『無量寿経連義述文賛《じゅつもんさん》』のなかで、第一・第二の二願は「離苦」を願ったもの、第三から第十一までは「得楽」を願ったものとし、とくに第三・第四は「身楽」、第五以下は「心楽」と解釈した。また人・天と菩薩という視点からは第十八から第二十一までが「人・天」のための願、第二十二から第三十までは「菩薩」に対する願と整理している。したがって、こうした分類に立てば、阿弥陀仏の救済の対象として、わたしたちはいったい何を問題にする必要があるか、おのずと明らかになってこよう。

往生ということ

しかし、注意されることは、離苦・得楽がこの世でのそれではないことである。薬師如来のように、いますぐこの世で、衆生の苦を除き、楽しみを与えるといったものではない。それらはすべて、死後、極楽浄土に生まれた後のことである。いわば、極楽は西方浄土と示されても、この土《ど》の衆生にとっては死後の世界なのである。生きたこの身のままで浄土に往って、浄土の水鳥樹林の声を聞き、これをもとに念仏法を編み出したという中国の伝説などは別として、極楽に往くには、ここで死んで、かしこに生まれるという形を原則的にとる。それは、阿弥陀仏の願《がん》のうえでも説かれていて、これをもっとも端的に語っているのが「往生」という言葉である。

たとえば、第十八願に、「設《たと》ひわれ仏を得んに、十方の衆生、至心に信楽《しんぎょう》してわが国に生まれんと欲し、乃至《ないし》十念せん。もし生まれずは、正覚《しょうがく》を取らじ。ただ五逆と正法《しょうぼう》を誹《ひ》謗《ほう》せんとをば除かん」（もしわたしが仏になったときに、世に生を受けたすべての人たちが、真心から信じ願って、わたしの国に生まれたいと思うときはもちろん、たとい死に臨んで十遍しか念仏しないで終わったものでも、かならず生まれるのでなければ、わたしは仏になりたくはない。ただ父母を殺害したりするような五逆の罪を犯したものと、仏の教えを誹謗するものとは救いから除く）という。明らかに、浄土に往くには、この世での死とかの世での生という形が決定的なこととして示されている。また、第十九願でも「設ひわれ仏を得んに、十方の衆生、菩提心《ぼだいしん》（仏のさとりを求める心）を発《おこ》し、諸《もろもろ》の功徳《くどく》を修《しゅ》し、至心に発願《ほつがん》してわが国に生まれんと欲せん。寿終《じゅじゅ》（いのちが尽きる）の時に臨みて、たとひ大衆と囲繞《いにょう》してその人の前に現ぜずば（かりに、大勢の伴《とも》の者たちと一緒にその人の前に姿を現わすことがないなら）、正覚を取らじ」とある。臨終に仏がお伴の聖衆たちとこの世に迎えに来る（これを来迎《らいこう》という）というのであって、ここではっきり「寿終」の語を用いて、この世の生の終結が浄土の生に接続することを明示している。こうした「寿終」は第三十五や第三十六・第四十三の願にもみられる。

往生という言葉は、浄土に往って、その浄土の蓮華のなかに「生まれる」という意である。これをサンスクリットの原語に求めてみると、たとえば『無量寿経』下巻に、浄土に生まれる機根の秀れた人のことに触れた「上輩」の項で、「その国に往生」すると説く。それに当たるサンスクリットは lokadhātāv upapattaye praṇidhāsyanti（かしこの安楽の世界に生まれたいと願うだろう）とあり、「往生」に当たる語は upa - pad（……に来る、……の許に行く、……に到達する、……に生ずる、……に現われる、等）である。総じて「生まれる」と訳され、「往」も「生」も大差を持たないことがわかる。

化生と胎生

ただ、ここで注意されるのは、往生という生まれ方について『無量寿経』では「化生《けしょう》」とか「胎生《たいしょう》」といったことがいわれていることである。たとえば、先の下巻の上輩を説いた箇所で、「無量寿仏は、もろもろの大衆《だいしゅ》と、その人の前に現われたまふ。即ちかの仏に随ひて、その国に往生し、便ち七宝の華の中に自然に化生す」といい、同じ下巻に釈迦が弥勒に、浄土に「かの国の人民に胎生の者あり。汝、また見しやいなや」と尋ねるくだりがある。『経』では、「何の因、何の縁ありてか、かの国の人民、胎生・化生なるや」と弥勒が釈迦に問い、胎生は阿弥陀仏の仏智・不思議智などの五つの智慧をさとらないで、これらを「疑惑」して「信」じなかったものの生まれ方とし、信じたものの生まれ方が化生と説かれているが、この化生・胎生いずれも、この世でみられるような生のあり方でないことだけは確かである。

いま『経』が「胎生・化生」といっている箇所をサンスクリット本によると、「ある者たちは〔諸蓮華の〕内奥の住処に住んでおり、また他のある者たちは化生して結跏《けっか》趺坐《ふざ》して諸蓮華の中に現われている」（藤田宏達訳『梵文和訳無量寿経・阿弥陀経』一三九ページ）と読まれる。この「内奥の住処」とは、胎児のように蓮華の「内奥（＝胎）の住処に生まれること」（同・一二三）だと説明されている。したがって、胎生はこの場合、仏教で四《し》生《しょう》の一つと数える胎生（母胎から生まれる生まれ方）とは異なり、比喩的に表現されたにすぎない。つまり、結局は化生の一種とみて間違いないものである。

ところで、ここに化生というのは、四生の一つで、他の力によらないで、自己の力によって忽然と生まれることであるが、これと同一なのかどうか。というのは、少なくとも浄土への化生は、往生者の自力によるものではなく、阿弥陀仏の力によって可能になる化生なので、この現実世界における四生の範疇の外にあるとみなくてはならないはずだからである。

たとえば、仏の第二十一の願に、浄土にいる者が「三十二大人相」を完全に備えると説く。この世の者では、釈迦か転輪聖王（世界を統一支配する王の理想像）にのみ備わるとされる、この特異な身体的特徴が浄土の衆生に備わるということは、仏になること以外の意味をもたないのである。また第五の願以下に説く六種の神通力にしてもそうである。瞬時にして百千億という仏の国を越えて行くことができるといった神足通《じんそくつう》をはじめ、超人間的能力が備わるとすれば、それはまぎれもなく、この世の者がこの生身のままで得られるものではない。

生とは緩慢な死のことだと西洋の哲学者はいったが、まさに生は死と直結しているのであって、このような生と同質のものとしたら、たとい浄土の生が化生でも、それはいつかは死を迎える生でなければならない。

もっとも、これを『経』にただしてみると、浄土でもやはり死があるような印象を受けるところがある。仏の第二の願がそれを言うかにみえる。「設ひわれ仏を得んに、国中の人・天、寿終の後、また三悪道に更《かえ》らば、正覚を取らじ」（藤田訳「もしも、世尊よ、かしこのわたしの仏国土に生まれるであろう生ける者たちが、再びそこから死没して、地獄や畜生や餓鬼の境遇や、阿修羅の群におちいるようであるならば、その間は、わたくしは無上の正等覚をさとりません」）とある。ここに「寿終の後」ということが、浄土に死のあることを許すのか、それとも、それをも含めて三悪道に堕ちることを否定したのか、その辺がはっきりしない。また、第二十二の願に「設ひわれ仏を得んに、他方仏土の諸菩薩衆、わが国に来《らい》生《しょう》せば、究竟《くきょう》して必ず一生《いっしょう》補処《ふしょ》に至らん。……」とあるのも、これを窺わせる。

一生補処

ここに「一生補処」とは、仏にはなるが、その前にもう一度、この生死流転の世界に生を受けるときまったことを意味する。この言葉は『阿弥陀経』にも「極楽国土には衆生の生まれし者、みなこれ阿鞞跋致《あびばっち》にして、その中に多く一生補処あり」（藤田訳「アミターユ《（無量寿）》ス如来の仏国土に生まれた生ける者たちは、清浄な菩薩であり、退転しない者であり、一生だけ〔この世に〕つながれた者である」）と説かれている。ただここで注意されるのは「阿鞞跋致」とある言葉で、サンスクリットでは avinivartanīya であって、退転しない者を意味する。漢訳では「不退転」と訳され、仏の第四十七の願では、「設ひわれ仏を得んに、他方国土の諸菩薩衆、わが名字を聞きて、即ち不退転に至ることを得ずは、正覚を取らじ」とみえ、第十八願の成就文と呼ばれるものにも、「諸有の衆生、その名号《みょうごう》を聞きて、信心歓喜し、乃至一念せん。至心に廻向《えこう》してかの国に生まれんと願はば、即ち往生を得て、不退転に住せん」（藤田訳「およそいかなる生ける者たちであっても、かの世尊アミターバ《（無量光）》如来の名を聞き、聞きおわって、たとえ一たび心を起こすだけでも、浄信にともなわれた深い志向をもって心を起こすならば、無上な正等覚より退転しない状態に安住するからである」）とある。つまり、得られた状態・境地から退転しないことである。してみれば、すでに成仏することがきまっているのである。ところが、こうした不退転の成仏決定の者が、生死無常のこの世にまた一度、生を受けると説くあたり、『経』の説くところには少しく混乱があるといわなくてはならないだろう。こうした混乱はやはりきっぱりと整理される必要がある。

これについて、後世、中国浄土教家の重要な一人である曇鸞《どんらん》（四七六？—五四二？）の理解の仕方が参考になる。

それは『浄土論』（世親《せしん》の著）の注釈書『往生論註』のなかで、『論』が説く「五種の功徳」の成就である「五門」（近門《ごんもん》・大会衆門《だいえしゅもん》・宅門・屋門・園林遊戯地門《おんりんゆげじもん》の五。前四を自利、残りを利他とする）について、「自利利他」を論じて、利他とは仏の働きについていえることで、衆生の側では「他利」であるとし、「かの浄土に生まれ」るのも、その国の「菩薩・人・天」が「起《おこ》す所の諸《もろもろ》の行《ぎょう》（おこない）もみな阿弥陀仏の本願力に縁る」（『真宗聖教全書』〔以下、真全と略称〕一〔巻〕・三四七）ものだと説いて、その証として第十八と第十一・第二十二の三願を挙げていることである。いま第二十二願についていえば、そうした考えに立つかぎり、「一生補処」は衆生救済のはたらきとして仏の本願によって動かされて起こってきた「利他」の行為ということができる。それは救済のためにあえて生死の世界に出てくる行為なのである。

しかし、曇鸞では、さらに「往生」の生についてもきわめて適切な解説がなされたことをここに付記しておかなくてはならない。かれはみずから設問して「生《しょう》を棄てて生を願ず。生なんぞ尽くべけんや」といい、これを釈して、「かの浄土はこれ阿弥陀如来の清浄本願の無生の生なり。三有《さんう》（三界のこと）虚妄《こもう》の生の如きにはあらざるなり。何を以てこれを言ふとならば、それ法性《ほっしょう》（いっさいの現象にそなわる真実不変の本性のこと。わかりやすく「空《くう》」といってもいい。固定的なものとして分別されるなにものもないことが、空である）清浄にして畢竟《ひっきょう》、無生なり。生と言ふはこれ得生（生ということにこだわること）の者の情《こころ》なり。生、苟《まこと》に無生なり、生、何ぞ尽くる所あらん（そうした無生の生だから、その生が尽きるということはない）」（同・三二七）と説明している。それは、この世の生はかならず死と直結しているが、そうした生死を超えた生が浄土に生まれることだということを明らかにしている。かれが浄土を「無生界」（同・三二八）と呼んだのもそのためである。

機の自覚

したがって、このようにみてくるとき、『無量寿経』が説く浄土の世界は、『浄土論』がいったように、「三界の道を勝過」（真全一・二六九）したものであり、そこにどうすれば生まれることができるかに焦点が結ばれ、この世界の生死は迷いの世界としてもはやさして論ずるに当たらないものと解されていたといえよう。しかし、いま曇鸞に触れたように、改めて、曇鸞を心の師と敬慕した道綽《どうしゃく》やその弟子で中国浄土教を大成した善導《ぜんどう》に眼を移すなら、そこではこの現実に対する異なった見方があることを認めることができる。

まず道綽（五六二―六四五）では、現実はいうまでもなく生死無常の世界だけども、その生死が「時と機」（時代と人、またはその能力資質）のうえでとらえられ、時はすでに釈迦滅後「第四の五百年」（同　三七八）、「大聖（仏）去ることを遥遠」（同・四一〇）な末法《まっぽう》に入っていると同時に、「機は解《げ》、浮浅暗鈍」（同・三七九）にして、深遠な仏法の道理は内容を理解する能力に欠けているという立場で、洞察を深めるにいたっていることである。生死はここではおのれの愚かさの自覚のなかで見直され、そうしたうえに立って、さらに浄土をこの土にとってもっとも関係の密接な「初門」とみ、「この土と境次相接せり、往生甚《はなは》だ便なり」（同・三九七）としたのである。

こうした機の自覚は、善導（六一三―八一）にいたってさらに深化する。かれは『観経』

の注釈書『観経疏』のなかで、阿弥陀仏の誓いに対する「信」の姿勢として「二種の深信」を説いて、これを示した。それは、『観経』が浄土に往生する人の在り方として説いた「三心」（至誠心《しじょうしん》・深心《じんしん》・廻向発願心《えこうほつがんしん》の三）の一つ、深心（深く信ずる心）について述べたもので、そこではこう語られている。

深心と言ふは、即ちこれ深信の心なり。また二種あり。一には決定《けつじょう》して深く、自身は現にこれ罪悪生死《しょうじ》の凡夫、曠劫《こうごう》より已来《このかた》常に没《もつ》し常に流転《るてん》して出離の縁あることなしと信ず。二には決定《けつじょう》して深く、かの阿弥陀仏の四十八願は衆生を摂取《しょうしゅ》して、疑ひなく慮《おもんばか》りなく、かの願力に乗じて定《さだ》んで往生を得と信ず（真全一・五三四）。

ここには、迷いの世界からの「出離」を可能にする条件をいまだかつて持つことに恵まれなかった、救われない自己に対する絶望的な洞察が、仏の救済の絶対性との矛盾した相剋のなかに取り込まれて、生死無常といった類の表現がいささか空々しく聞こえるような、「信」の激しさがある。絶対の慈悲救済と絶望的な自己懺悔とがあるだけで、生死はもはや超克されて、片鱗の影も止めないといえようか。

善導が注釈した『観経』は、子の阿闍世《あじゃせ》太子が父王頻婆娑羅《びんばしゃら》を殺害するという歴史的事件を背景とした経典である。王を助けようとした母妃韋提希《いだいけ》は、ことが発覚して同じように幽閉され、「愁憂憔悴《じゅうしょうすい》」の果てに「憂悩《うのう》なき処を説きたまへ」と釈迦に懇願して、そこで説示される内容が阿弥陀仏の救いであり、その浄土や仏・菩薩、ないしは浄土に生を受けた人たちの姿である。それは、言葉を換えていえば、どうすれば仏にまみえることができるかということであり、いわばその方法なのであって、それをさらに凝縮すれば、念仏ということになる。そして、この念仏の支柱ともいえる心の据えどころが、いってみれば、先の三心である。

この三心のうち、善導がもっとも重視したのは、いうまでもなく深心であった。そして、憂悩に包まれた生死の世界を厭い、ひたすら浄土を欣求《ごんぐ》することを土台として説示された念仏を、かれは口に称えるものと書き変えた。こうしたことのうちには、一見、きわめて厭世的な安易な浄土への逃避といった志向が浮かびあがってくるようにも思われるが、それはたんにそこに停滞したものではなくて、深い自己懺悔と慈悲救済への絶対の随順とに昇華した信によって超克され、浄土欣求の念仏となったものと確認しなくてはならない。

『往生要集』をめぐる生死観

念仏の変容

浄土教が日本に伝えられた当初、念仏がどの程度、信仰者をとらえたか、知るよしもないが、奈良時代末までにはかなり念仏の徒が上層階級や僧たちの間に生まれたとみられる実証はある。しかし、この現世の無常を見つめ、極楽浄土の永遠の生命を欣求してやまなかった形跡はない。

よく『万葉集』の歌が引き合いに出されるように、上古の無常感はたんに情感的な詠嘆に終わり、この生死を見極めて、仏教を信奉するといったことはまれであったといっていい。まして現世と死後の極楽往生とを異質的とみる見方はきわめて一部にしか垣間《かいま》見ることができない。

しかし、平安時代に入って、天台宗が開創され、念仏が修行法の一端として採用されたことは、浄土信仰の新たな芽吹きであった。四種三昧の一つである常行三昧《じょうぎょうざんまい》（行《ぎょう》とは歩く意。阿弥陀仏の像の周りを歩きながら、口に念仏を称え、心に仏を念じて無心の境に入るもの）と称される修行法がそれである。ただ、その修行道場としての常行堂が建立された後、この修行法は傍に置かれて、口に称える念仏が主となり、しかも音楽的な曲調に乗せられたものとなることによって変質したことは忘れられない。それは修行法というよりは仏の讃《さん》嘆《だん》であり、法要儀式にふさわしいものであった。これを引声《いんぜい》念仏と呼んでいるが、これがやがて念仏を不断に称える不断念仏として、いわゆる「山の念仏」と儀式化し恒例化するようになる。それはまた、新しい浄土教の開花でもあった。

さらにまた、このような念仏の儀式化と呼応するかのように、念仏の荘厳さや荘麗さをかなぐり捨てた、わずかに鉦《かね》を打って伴奏とする、民衆的な単純な念仏に姿をかえて、それに躍《おど》りをも加えた念仏が発生した。これは、念仏を民衆の間に普及するには大きな力があった。空也《こうや》（九〇三―七二）の躍念仏といわれるものがそれである。死のイメージをともなうものと忌み嫌われた念仏が、ここでは集団的な娯楽に転化し、民衆に受け入れられた。

しかし、これらは、言ってみれば、念仏本来の姿勢を逸脱したと極言できるものであったかもしれない。ここに源信によって『往生要集』が書かれねばならなかった要因や必然性がある。

『往生要集』のねらい

源信（九四二―一〇一七）は『往生要集』において、念仏とはどのようなものでなければならないか、そうした念仏の本質的な問題を引っ提げて、その考え及ぶところを示した。そこでは、早くから信奉されてきた弥勒《みろく》の兜率天《とそつてん》信仰より極楽のそれがいかに勝れているかを示し、往生の方法としての念仏の在り方、それにともなうさまざまな補助的条件などについてこれを明らかにした。それらは、念仏の思想的な根幹を打ち出したものとして、それまでかつてなかった道標である。この功績によって、この書は、鉄が磁石に吸いよせられるように翕然《きゅうぜん》として念仏の徒の称讃をはくし、念仏の徒はこぞってこれを指針として集まった。世に二十五三昧会《さんまいえ》と呼ばれる念仏結社はそれを語る一つである。

しかし、いまこの書のなかでとくに注目されるのは、この三界六道という生死無常の世界の姿を余すところなく如実に説き明かそうとしたことである。

それはいささか衆知のことに属するが、六道のうち、焦点は地獄と人間に当てられたものと考えられる。しかし、地獄はその苦相と罪業を説くに急で、生死を説く姿勢とはかなり隔たりがある。あえて言えば、地獄には死がないかにみえる。死は生を断ち切るのではなく、あくまで幻影のごとくであり、あるのはあくまで苦しみに責め抜かれる苦相の連続である。そこには『長阿含経《じょうあごんきょう》』巻第十九が説くような、八熱地獄の極悪処である阿鼻《あび》地獄(無間《むけん》地獄ともいう)においてはじめて命が終わるとして、地獄で死ぬことによって新たな転生が始まることを暗示するような、そんな印象さえない。いつかは地獄での贖罪が終わるに違いないが、それを説くことさえ拒否するように、死の影はない。死を奪われた生を包む、酸鼻をきわめる苦の姿を終始説いて尽きることがない。しかし、それは、翻っていえば、人間であったときに犯した罪業の報いであるから、結局、言おうとすることは人間という生存が生み出す罪業の恐ろしさということにある。いわば、地獄の描写は人間界を説くためのものにほかならない。

無常観

こうして源信は、不浄・苦・無常の三つの相に視点を据えて「人道」を明らかにしようとした。不浄では人間の身体的構造から始まって、死によって徐々に変貌し、ついには塵土と崩れ去る、いわゆる「九想《くそう》」（青瘀《しょうお》・膿爛《のうらん》・虫噉《ちゅうかん》・肨脹《ぼうちょう》・血塗《けつず》・壊爛《えらん》・敗壊《はいえ》・焼《しょう》・骨《こつ》の九）を想起させる叙述にまで及び、どんな美人も一枚の皮膚に覆われた不浄の粉飾にすぎないと説き、無常では屠所に歩一歩近づく牛のごとく、あるいは死を脱れようとして山に海に空に市井に隠れた仙人のごとく、生あるものはどんなものも死をまぬがれえないことを明らかにした。

かれはこうした六道を総括して、結局は「徒《いたずら》に生れ徒に死して、輪転《りんでん》して際《きわ》」（『源信』日本思想大系〔以下、思想大系と略称〕六・四三）ない世界であって、たとい人と生まれても、このままではまた地獄の底に堕ちかねないことを強調した。そして、そうした生死無常のはかない姿を説き明かすことによって、幸い人と生まれたこのときをおいて、この世界の無常から離脱する道はない、「苦海を離れて浄土に往生すべきは、ただ今生《こんじょう》のみにあることを」知らねばならないとして、「宝の山に入りて手を空しくして帰ることなかれ」

（同・四四）と、浄土への志願を勧めるのである。

ただ、このように無常や苦・不浄を説いて浄土往生を勧めるだけならば、源信の生死観はさして言挙げするほどのものでないかもしれないが、かれはこのようなことの根底に空を説くことを忘れなかった。いかに不浄・苦・無常を説いても、いま「現に法体《ほったい》（もの、ものそのもの）」がある（同・四八）と執する恐れはあるから、この「法（もの、存在）」も「妄想の夢」（同・五〇）であって、その夢から覚めないために、法があると思っているにすぎないことを付記しておく必要がある。無常がたんに詠嘆的悲哀に止まらないで、無常観に質的転移を遂げることができるのは、空の「観念」（心の動揺を静め、正しい智慧によって対象の真の姿を洞察すること。観想とも観察《かんざつ》ともいう。また三昧・禅定とも同質である）によるのである。

臨終正念

このようにして、源信は六道、とくに人間存在の生死無常を説くことによって、「厭離《おんり》穢土《えど》」から「欣求浄土」へと導いた。そして、念仏には観想と口称《くしょう》の二つを認め、とりわけ「深く信じ、誠《まこと》を至《いた》して、常に仏を念ずる」（思想大系七・一九四）ことが往生の要《かなめ》であることを細説した。しかし、この浄土への往生のための念仏を説いて、いま留意されるのは、平生の念仏に対してとくに臨終のおりの念仏に大きな比重を与えたことである。

かれは、仏の第十八願にも「乃至十念せん」と説かれている、この十念に注目した。この十念は臨終のそれであるから、臨終には心静かに十遍の念仏を唱えて終わることが望まれるとして、念仏者が死を迎えたときは「十念相続」して、「一心に十遍、南無阿弥陀仏と称念する」（同・二〇八）ことが必要だと説くとともに、また枕頭に侍《はべ》るものの心構えに触れ、死の床にある人が念仏して終わることができるように努める必要があると説いた。しかも源信は、興味深いことには、みずからにこれを言いきかせるかのように、臨終に際して説く言葉として、「自身の為に、その詞《ことば》」（同・二〇八）を十に整理し、刻々と迫る死の影を病者の気色に見届けながら、適宜、語りかけることを教えている。

要は、本願を信じて、疑いを去り、かならず浄土に「引接《いんじょう》したまへ」（同・二一四）という心をこめて念仏する心構えに尽きるが、「すべからく目を閉ぢ、合掌して、一心に誓期《せいご》すべし。仏の相好《そうごう》にあらざるより、余の色を見ることなかれ。仏の法音《ほうおん》にあらざるより、余の声を聞くことなかれ。仏の正教にあらざるより、余の事を説くことなかれ。往生の事にあらざるより、余の事を思ふことなかれ」（同・二〇九）と説くこの言葉に、死にゆくもの、それを看とるもの、一体となった往生を願う姿がある。

こうした臨終十念を大事とした姿勢は、当然、『往生要集』に触発された二十五三昧会などの念仏結社においても重要な意味をもったことが予想される。それは、概観すれば、臨終重視という方向を生じてくるものであったということができる。『往生要集』が出来上がった翌年、寛和二年（九八六）五月二十三日の二十五三昧会発足の「連署発願文」に、「いま相議《あい》して云《いわ》く、われ等、契《ちぎり》を合《あわ》せ、互に善友《ぜんう》となり、最後臨終に相助け教へて念仏せしめん」と誓い、また「もしたまたま極楽に往生する者あらば、自《みずか》らの願力に依り、仏神の力に依り、もしは夢にもしは覚《うつつ》に、結縁の人に示せ。もし悪道に堕するともまた以てこれを示せ」と記し、毎月の十五日の夕、「念仏三昧を修し、臨終十念を祈らん」（『大日本仏教全書』〔以下、仏全と略称〕三一・二二二下）と申し合わせている。

ここにすでに明らかなように、この結社が続くかぎりはこの願いも絶えないであろう。そして、この名の念仏結社が時を追って広がりをもって普及していくとき、おのずからにして臨終正念は往生にとって欠くことのできない必要条件と見なされてくることになる。

不退転

しかし、ここで忘れてならないことが一つある。それは同じ源信が晩年にものした『阿弥陀経略記』である。

かれはこのなかで阿弥陀仏の第十一願に説く往生後の「定 聚《じょうじゅ》」を現世でも得られると

した。それは『阿弥陀経』が「もし善男子・善女人ありて、この諸仏所説の名（諸仏が讃嘆する阿弥陀仏の名のこと）、及び経の名（この『阿弥陀経』はまた「一切諸仏所護念経」とも呼ばれる）を聞かん者は、……」と説く文を注釈して、これは「現当の益《やく》（現在・未来の利益）を示す」もので、「聞」くとは信受することであり、この信によって三つの利益が得られるとし、「一つには現に諸仏の為に護らる。二つには現に不退転を得。三つには当《まさ》に大菩提を得べし」（仏全三一・二五二上）と説いたのである。

いま注目されるのはもちろん、この第二の不退転であって、いわばこの世にあるときに、もう浄土に往生することが決定して、この位から退転することがないとしたからである。この意味するところは、厭離穢土を徹底的に追求してやまなかった姿勢とはかなり違ったものといわなくてはならない。この生死の世界が信を媒介とすることによって、そのままで浄土と一枚に接触し結合するからである。往生は死を契機とするとしても、その死はいまや、さして大きな意味を持ちえない。

仏を観想し、口に念仏を称える修行の営みは生涯、弛《たゆ》むことなく続けられることによって往生の期待を与えてくれるが、それでもなお、最後の十念が要求されると理解されたのに、ここでは信によっていっさいが解決するとしたものであって、死を経てはじめて得られる最後の不安定だった目標さえも、この現世で解消しかねない。ここでは従来の生死観を払拭するほどの転換が起きたとみて誤りないだろう。

ただ、この書の説くところがその後に影響した形跡は認められない。後に法然がこれを読んだことは知られるけれども、影響はみられない。

念仏者のさまざまな姿

ともあれ、『往生要集』は念仏の正しいあり方を示し、それを指針とした念仏者を育てることになった。もっとも、浄土往生を願った人たちの先例は、源信以前において慶滋《よししげの》保胤《やすたね》の『日本往生極楽記』にみることができる。収めるところは四十五人（聖徳太子と行基の二人を菩薩として扱い、以下、比丘《びく》二十六人、沙弥三人、比丘尼三人、在家信者は男四人、女七人を収める）であるが、生前、往生の願いがあったか、疑われるものさえあり、かならずしも念仏者でないものも含まれていて、往生の焦点がいささか曖昧である。極言すれば、往生の概念がまだ固定していない。この点、『往生要集』にみる、「欣求浄土」の前提であった「厭離穢土」の強烈なとらえ方が表面に見出しえないこととも呼応する。生死無常が欠落しているとはいえないとしても、それが言外に含まれる程度に止まったといってよかろう。また往生を説くにしても、臨終や死後の奇瑞を語り、来迎を説くに終わった例が多い。

この傾向は、これに続く『続本朝往生伝』『拾遺往生伝』『後拾遺往生伝』『三外《さんけ》往生伝』『本朝新修往生伝』など一連の往生伝も同じであるが、そうした問題を含みながら、注目される幾つかの興味ある叙述を拾ってみると、まず蘇生の問題である。

これは例を大江匡房《まさふさ》の『続本朝往生伝』に求めると、一条天皇の場合が注意を引く。ここでは、天皇崩御の後、生前、天皇と約束していた最後の念仏を、天皇に称えさせないで終わったことを恨みとした天台座主慶円が院源と語らって、天皇を蘇生させたことである。院源が鉦を打って霊《りよう》山浄土《ぜん》の釈迦仏を請じようと敬白し、慶円はその間に不動の火界呪《かかいじゆ》(不動明王の呪文)を誦えて、天皇の蘇生に成功し、改めて天皇に「念仏百余遍を唱へしめ」たというもので、念仏を唱えて天皇は登遐《とうか》したのである。これは、「最後の念仏」(思想大系七・二二五)が往生の条件としていかに重視されていたかをきわめて端的に語っている。これとよく似た例は源信の妹安養尼の場合で、「往生伝」には見えないが、『古事談』巻第三、『撰集抄』巻第九、『沙石集』巻第二などに載っている。『古事談』では、不動の慈救呪《じくじゆ》が唱えられることによって安養尼が蘇生し、その後六年を経て「臨終正念に往生」(国史大系一八・六二)したことを語る。『沙石集』では、源信の弟子が頓死した場合にも不動の慈救呪で蘇生したことを告げる。ただ、安養尼の場合は、厭離穢土と欣求浄土とが現実の生死のうえで均衡を失っていない点、注目していい。

次に菩提心《ぼだい》がある。例をまた『続本朝往生伝』の沙門日円でいうと、かれはもと天台の学徒であったが、「後には菩提心を発《おこ》して、身を巌き谷に隠」したといい、「金峰山《みたけ》の三の石窟《いわや》に住し、長く米穀を断ちて、殆《ほとほと》に神仙に似たり」(思想大系七・二四六)と記されている。

これはいわゆる遁世である。それは名利という世俗的な欲望からの逃避であるが、また生を受けたかぎり逃れえない生という現実に対する、みずからに課した残酷な一種の抵抗ということができる。源信は『往生要集』で、名利を逃れる隠遁に異常なほど多くの言葉をついやしてこれを勧め、それが往生の業にもなることを認めようとした(思想大系六・二六〇)が、そうした姿勢を追うものであろうか。

また、この『続本朝往生伝』には、散位小槻兼任《こづきかねとう》が一生の間いつもただ念仏を称えていたことを記して、正月元日でも念仏を休むことがなかったことを告げる。妻はこれを誡めて、「正月朔朝の日は、世俗の忌あり。念仏を休むべし」といったが、兼任はあざわらって「児女子愚なり。何ぞ一にここに至るや。蜉蝣《ふゆう》(かげろうのこと。はかない喩え)の世に住するに、何の忌むところかあらむ」といって、「この日故《ことさら》に鐘を頸に懸け、念仏して室を遶《めぐ》」(思想大系七・二五一)ったと伝えている。常行三昧を摸したかにみえる念仏の姿がそこにあるが、祝日には念仏を忌む風潮があったことと係わって、この人生を「蜉蝣の世」ととらえた洞察の深さが窺われる。

しかし、無常の洞察がもっと強烈に語られたのは、三善為康の『後拾遺往生伝』に載っている、交接の間にも不浄観を行なった陸奥の一女人の話である。その美貌に引かれて言い寄る男が多く、しかもこれを拒むことなく身をまかせていたが、いつか訪れなくなった。親しい人がその理由を訊ねたところ、かの女は答えて「われ聞く、人の情に随ふはこれ菩薩と。これに依りて男来れるも返さず。また聞く、愛欲はこれ流転の業と。これに依りて、一念も愛着の心を生ぜず。弾指《だんじ》合眼《ごうげん》（短い時間の喩え）にも不浄を観ぜり。ある人、欲事を成せし時、この念いよいよ盛なり。よりて衆人みな恥ぢて来らず」（続群書類従八上・三二七）と語ったという。この女性は三善為康（一〇四九—一一三九）の生きた時代に近い人と推定されるが、厭離穢土の姿勢がきわめて強烈であって、それがもっとも現世的な愛欲につかっているその行為のなかでも見失われていないことを語っていて、注目される。

異相往生

しかし、翻って考えるとき、「往生伝」は総じて時代が降るにつれて現実逃避的な隠遁者を多く伝えるようになる。いわゆる聖《ひじり》と呼ばれる念仏者であって、『拾遺往生伝』にそれが現われはじめているが、しかしいまはそれを後に譲って、さらに一転して極端な現実否定に走る傾向が生じてきたことを見てみたい。それは厭離穢土を能動的・積極的な実践によって示そうとする、いささか狂信的な欣求浄土の姿勢である。「異相往生」と呼ばれる自殺行為がそれである。

これは、たとえば『拾遺往生伝』巻下では長明の焼身にみられるが、かれは持経者（『法華経』の信奉者）で、『法華経』薬王品に説く喜見菩薩の焼身供養にならったものである。しかし、その巻中で「或る上人」が康平年中（一〇五八―六五）阿弥陀峯で焼身入滅したと伝えるものは、明らかに浄土願生の自殺行為である。『拾遺往生伝』は、この行為が確実に往生の実証を得たものであることを明らかにしようとして、ちょうどこのとき、常行三昧を修していた慶円という沙門が、いつとはなしに夢に入って、はるか西方から楽の音が聞こえるのを耳にし、だれかが、あれは今日、阿弥陀峯で焼身した上人を迎える「来迎の儀」であると語るのを聞き、窓を開けてかなたの峯を望むと、「翠煙上に騰《あが》り、綵《さい》雲《うん》西に聳《そび》」えるのが見えたと記している。この上人の場合は、事前に人に知らされたとみえ、「貴賤男女、結縁攀躋《けちえんはんぜい》（登ること）の徒、宛《あたか》も楚竹のごとし」（思想大系七・三二八）とある。こうした焼身の例は『拾遺往生伝』巻中の藤原久任や、『後拾遺往生伝』巻下、鳥《とり》樟《くすぐ》供奉《ぶ》といわれた円観などにも知られるが、一般には入水《じゆすい》が広く行なわれたとみてまちがいない。

そのもっとも典型的なものとして知られているのは、四天王寺の西門が極楽の東門に通じているという信仰（『梁塵秘抄』が伝える今様に「極楽浄土の東門は、難波の海にぞ対《むか》へたる、転法輪所の西門に、念仏する人参れとて」とある）が誘発した入水往生である。先の阿弥陀峯の焼身往生と同様、一種の風潮にさえなったもので、絵にも描かれたことが知られる。源俊頼《としより》が編集した『金葉和歌集』に、「阿弥陀仏と唱ふる声を楫《かじ》にてや苦しき海を漕ぎ離るらむ」という和歌を載せ、詞書して、「障子のゐに天王寺の西門にて法師の舟にのりてにしざまにこぎ離れゆくかたかける所をよめる」（国歌大観・一二九中）と記しているものはこれを語っている。この世を苦海とみて、早く浄土に生まれたいと願った念仏者たちは、天王寺の西門にある転法輪所で念仏の説法を聴聞《ちようもん》し、安楽の世界へと旅立ったのである。

このような人たちの例を数えあげて、ここにいちいち示すことは無意味であろう。かれらは徹底した現実否定者であった。もし自殺に失敗したとしても、また別の方法でそれを試みたに違いない。その実証は、保延六年（一一四〇）、入水して果てようとした僧西念にみることができる。かれはその二年後、家の下に穴を掘って、往生している。またこのほかには投身・縊死といった方法もとられたことを付記しておく。

聖と沙弥

さて、先に触れないで後に譲った念仏聖について言及しておく必要がある。

聖が「往生伝」に姿を見せるのはほぼ『拾遺往生伝』に始まるが、そこでは、小田原聖・北筑紫聖・石蔵聖・皮聖・裸聖・六万部聖（以上『拾遺往生伝』）・香聖・万燈聖・棚原聖（以上『後拾遺往生伝』）・一宿聖（『三外往生伝』）・伊賀聖（『本朝新修往生伝』）・小房聖・小聖（『高野山往生伝』）など、多くの聖の名を見る。これらは多く俗塵を去った、行ないすました僧たちであるから、ひとえに浄土往生を願ってやまなかった点で共通している。ただ、聖といえども、民衆を教化し、勧進なども行なったから、世俗との交りを全く断ったのはむしろ異例に属する。

そうしたなかで、皮聖行円が行なった教化活動は純粋な念仏一筋の信仰ではなかったが、注目されるものがある。かれは行願寺を教化の場として四部講とか百日講などのほかに念仏講としては四十八願講を行なっている。

また、雲居寺《うんごじ》の瞻西《せんせい》もそうした一人である。かれは迎講《むかえこう》（迎講は源信に始まるとされる。『今昔物語集』巻第十九「摂津守源満仲出家語第四」参照）で知られ、またきわめて能説だったことでも有名であったが、他と一風違っていた点は妻帯僧だったことで、これも世間衆知であったらしい（『今物語』。群書類従二一・二三五下）。ここには沙弥の一面もあったことを注意したい。沙弥は、『元亨釈書』巻第十七にもいうように、半僧半俗で、剃髪しながら妻帯の俗人生活を行なった者である。その点、また入道とも大差がないが、いずれにしても、こうした聖や沙弥は、出家と在俗のいかんにかかわりなく、生死無常の現実との相剋の解決を、やがて訪れてくる往生に待つといった姿勢を保ち続けたものとみられる。

中世浄土教の代表者たち

法然出現の意味

源信による『往生要集』が与えた影響は多大であった。信仰はいうまでもなく、建築や絵画・彫刻、あるいは文学もそれを受けた。しかし、信仰においては、少なくともそれが示した正しい念仏の軌道はかならずしも遵守されたとはいえない。臨終正念といった臨終の偏った重視や来迎思想、あるいは諸行往生、ないしは焼身・入水などの異相往生など、めまぐるしい浄土信仰の諸相が、往生という一点にすべて集中して混乱状態を招いていたといっても過言ではない。そこに法然浄土教出現の意味がある。

法然(一一三三—一二一二)は『往生要集』の徹底的研究の末、その内容の取捨選択を行ない、念仏を称名の一点に絞って、他のすべてを放棄する、いわゆる専修念仏を主張するにいたった。しかし、その根底は、中国浄土教の大成者、善導に求めて、これを師と仰ぎ、「偏《ひとえ》に善導一師に依る」という姿勢であった。その志向は『往生要集』がすでにその一隅に抱いていたものであるが、源信は善導に学びながら、その主著『観経疏』の全容を知らなかったうらみがある。これが知られてくるのは源信後に書かれた『安養集』以後である。この書には異常なほど『観経疏』が参照・引用された跡を知ることができる。法然とこの書との邂逅は、この書の「一心に弥陀の名号を専念して、行住坐臥、時節の久近《くごん》を問はず、念念に捨てざる者は、これを正定《しょうじょう》の業《ごう》（往生を決定的にする行為）と名づく。かの仏願に順ずるが故に」という一文であったといい、かれはこれに接して回心《えしん》したと伝える（この文は法然の『選択集』に引かれている。『昭和新修法然上人全集』（以下、法然全と略称）三一四）。

とくに第十八願の理解について

法然について触れるに当たって、いま述べておきたいことが二つある。その一つは『無量寿経』に説く第十八願の「乃至十念」で、もう一つはその後に付加されている「ただ五逆と正法を誹謗するものとをば除く」という言葉である。

阿弥陀仏の救いが絶対なものであるなら、なぜ「十念」という数の制限があるのか、なぜ五逆と謗法《ほうぼう》は除くのか、という問題がここにある。

前者については、『無量寿経』の第十八願の成就文には「乃至一念」とあるから、善導はこれを一声の念仏でも往生できることと解して、下は十声・一声でも往生すると説いたが、後者についても、『観経』の「下下品」（浄土に往生する人をその能力資質のうえから上・中・下の三品《さんぼん》に分け、さらにその各品を三段階に分けた、その最下底のもの。下品下生）には「十悪・五逆」のものも往生するとしていることに着目して、こう説いた。二つの『経』の噛み合わない矛盾した表現が善導の適切な解釈によって、氷解したのである。

かれはこれを「抑止《おくし》」と説明している。つまり願文に「除く」といったのは、してはいけないと仏があらかじめ抑止したのであって、もし犯すことがあっても、これを救わないのではないと説いた。仏はそれを犯すことによって阿鼻地獄に落ちることを恐れて、「方便して、止《とど》めて往生することを得ず」と言ったと解したのである。そしてさらに、また「下品下生の中に五逆だけを収めて謗法」が除かれているのは、五逆はすでに犯しているが、謗法はまだなされていないからだとし、もしこれを作ったとしても、救いとることに変わりはないと説明した。したがって、阿弥陀仏の誓いは、どんな極悪非道のものでも、一遍でも救いを信じて念仏を称えるならば、これを救い取って捨てないと誓ったものと理解したのである。この解釈が法然に影響するところ多大であったことは言を俟たない。そして、それが、源信と法然の大きな差異となって現われることになる。

専修念仏

さて、法然もまたこの世を火宅無常の生死界と見据えた人であるが、それはひとえに凡夫そのものの責任であって、行なうところはすべて「虚仮《こけ》」、心は「貪瞋《とんじん》邪偽、奸詐《かんさ》百端にして悪性やめがた」く、「蛇蝎《だかつ》に同じ」とみたところに一歩を進めたものがある。おのずから、かれにおいては、人の行なう善も、善と思われても、実は「雑毒《ぞうどく》の善」であって、「真実の業《ごう》」ではない。だからこそ、いまにいたるまで「罪悪生死の凡夫」として「曠劫より已来《このかた》、常に没し常に流転して出離の縁」（法然全・三二九）を持つことができなかったのである。このまま、この状態が続くなら、この先も永遠にさとりの境涯をうることは不可能である。しかし、幸いにいま釈迦の勧めにより、阿弥陀の招きに遇って、さとりにいたる道を知った。ましてや、いまは「大聖《だいしょう》（釈迦）を去ること遥遠」、みずからは聖道《しょうどう》の教えを理解し、それに従って修行に努める能力を欠いている（同・三二一）以上、念仏一声の悪人でも救ってやろうという本願の大慈悲にすがるほか、この生死界を逃れる道はない。したがって、法然においては、ひたすら念仏して浄土往生を願うだけである。これがかれの説く専修《せんじゅ》念仏一行《いちぎょう》であり、これだけが凡夫に相応した、「すみやかに生死をいづべき」（同・一七三）道なのである。

かれは主著『選択集《せんちゃくしゅう》』の跋文で、この書の主張を整理して次のように説いている。

計《はか》みれば、それ速やかに生死を離れんと欲《おも》はば、二種の勝法《しょうぼう》（すぐれた教え）の中には、且《しばら》く聖道門を閣《さしお》きて、選びて浄土門に入れ。浄土門に入らんと欲はば、正雑《しょうぞう》二行《ぎょう》（阿弥陀仏に係わる行為を正行《しょうぎょう》といい、これに浄土経典の読誦《どくじゅ》・仏の観察《かんざつ》・礼拝《らいはい》・称《しょう》名《みょう》・讃歎《さんだん》供養の五を数える。阿弥陀仏以外の仏菩薩に係わるものは雑行《ぞうぎょう》）の中には、且く諸の雑行を抛《なげす》てて、選びて正行に帰すべし。正行を修せんと欲はば、正助二業（称名を正、他の四を助とする）の中には、なほ助業を傍《かたわら》にして、選びて正定《しょうじょう》を専《もは》らにす応《べ》し。正定の業とは即ちこれ仏名を称するなり。名を称すれば、必ず生ずることを得。仏の本願に依るが故なり（法然全・三四七）。

かれはこのように念仏一道の世界に生きた人である。おのずからこの世の生活は、この念仏が称えられるように生きる、そのためにあるとみた。だから、かれはある人に問われたときも、

現世をすぐべきやうは、念仏の申されんかたによりてすぐべし。念仏のさはりになりぬべからん事をば、いとひすつべし。ひじり（聖）にて申されずば、在家になりて申べし。在家にて申されずば、遁世して申べし。ひとりこもり（籠）居て申されずば、同行《どうぎょう》と共行し

て申べし。共行して申されずば、一人こもりて申べし。……総じてこれをいはば、自身安穏にして、念仏往生をとげんがためには、なに事もみな念仏の助業《じょごう》（助けになる）なり。三途《さんず》にかへるべきことをする身だにも、すてがたければ、かへりみ《（省）》はぐゝむ《（育）》ぞかし」（『勅修御伝』巻四五。浄土宗全書一六・六四八下—六四九下）。

と答えたのである。生死無常のなかに生きるこの身も念仏によって浄土往生するために大事なものとして心がけたことが知られる。

　ところで、このように往生は念仏によって決定するが、その底には当然、強い信心がなければならない。法然が師と敬慕した善導は、これを『観経』の三心（至誠心・深心・廻向発願心）とおさえたから、かれもこれに従っているが、この信心を念仏によって引かれて出てくるものとみたことは注目される。かれは「信心いできぬれば、本願を縁ずる也（本願が救いの本源と知られてくる）。本願を縁ずれば、たのもしきこゝろのいでくる也。このこゝろのいできぬれば、信心の守護せられて決定往生をとぐべしとこゝろうべし」（『西方指南抄』三機分別。法然全・八九四）と説き、その三心は自力だから、「本願のつなにおびかれ（誘われるの意）て、信心の手をのべてとりつく分」であるとし、「信心よはしとおもはゞ、念仏をはげむべし。決定心えたりとおもふての上に、なほこゝろかしこ《（賢）》からむ人は、よく／＼念仏すべし」と示して、信心を得たうえの念仏は「別進奉公（仏恩を奉ずるための念仏）」（同・八九四）と思えと説いている。

したがって、かれにおいては念仏七万遍という日々は、まさに仏恩報謝の念仏であって、すでに生死を超え、その片鱗さえない法悦にひたっていたとみられる。

親鸞の念仏

ところが、法然に教えを受けて「本願」の眼を開いた親鸞（一一七三―一二六二）の信仰はまたこれとは全く別の道をたどった。

親鸞においては、信心は念仏によって引かれて出てくるものとは考えられなかったし、また自力でもなかった。また、かれは『観経』の三心で信心をとらえるよりも、『無量寿経』の第十八願に説く「至心・信楽・欲生」の三信にこれを求め、この三信を一つとみて一心と呼んだことも法然と異なる。

しかし、もっとも大きな差異は、念仏も信心も全く阿弥陀仏より与えられるものと解した点である。浄土信仰は他力《たりき》と規定されてきたが、そこには自力の一かけらも許さない絶対の他力の姿がある。かれの言葉をもってすれば、「他力のなかの他力」である。

かれはこれを主著『教行信証《きょうぎょうしんしょう》』教巻の劈頭でこう表現した。

謹んで浄土真宗（浄土の教えの真実の旨）を按《あん》ずるに、二種の廻向《えこう》あり。一つには往相《おうそう》、二つには還相《げんそう》なり。往相の廻向について真実の教行信証あり（『定本親鸞聖人全集』〔以下、親鸞全と略称〕一・九）。

その意味は、平たくいえば、阿弥陀仏は三界六道の衆生を救うために『無量寿経』という経（教え）を釈迦をして説かせて、念仏と信心とさとりを与えられ、浄土に迎えとろうとされたと同時に、浄土に生まれた後は、さらにこの世に戻って、世の人を救うはたらきに参加させてくださるということである。ここでは、従来用いられてきた、衆生が積む善根功徳を自他の往生のてだてとして、廻らし指し向けるという「廻向」の意味を捨てて、これを仏の側から衆生に与えられる救いのはたらきと解したことが知られる。だから、親鸞は、廻向という用語を用いるときはつねに「廻向したまへり」という敬語で表現したのである。

それというのも、衆生の行なう善は雑毒の善であるし、さらにまた、他力といっても、念仏も自力で称え、起こす信心も自力であるから、およそ「真実」とほど遠いものでしかない。したがって、親鸞が「真実」という言葉の意味は、衆生の側にあるものではなくて、仏の側にあり、仏だけが真実で、その真実を仏が廻向されてはじめて衆生の称える念仏も信心も真実でありうるということである。

このことは、『尊号真像銘文《めいもん》』の、第十八願の「至心・信楽・欲生」を説明した言葉がきわめて端的に語ってくれるが、こうした真実信心が仏から廻向されたそのとき、煩悩具足の凡夫も往生が決定するとしたことは、とくに注目されていい。かれはこれを正定聚《しょうじょうじゅ》の位と呼んだ。それは、第十一願に、「国中の人・天、定聚に住し、必ず滅度《めつど》に至らずば、正覚を取らじ」と誓われた願の意を新しく解釈し直した結果であって、従来、浄土で得られるとした正定聚を現世でえられるものと改めたのである。かつて源信が『阿弥陀経略記』のなかで、現世で「不退転」を得るとしたことが、ここに蘇ったといえようか（ただし、親鸞がこの書を読んだ形跡は見当たらない）。

さらに親鸞はこの正定聚の位を弥勒と同じだとも説いたが、また一歩を進めて如来と等しいとも説くにいたった。真実信心は如来とその心が等しいとして、こう呼んだのである。

二つの往生

したがって、ここにいたれば、もはや浄土の往生はさして重要性をもたなくなったということができるかもしれない。もちろん、阿弥陀仏の浄土に真仏土と化身土との差を立て、疑心の念仏者等は化身土という浄土としては「辺地《へんじ》」に生まれるとしたかれとしては、真仏土に生まれてこそ浄土信仰の本意が達せられるはずだから、往生の本来の意味を否定することはないが、ここで注意したいのは、往生の語をもう一つ別の意味に使用したという事実である。

『無量寿経』に説く第十八願の「欲生」の成就文に「至心に廻向してかの国に生まれんと願ずれば、即ち往生を得（即得往生）て、不退転に住す」とあることを注視したことでわかる。つまり、すでに現世に正定聚不退の位がえられる以上、それ以前の往生も現世でのことを指すのでなければならないからである。これを端的に語ったのは『愚禿鈔《ぐとくしょう》』巻上の「即得往生」の説明で、ここには

本願を信受するは、前念命終なり〈「即ち正定聚の数に入る」文〉。即得往生は、後念即生なり〈「即の時に必定に入る」文。「また必定菩薩と名づくなり」文〉。

他力金剛心なり、知る応《べ》し……（親鸞全三・一三）。

と記されている。

「前念命終、後念即生」は善導の『往生礼讃』の文で、この言葉自体は生死の境の一瞬を前後に二分して、前念の死が後念の往生であることを語ったものであるが、それをここに取り入れて、真実信心を廻向された、その信心を得た一瞬ととらえて、その後念を往生といったものにほかならない。

ここにいたれば、もはや生死は問題ではない。親鸞はこの生死を超える姿に二つの道が

あるとし、一つは真言の即身成仏のごときものとするが、それは「堅《たて》」の時間的な長い修行を必要とするのに対して、「願力廻向《がんりきえこう》の信楽《しんぎょう》」は「横の大菩提心」で、これを「横超《おうちょう》の金剛心と名づ」（親鸞全一・一三三）けるとしたように、真実信心の行者には生死は超克され終わっているとするからである。そして、生死が超克された以上はただ仏恩を報ずるための「自信教人信」、「身《（自）》づから信じ、人をおしへて信ぜしむる」（『恵信尼書簡』親鸞全五・一九五）はたらきがあるだけである。それは言葉を換えていえば、「自信」（＝「願作仏心」）「教人信」（＝「度衆生心」）であって、こうしたはたらきに生きることが、仏恩に報ずる、残された、以後の生涯のあり方だとしたのである。生死の超克は仏からの廻向の信心のたまものとすれば、当然のことであったといえよう。

蓮如の念仏

このような親鸞の信仰は、大筋において、ほぼ後を継ぐ人たちにおいても変わらなかったとみることができる。たとえば、後に本願寺教団をつくりあげた蓮如（一四一五—九九）でも、これが激しく変容したとは思えない。ただ、社会状勢の変革と相まって親鸞の教えを普及させるため、俗耳に入りやすいよう平易化したことによって、表現が変わり、また重点も変わったことは考えられる。

かれが門徒に書き送った多数の消息にそれが窺い知られる。いまそうした消息のなかから幾つかの言葉を拾ってみると、

当流には一念発起《いちねんほつき》、平生業成《へいぜいごうじょう》を談じて、平生に弥陀如来の本願の我等をたすけたまふことはりをきゝひらくことは、宿善の開発によるがゆへなりとこゝろえてのちは、わがちからにてはなかりけり。仏智他力のさづけによりて、本願の由来を存知するものなりとこゝろうるが、すなわち平生業成の儀なり。されば、平生業成といふは、いまことはりをきゝひらきて、往生治定《じじょう》とおもひさだむるくらゐを、一念発起住正定聚とも、平生業成とも、即得往生住不退転ともいふなり（真全三・四〇六）。

といっているし、信心を得てのうえは「往生はいまの信力によりて御たすけありつるかたじけなき御恩報謝のために、わがいのちのあらんかぎりは報謝のためとおもひて念仏まうすべきなり」（同・四〇五）という信心正因・念仏報恩という型をつくりだしている。

もっとも、その先蹤《せんしょう》はすでに『歎異抄』の編者が「かかるあさましき罪人、いかでか生死を解脱《げだつ》すべきとおもひて、一生のあひだまふすところの念仏は、みなこと〴〵く如来大悲の恩を報じ徳を謝すとおもふべきなり」（真全二・七八五）と説いたことにある。『歎異抄』を「当流大事の聖教」とし、「無宿善の機において左右なく、これを許すべからず」（真全二・七九五）と記した蓮如であってみれば、これを受けたとしても当然であろう。

いずれにせよ、蓮如にあっては、信はすでに親鸞のような「難信」の口吻はなく、「弥陀を一心にたのみたてまつるも、なにの功労《くろう》もいらず、また信心をとるといふもやすければ、仏になり極楽に往生することもなをやすし。あらたふとの弥陀の本願や、あらたふとの他力の信心や。さらに往生にをひてそのうたがひなし」（同三・四四〇）と説くにいたっていることも知らねばならない。念仏普及のためには、堅苦しいことはぬきにして、安易に往生決定疑いなしと念仏を強調することが必要だったのである。

しかし、そのためには、他方でとくにこの現世の無常を指摘する必要があったことも忘れられない。いわゆる「白骨の御文」といわれるものはその一端の例である。これも先蹤を『存覚法語』に受け、存覚はまた後鳥羽上皇の「無常講の式」としてその一部を紹介している（真全三・三六〇）。いまそれを瞥見すれば、こう記している。

それ人間の浮生《ふしょう》なる相をつら〱観ずるに、おほよそはかなきものは、この世の始《し》中終《ちゅうじゅ》まぼろしのごとくなる一期《いちご》なり。さればいまだ万歳《まんざい》の人身《にんじん》をうけたりといふ事をきかず。一生すぎやすし。いまにいたりてたれか百年の形躰《ぎょうたい》をたもつべきや。我やさき人やさき、けふ（今日）ともしらず、あすともしらず、をくれさきだつ人はもとのしづ（雫）く、すゑの露よりもしげしといへり。されば朝《あした》には紅顔ありて夕《ゆうべ》には白骨《はくこつ》となれる身なり。……あはれといふも中々をろかなり。されば人間のはかなき事は老少不定《ろうしょうふじょう》のさかひなれば、たれの人もはやく後生《ごしょう》の一大事を心にかけて阿弥陀仏をふかくたのみまいらせて、念仏まうすべきものなり（真全三・五一三―四）。

世の無常をこれほど美しくかなしく詠い上げたものは少ない。それだけに浄土への願いを高めるには効果があったということができるが、現実から眼をそらせる逃避的一面のあったことも見逃せない。『往生要集』の方法を追いつつ、それを踏まえて、日々の生活を報恩感謝の念仏で送るよう説いた姿に蓮如の独自の姿勢がみられる。

一遍の念仏

さて、時代は少しく逆行するが、ここで振り返って一遍（智真。一二三九―八九）の生き方に着目しておく必要がある。かれは法然の孫弟子で、証空（一一七七―一二四七）の西山流を汲む聖達の門下であるが、時宗《じしゅう》の祖として知られる人物である。

一遍もまた世の無常を凝視した人である。かれが作った「身を観ずれば水の泡　消《きえ》ぬる後は人もなし」で始まる『別願和讃』（『一遍聖人語録』。仏全六六・一上）は、無常観から発して念仏の救いを説いた。やはり厭離穢土・欣求浄土の轍を踏んでいるが、ただ、他と大きく異なる点は、「わが機の信不信」などは問題の外であって、ただ「不思議の名号《みょうごう》」を称えるだけでいいとしたことである。「名号の外に機法《きほう》（教えを受けて発動する人の能力資質と、それを発動させる教え）なく、名号の外に往生なし。一切万法はみな名号体内の徳なり」（同・八下）と説くことも、それを語ったものにほかならない。阿弥陀仏のさとりは一遍（「当体の一念」という）の南無阿弥陀仏に決定したとみるからである。つまり「初一念」にすべて往生が約束される（同・二八下）とするのである。したがって、南無阿弥陀仏と称えることのほかに「念仏行者」の「安心《あんじん》」（信心）はない、他はすべて捨てて、かえりみる要はないと説いた。

しかも、その捨て方は、まれにみる徹底的なものであった。かれは空也を「吾《わが》先達なり」として常に空也が語った言葉を「口ずさ」んだという（同・三八上）が、空也の生き方に「捨て」ることを学んで、それを範とした。いまその説く所を窺ってみると、

念仏の行者は智慧をも愚痴をも捨《すて》、善悪の境界をもすて、貴賤高下の道理をもすて、地獄をおそるゝ心をもすて、極楽を願ふ心をもすて、……一切の事をすてゝ申《もうす》念仏こそ、弥陀超世《ちょうせ》の本願にかなひ候へ。かやうに打あけ打あけとなふれば、仏もなく我もなく、まして此《この》内に兎《と》角《かく》の道理もなし。善悪の境界《きょうがい》皆《みな》浄土なり。外に求《もとむ》べからず、厭《いとう》べからず。よろづ生《いき》としいけるもの、山河草木、ふく風たつ浪の音までも念仏ならずといふことなし。人ばかり超世の願に預《あずかる》にあらず。またかくのごとく愚老の申事も意得《こころえ》にくゝ候はゞ、意得にくきにまかせて愚老が申事をも打捨《うちすて》、何ともかくとも

あてがひはからずして、本願に任《まかせ》て念仏したまふべし。念仏は安心《あんじん》して申も、安心せずして申も、他力超世の本願にたがふ事なし（仏全六六・九上～下）。

と示されている。

このように、捨てに捨てて、ひたすら念仏せよというただこれだけにすべては尽くされるから、「名号即往生」（同・二八下）、「念仏即往生」（同・一〇下）であって、「只今の称名のほかに臨終」（同・一〇下、三四上）はない。「出《いず》る息いる息をまたざる故に、当体の一念を臨終とさだむるなり。しかれば念々臨終す、念々往生なり」（同・二九上）であって、当然、また「臨終即平生」でもある（同・三四上）。

「生《いき》ながら死して静《しずか》に来迎を待《まつ》べし」（同・三一下）という言葉もこれと同じで、称名専念のなかで生死を超克した姿をここにみることができる。ただ、ここには念仏行者とはいっても禅者のような風姿がある。「身心を放下《ほうげ》して唯本願をたのみて一向に称名す」（同・三〇下）るといい、「本来無一物なれば、諸事にをいて実有《じつう》我物《がもつ》のおもひをなすべからず。一切を捨離すべし」（同・三三下）といい、また往生の前月十日、かれ自身がもっていた書籍等すべてみずから焼きすてて、「一切の聖教《しょうぎょう》皆尽《つき》て、南無阿弥陀仏になりはてぬ」（同・三九下）と語ったということも、これを思わせるようである。

一向一揆と妙好人

さて、法然・親鸞・一遍といった浄土教一宗の祖と仰がれる人たちの生死観を追って、蓮如まで下って、その後の動きをたどるとき、つとに注目されるのは一向一揆の姿である。

蓮如の念仏普及が功を奏し、念仏同心の同朋集団を生みだしたとき、かれらは念仏によって往生を保証されたと確信し、死をも恐れない不動の信念を持つにいたった。時、あだかも応仁の乱の余波を受けて、かれらも自衛のため武装化することを余儀なくされたが、やがてその武装化は既成宗教の権威も既成政治権力も否定する集団と成長する。往生は手のうちにあるという信念が異常な高まりをみせることになったのである。

こうして、一向一揆はもはや蓮如を乗り越え、その手のとどかないところで戦いを繰り展げるようになり、以来、加賀一国がその支配下にはいることとなるが、さらにその勢いは、越中・越前・飛驒・三河・尾張・紀伊などにも波及するにいたった。しかし、衆知のように、信長の政権樹立により石山合戦（一五七〇―八〇）の終結を最後として一向一揆は消滅し、やがて徳川幕府の開創後は、厳格な宗教規制政策の下で、新たな念仏者が生まれることになる。

そのもっともいい例は妙好人と呼ばれる人たちである。この呼称が一般化するのは仰誓《ごうせい》の書いた『妙好人伝』に負うところが大きいが、この書は幕政に順応した門徒教化を念頭にした教本としての意味を持っていたから、真宗信者の模範的人間像として、従順で温和な、安穏な日ぐらしを喜び感謝して念仏する、極端な表現をもってすれば、懐柔され飼い馴らされた念仏者の姿が浮かびあがっている。それは蓮如の示した感謝報恩の念仏と一連のものであるだけでなく、さらにそれを強化し拡大することになったと思われる。

いずれにせよ、ここでも生死は念仏に解消し、超克されたということができる。

浄土教から見た生と死

死は身近にある

浄土の信仰は現実の逃避を志向する宗教のように考えられがちである。浄土を遠いかなたに想い描いて、そこに生まれることを期待することが、逆に現世の濁りけがれたすがたに眼をふさごうとする思いを育てたことも事実である。理想の世界を死後に見るかぎり、それに対応するこの世は、いとわしいものと映る。また実際、この世の姿に完全な理想世界を見ることは不可能かもしれない。改善することはできても、理想はなかなか達せられない。新薬が発見されると、新しい病気が起こるといった具合に、大きな目で見ると、どうどう巡りをしているようなところがある。これはいつの世も変らなかったのではなかろうか。そこに諦念《たいねん》が生まれても、止むをえないものがある。だから浄土を欣求《ごんぐ》した念仏者のなかには、いささか死に急いだものもあったし、この身をいとい、はやく浄土に生まれたいと願ったものもあった。念仏者が後世者といわれ、「死をいそぐ心ばへは後世の第一のたすけ」である、とはっきり言い切ったものもいたわけである。

したがって念仏者には死は願わしいものであるといった面を持っていた。死の際《きわ》に、これで浄土に行ける、という安らぎがそこから生まれることもできた。またそうした安らぎが抱けるよう、死の枕頭にはべるひとは、病人に教え、さとし、導いて、心静かに念仏させるよう努めた。そうすることが同じ浄土に思いをよせる念仏者のつとめであるとも考えられた。ここに臨終の行儀というものが生まれ、死を悲しみから喜びにと転化することを可能にしたのである。

死はたしかに一生の大事である。このときに臨んで、取り乱すことなく、安祥として死んで行けたら、とだれしも思っている。坐禅三昧に明け暮れた禅の高僧が病気にかかって、それがガンだと聞かされたとたん、がっくりして、いままでの禅僧らしい面影を失ったという話は、笑い話の種になってしまうおそれはあっても、その禅僧に対する同情の感情をかきたてるものとしては扱われない。死を安らかに迎えなければならないと思い、迎えたいと願う気持ちが底に働いているから、禅の修行を笑いものにしてしまうのである。もっともこれは、なにも念仏者だけが笑いものにするのでなくて、だれもがそう思うのである。その思いのニュアンスが多少違っているだけである。

しかしどちらかと言えば、念仏者はより多く死を身近に考えて来たようである。そしてそのなかで、死を浄土への生と直結させ、それを往生《おうじょう》と呼んで、死の苦しみを逃れようと願って来た。浄土を西に固執して来たのも、そのような安息の地として西がもっともふさわしいものと映じたからにほかならない。それは死者の憩《いこ》いの国であった。しかし死を往生という生として捉えるかぎり、生は浄土に生まれることであり、浄土での生であって、現実のものではない。それがどのように美しく語られようと、現にいま生きている生とは隔絶したものでしかない。いわば、浄土の往生を想い描くかぎり、生は死の生であって、いまの生はつけたりでしかなくなる。その可能があるし、また事実あったといってよい。「一生はただ生をいとへ」といったひとがいるが、もしこの言葉通りのものだとしたら、「厭離穢土《おんりえど》、欣求浄土《ごんぐじょうど》」をその地《じ》のままでいったものということになる。早くこの世を去るほかない。またこれでは現実軽視のそしりを免れることはできない。

浄土教は死の宗教か

念仏者もやはり現に生きる以上、この現実の生活している意味に目をふさぐことはできない。たとい生そのものは惑業《わくごう》の所産としても、それならばそれなりに、この惑業のきずなをどこかで断ち切ることが必要である。そしてそれをなし遂げるものが念仏であるとすれば、念仏はただこの現実を嫌うしるしに終わるのではなく、この現実を生きるしるしにもしなければならないはずである。

もっとも念仏を称えたからといって、煩悩は消えない。次から次と沸きおこる煩悩のほのおが消せるなら、念仏は煩悩という炎症にもってこいの特効薬であろうが、そうはいかない。念仏は霊験あらたかな呪文にはならない。あるテレビ・タレントが、わたしは無神論者だとことわって、それなのに戦争中、炸裂する砲弾のなかで、思わず念仏を称えた、と語ったのを耳にしたことがあるが、念仏にはそんな呪術的な力はあるまい。もっともこれは、念仏のねも知らないひとだから言えたのであろうが、しかし本当に念仏者も念仏をこのように思って称えなかったとは言いきれない。現実の生活がこのような形の念仏を要求してきたことも事実である。ただここから、念仏者としての現実を生きる姿勢が生まれてこないことも確かである。

かつて多くの念仏者は念仏とともに、さまざまな善行を積むことに努めた。それは浄土に往生するための功徳として必要なものと考えられたためである。試みに『往生要集』という書物を開いて見ると、そこには念仏に対する補助的なものとして、多くの修行があがっている。確かに「浄土に生まれるには念仏が本である」と捉えながらも、それでもなお、この念仏に付随して、修行は必要だ、という考え方が、強く働いたからである。しかしこの考え方はやがて否定される道をたどった。そこでは念仏者の自己反省というか、みずからの無力さ、罪深さがするどく洞察されるようになった。浄土教はこの時点から大きく展開するようになったといっても過言ではない。仏の慈悲の救いの絶大さと、ついに救われることのないみずからの罪深さとが信じられることによって、念仏に付属したさまざまな行の自力性が捨てられることになったのである。それはいわば、自己にもっともふさわしいさとりへの道を念仏一本に求めようとする「選択」であって、この選択を通して念仏ははじめて「助《すけ》ささぬ」念仏として他力の救いに凝集した、といえる。ここでは、念仏者は仏の救いを信じ、念仏を唱えて、日々の生活を安らかに送ることができる。念仏者は念仏という絆《きづな》を通して、なに一つ不足のない、満ちたりた安らぎを見出し、仏の光に「摂取」され、捨てられることがない喜びとして受けとめるのである。人間、一生をこのような安らぎのなかに生きて、充実した生活を送ることができたら、これに越したことはない。

しかしえてして、念仏者には念仏だけが中心で、他はすべて従であるといった理解が強く働きかねない。世俗を捨てて念仏ができないなら、家庭をもって念仏すればよい、家庭生活をしていては念仏ができないひとは、家を捨て、出家したらよい、という法然の著名な言葉があるが、ここには念仏のためには出家、在家を問わないという意味合いと同時に、生活はすべて念仏を主軸として回転し、念仏さえ称えていれば、それでよい、といった感じがただよってくる。だから一方には、ひたすら念仏を称えて、三万、五万と念仏の数の増加を要求するようにさえなる。「行業《ぎょうごう》など退転する事あらば、死期《しご》のちかづきたるとおもふべきなり」という言葉は、身をせめて、念仏に策励することが念仏者の本分である、と考えるようになった一面を語っている。念仏の過剰評価が現実生活の軽視と背中合わせになっているものということができる。

しかし浄土教がこうした現実生活の軽視に留まるかぎり、死の宗教といわれても仕方はない。宗教がこの現実をどう生きるかという問題とかかわりをもつ以上、浄土教もまたいつまでも死の宗教に停滞していてはならないのである。これを脱皮することが望まれたのも当然である。

往生と成仏は一つである

浄土教が死から生へと視点を移したのは、さとりをかの浄土のものとしないで、このいまに求めようとしたことと関係がある。歴史的には真言の念仏者覚鑁《かくばん》が「現身往生」という言葉を即身成仏と同義に用いたことがそれである。念仏を称える以上、往生が目標になるから、それを捨てるわけにいかないが、同時に真言の行者でもあったから、こうした言葉が創案されたのであろうが、しかしこれは考え方としては注目されるものを含んでいた。これはちょっと視点をかえれば、この土にさとりの約束を持ちこむことに繋がるからである。

これをもう少し詳しく説明すると、浄土教では一般に往生と成仏を切りはなし、浄土にまず生まれて、そこで修行して仏になるとする。いわば往生は、仏になることが約束された身分、つまり正定聚《しょうじょうじゅ》になることとして捉えられ、成仏は先の先である、と考えられていた。往生と成仏を一つに見たのは親鸞だけである。したがってかれだけが、さとりを約束する正定聚をこの世に見たひとということができる。かれの思考のなかにこの「現身往生」の思想がどのように作用したか、もちろんなに一つわからないが、往生を浄土に生まれることとのみ理解しなかった一面が親鸞にはあって、本願を信受することは、命《いのち》の終わる一瞬で、これが正定聚の仲間にはいるとき、そしてこの一瞬は同時に「往生」の時で、これを必定の菩薩という、といっているのである。かれが、命の終わるときを、こうした仏の本願を信ずるときとして捉えたかぎりにおいて、「往生」は浄土に生まれることではなくなっていたことが知られる。これは、概念の内容はちがっていても、やはり「現身往生」と呼ぶことのできるものであった、ということができる。こうした考え方は真言の即身成仏と紙一重であるが、ここで注目しなければならないことは、真言の即身成仏がただの言葉だけのものに終わってしまうおそれがあるのに対して、正定聚は現実性を帯びていることである。成仏を安易に考えて、それを画餅するのではなく、さとりの約束された安心のなかに置かれることが正定聚だからである。

しかもこの現世での正定聚が、信心をえたことによって与えられた十の利益の一つとして数えられていることも、親鸞の思想としては注目されるものである。ここにはとくに、現実の社会への積極的な働きかけを可能にする能力さえも与えられる、としているのである。

死の宗教から生の宗教へ

こうして浄土教は死の宗教から生の宗教へ昇華する道を摑んだ。往生はすでにこの生の繰り返しではなく、無生の生と見られるものであり、浄土もたんに金色まばゆい安楽の土ではないから、浄土教はいつまでも、往生という死を契機として、そのベールを通して現実の生を考える宗教に留まっていることはできない。死は生に連続したものとして重要な意味をもつことができるが、死はどこまでも生あっての死である。しかもその死が往生に繋がるか繋がらないか、その接点としてだけ意味を持つとしたら、往生が確約されたときの死はさして重要性を持たない。かつてよく言われたように、木はその梢の傾いている方向に倒れる。心が西に向けば、往生はおのずからにしてえられる、ということである。ここでは心が西に向くこと、さらにいえば、仏の誓いを信ずることが問題なのである。向いてしまえば、往生はきまるから、死はただ生を終わるときといった、機能の停止と捉えることも可能である。いってみれば、死後をとやかく論ずることはもはや不要ともいえよう。

もちろん、だからといって、安祥として死ねるというのではない。死はやはりその時に直面したものには、心細く、恐ろしいものであろう。死にたくないと思うのは当然である。泣きたいものは泣いてよく、叫びたいものは叫んでよいのである。泣き、叫んだからといって、仏の本願を信ずる心が動揺してくるわけではあるまい。それは煩悩のさせるわざであって致し方のないことである。親鸞もいうように、だからこそ、このようなものを、仏はことにあわれみたもうのである。

死は、それがおそってくるまで忘れていてよいのではないか。むしろいま生きていることの時が、どのように生きられねばならないかに、浄土教の問題はすべてかかっているのではないか。そしてどのように生きるかは、念仏者個々人が自分の問題としてこれを考えていかねばならないのであろう。

Ⅳ

地獄の菩薩——文学に現われた地蔵のはたらき——

一　地獄と閻魔王

地蔵が日本の文学作品に姿を現わしたのは平安初期のことである。もちろん、地蔵に関する経典はすでに奈良時代にほぼ主なものはそろっていた証跡はある。これを写経によってみれば、天平五年（七三三）の『大乗十輪経』、同八年の『占察善悪業報経』、同九年の『大方広十輪経』、同十年の『大集地蔵十輪経』『大乗輪経』『地蔵菩薩経』、同十一年の『大乗地蔵経』、同十九年の『大乗十輪経疏』『十輪経疏』、また年次不明の『地蔵菩薩陀羅尼経』等がそれである（石田茂作『写経より見たる奈良朝仏教の研究』所収「奈良朝現在一切経目録」）。経名に差異はあるが、いわゆる失訳『大方広十輪経』や玄奘訳『大乗大集地蔵十輪経』、実叉難陀訳『地蔵菩薩本願経』といった代表的なものの書写がこれらによって知られる。とくに『占察善悪業報経』については、鑑真の渡来によって生じた受戒拒否の根拠がこの経に求められた事実を知るとき、これによって地蔵が注目されたことも予想され、留意されるものがある（拙著『日本仏教における戒律の研究』第一章第二節）。また造像にしても、天平十九年に造られた光明皇后御願の地蔵像があったこと（『東大寺要録』巻四）、藤原永手の追善のために宝亀二年（七七一）、地蔵像が造られたこと（『興福寺流記』）などが知られる。こうした事実は、地蔵信仰が徐々に動き出していたことを語ってくれるが、ただその信仰は、造像に限っていえば、虚空蔵菩薩と対で造られた形跡があり、その点、現世利益的な性格があったと考えられている（速水侑『地蔵信仰』）。

しかしそうした半面、『日本霊異記』が伝える地蔵はすでに死後救済の菩薩として登場する。巻下「閻魔王、奇表を示し、人に勧めて善を修せしむ縁第九」にみえるもので、藤原広足という者が称徳天皇の神護景雲二年（七六八）、病をえて、これを癒すため山寺に籠って写経に専心したが、ついに死んで三日、再び蘇生して語ったことがこれを伝える。かれはその時、帯剣した閻魔王庁の使者二人のもつ桙にせきたてられて黛《まゆずみ》のようにどすぐろい河を渡り、光耀く楼閣に導かれた。ここでかれは出産によって死んだ妻に逢う。簾をかかげた奥から声があって、「この女の患うことによって、お前を呼び寄せたのだ。この女の受ける苦は六年と定まっているが、まだ三年しか受けていない。あとの三年を、お前の子を妊んだために死んだのだから、夫と一緒に受けたいと、この女はいっているが」。

広足はここで、妻のために『法華経』を写し、講讃供養することを誓って、妻の承諾を得、閻魔王もこれを許して、この世に再び還されることになった。還るに当たって広足が「お名前をお聞かせ下さい」と簾の奥に向かっていうと、「わたしは閻魔王だ。お前の国では地蔵菩薩と呼ばれている」と答え、十かかえに余る大きな手で広足の頭を撫で、「印をつけたから災には逢わない。早く還れ」と語った。広足は蘇生後、亡妻との約束を守って追福したという。この話は後の『宇治拾遺物語』八十三話にも語られてくるが、そこでは広足が「広貴」と改まっている。

ここで注目されるのは、閻魔王が地蔵だと示されていることである。このことは、『大乗大集地蔵十輪経』巻一に地蔵がさまざまに身を変え、ある時は大梵王となり、ある時は大自在天となるなど、四十二の化身例をあげたなかに、「或は閻魔王の身と作る」とあることに応ずる。しかしこれは地蔵を主体にした化身の相の一つとして閻魔王を挙げたにとどまり、直ちに閻魔王＝地蔵という同一性を語らない。『日本霊異記』のいうところは、にわかに『地蔵十輪経』の思想によったといい切れないものをもっているようにみえる。

閻魔王に関する経典には奈良時代の写経に『閻魔王五使者経』があるが、地蔵とは係わりがない。また中国成立といわれる『預修十王生七経』(閻羅王授記経とも)があり、日本成立という『発心因縁十王経』があって、前者はその成立の上限が至徳元年(七五六)とみられ、以後流布したとされる（沢田瑞穂『地獄変』）が、亡者の審判者として十王の名を掲げ、閻魔王は死後、五七日に当てられ、ここで亡者は自己の生前の罪を「業の鏡」に照らされて「始めて先世事を分明に知る」と説かれている。しかし閻魔王が地蔵だと説くことはない。これが日本成立の『発心因縁十王経』になると、はっきり「第五閻魔王国地蔵菩薩」（『続蔵経』二編乙・二三・四・三八二右下）と書かれるようになる。この経の成立が平安時代をはるかに下るとすれば、閻魔王＝地蔵とする『日本霊異記』の記述は注目に価するものといえよう。それは正しく先駆的な意味を持っている。ちなみに、珍海（一〇九一―一一五二）の『菩提心集』巻下に、地蔵がどんな形で地獄に入れるかと設問して、「答。大師の云く。仏の形と閻魔王の形とに現じて入給ふ。さらねば獄卒ふせいで入れぬなり」（『浄土宗全書』一五・五二〇下。『浄全』と略称）と説いている。ここにいう「大師」とは誰か、何によったか、注意を引く。

二　六地蔵のこと

平安時代に入って、地蔵関係の事例は、『文徳実録』嘉祥三年（八五〇）五月九日の条に、仁明天皇の四十九日の追善に清涼殿で『金光明経』と『地蔵経』とを各一部安置し、とくに「新造の地蔵菩薩一軀」をすえて御斎会を行なったことが知られ、貞観十五年（八七三）の『広隆寺資財帳』には権律師法橋道昌の願になる「細色地蔵菩薩像一軀」のあることを伝え（『平安遺文』一・一六八）、『菅家文草』巻十二には元慶八年（八八四）、「為二藤相公一（藤原山蔭）、亡室周忌、法会願文」に法華開結三部経やその具経のほかに「地蔵経」が写されたことを語り、また「為二阿波守藤大夫一（藤原邦直）修二功徳一願文」では夢の告によって「地蔵菩薩像一鋪」を作ったとあり、「為二藤大夫一（藤原直経）先妣周忌追福願文」には法華三部経や具経、その他が写され、像は「無量寿仏・地蔵菩薩・金剛因菩薩・普賢菩薩・金剛語菩薩・観世音菩薩・弥勒菩薩・文殊師利菩薩・大勢至菩薩像」を作ったことを伝える（『日本古典文学大系』七二。以下『古典大系』と略称）。

ここでも地蔵が死後救済の菩薩として注目された姿を認めることができるが、とくに藤原直経における亡母追善の造像例は異様といっていい。それは、金剛因・金剛語の二菩薩が阿弥陀仏の四親近菩薩（法・利・因・語）と連なって、その法菩薩として地蔵を、利菩薩として龍樹を想定したかにみえるからである。後の永観（一〇五三―一一三二）の『往生講式』に釈迦・弥陀と合わせて「観音・勢至・地蔵・龍樹」の四菩薩を明記していること（『浄全』十五・四六七上）や、常行堂の法利因語を観音・勢至・地蔵・龍樹とあてる考え方が行なわれるに至っていたこと（拙著『浄土教の展開』）などと関連して、その先駆をみる思いがある。源信（九四二―一〇一七）の『往生要集』の第二、十楽の「聖衆倶会楽」では、金剛因・金剛語の二菩薩を除いて、地蔵を含む六菩薩が阿弥陀の聖衆として極楽にいることもここで留意される。おそらく、この先蹤は『往生要集』をへて、永延三年（九八九）、盲僧其救が卒都婆十三基を造立して、その額に三両を作り、「一面奉レ図ニ阿弥陀仏・観音・勢至各一体一、一面奉レ図ニ阿弥陀仏・地蔵・龍樹各一体一、以ニ六体仏菩薩一、蓋当ニ六道一」（『本朝文粋』一三。『国史大系』二九下・三二八）といった形に発展したのであろう。そしてこうした六道と六体仏菩薩の考え方が別に六道抜苦の六観音との連想を求めて、六地蔵へと変質していくのであろうか。

六観音の思想はすでに天台智顗に始まり、『摩訶止観』巻二上に

能く六道の三障を破す。所謂《いわゆ》る㈠大悲観世音は地獄道の三障を破す。此の道は苦《く》重し、宜《よろし》く大悲を用ゆべし。㈡大慈観世音は餓鬼道の三障を破す。此の道は飢渇《きかつ》す、宜しく大慈を用ゆべし。㈢師子《しし》無畏《むい》観世音は畜生道の三障を破す。獣王は威猛《いみょう》なり、宜しく無畏を用ゆべきなり。㈣大光普照観世音は阿修羅道の三障を破す。其の道は猜忌《さいき》嫉疑《しつぎ》偏《あまね》し、宜しく普照を用ゆべきなり。㈤天人丈夫観世音は人道《にんどう》の三障を破す。人道に事《じ》・理《り》有り。事は憍慢《きょうまん》を伏すれば天人と称し、理は則ち仏性を見るが故に丈夫と称す。㈥大梵深遠《じんおん》観世音は天道の三障を破す。梵は是れ天主なれば、主を標して臣を得

るなり（『大正大蔵経』四六・十五中）。

とあるから、最澄による天台宗成立後の発展過程においても、観音は来世的性格を与えられて注目され、死後の三途八難を逃れたいという願いに対する代受苦の菩薩としてとらえられるようになっている。このことは六道と六地蔵を結ぶ媒体となる役割を容易にしたことと思われる。

とにかくこうして、六地蔵の信仰が成立するに至る。それがいつごろか、明示できる証左は欠くけれども、『覚禅鈔』地蔵下に説くところでは、六地蔵には顕宗と密宗で二説あることを伝えているのが注目される。

それによると、顕宗では『蓮華三昧経』にみえるとして、「光味地蔵。牟尼地蔵《（ママ）》。諸龍々々。救勝々々。護讃々々。不休息々々」の六、または「檀陀地蔵。宝珠々々。宝印手々々。持地々々。除蓋障々々。日光々々」（『大日本仏教全書』四八・二〇五上。『仏全』と略称）の六を挙げている。現存の『蓮華三昧経』には六地蔵の名称は見当たらないが、『蓮華三昧経』の名はすでに円珍や安然の著述にみえ、これが同一経典とすれば、六地蔵の成立は密教の影響下に天台宗で早く成立したとみることができるかもしれない。

また密宗の六地蔵は

「第一地獄大定智悲地蔵右持二宝珠一左持二錫杖一」…「第二餓鬼大徳清浄地蔵左宝右与願」「第三畜生大光明

地蔵 左持二宝珠一 右持二如意一」「第四修羅清浄無垢地蔵 左持二宝珠一 右持二梵篋一」「第五人道大清浄地蔵 左持二宝珠一 右施無畏」「第六天道大堅固地蔵 左持二宝珠一 右イ布持レ経」（同・一二〇三下―一二〇四下）

とあって、顕宗の六地蔵よりも少しく明確化されている。これは胎蔵界曼荼羅の一院、現図曼荼羅では北方第二院の外側にある地蔵院の、地蔵を中心にした日光・堅固深心・持地・宝手・宝光・宝印手・不空見・除憂冥を適当に換骨奪胎したものだろうが、顕宗のものという『蓮華三昧経』に説く後者の六地蔵の方がより近い。ただし「檀陀」がdaṇḍaの音写とすれば、杖・棒・笞などの意であるから、これに当たるものはない。

また『発心因縁十王経』では、

預天賀《よてんが》地蔵は　左に如意珠《にょいしゅ》を持ち
右手は説法印《せっぽういん》をもて　諸の天人衆《てんにんしゅ》を利す
放光王地蔵は　左手に錫杖《しゃくじょう》を持ち
右手は与願《よがん》印をもて　雨を雨《ふ》らし五穀を成ず
金剛幢《こんごうどう》地蔵は　左に金剛幢を持ち
右手は施無畏をもて　修羅《しゅら》を化し幡を靡《なび》かす
金剛悲地蔵は　左手に錫杖を持ち
右手は引摂《いんじょう》印をもて　傍生《ぼうしょう》諸界を利す

金剛宝地蔵は　左手に宝珠《ほうじゅ》を持ち
右手は甘露印をもて　餓鬼に施して飽満せしむ
金剛願地蔵は　左に閻魔幢を持ち
右手は成弁印《じょうべんいん》をもて　地獄に入りて生《しょう》を救ふ
（『続蔵経』二編乙・二十三・三八三丁左上―下）

とある。六道に配された地蔵の持物・印相は『覚禅鈔』とも、次に説く『地蔵霊験記』とも合しない。合成したものであろうか。

ところで、文学作品としてここで注目されてくるのは『今昔物語集』巻十七の「依地蔵助活人《ヂザウノタスケニヨリテリシ》、造六地蔵語《ロクヂザウヲツクレルコト》 第廿三」である。

この話はもと典拠として実叡の『地蔵菩薩霊験記』（一〇三三―一〇六八の間、成立という）によると考えられるが、ここに説く六地蔵の持物は『覚禅鈔』の「六地蔵持物事」に「地蔵験記云実睿撰 惟高夢」として説くものと一致するから、内容は『地蔵菩薩霊験記』に還元して考えることができる。とにかくそこでは、このような話が語られている。

周防の国の一宮に玉祖《たまつおや》の大明神という神をまつる社があり、その宮司に玉祖惟高という者がいた。かれは少年のころから仏法を信じ、ことに地蔵を信ずることが篤く、日夜念じて怠ることがなかった。ところが、長徳四年（九九八）四月、病に罹り、六七日わずらって死んだ。その後三日たって蘇生して、語っていうところでは、絶入後、冥途の路に迷い、行きくれて泣いていると、六人の小さな僧が現われた。その姿はいずれも端厳であった。

一人ハ手ニ香爐ヲ捧《ササゲ》タリ、一人ハ掌《タナゴコロ》ヲ合セタ。一人ハ宝珠ヲ持《モ》タリ、一人ハ錫杖《シャクヂャウ》ヲ執レリ。一人花《ハ》筥ヲ持タリ、一人ハ念珠ヲ持《モリ》タリ（『古典大系』二四・五三四）。

そのうち、香爐を持った僧が惟高に向かって、「お前はわたしたちを知っているか」と尋ねた。惟高が知らない由を答えると、「わたしたちは六地蔵と呼ばれている。六道の衆生のために六種の姿を現わしているものだ」と語り、「お前は神官の末葉なのに、年来、わたしの誓を信じて憑みにしてきた。これから早速、本国に帰って、わたしたち六体の像を造り、真心から恭敬することができよう。わたしたちは南方（佉羅提山のこと。『覚禅鈔』は地蔵の住所を説いて、摩訶陀国伽耶城南方十五里の所に「佉羅提」という山があるとする）にいる」と語ったという。

六地蔵のことはその後、『拾遺往生伝』巻下にみえ、ここでは日頃、往生を願っていた二位大納言藤原経実（一〇六八―一一三一）の妻が病にかかったときのことを伝えて、妻の母が除病延命のために七仏薬師像を造ろうと言ったところ、経実の妻はこのたびの病はとてもたすからない身の定めだから、六地蔵像に改めてほしいと語ったといい、その言葉に従って早速像は造りかえられ、天台僧静算を請じて供養し、女は念仏して終わったとある。また『本朝新修往生伝』には、ただ阿弥陀一仏だけを念じていた沙門円能が死後二七日をへて蘇生したことを伝え、その後三年たって、かつて夢に六人の僧に導かれて極楽のさまを見、五部大乗経を書写すれば往生できると教えられ、また地獄の八寒八熱もみせられて蘇生したことを語ったという。この六人の僧は六地蔵で、かれは金字の五部大乗経を金峰山に供養し、仁平元年（一一五一）入滅した。

これらは、六地蔵が死後、極楽に導く菩薩として注目されていたことを語るものであるが、『源平盛衰記』巻六には、かの鹿ケ谷で平家追討の密謀に組して安元元年（一一七五）、六条河原で斬られた西光法師（俗名藤原師光）の地蔵信仰の特異性を語って、注目されるものがある。

> 或人の云けるは、過去の宿習に報べし。貴賤不レ免二其難一《もそのなんをまぬがれず》、僧俗同く以て在レ之。西光も先世の業に依てこそ、角は有つらめども、後生は去とも憑しき方あり、当初難レ有願を発せり。七道の辻ごとに六体の地蔵菩薩を造奉り、卒都婆の上に道場を構て、大悲の尊像を居奉り、廻り地蔵と名て、七箇所に安置して云、我在俗不信の身として、朝暮世務の罪を重ね、一期命終の刻に臨ん時は、八大奈落の底に入らんが、生前の一善なければ、没後の出要にまどへり。所レ仰者今世後世《おおせらるることはこんぜごぜ》の誓約なり、助レ今助レ後給《いまをたすけのちをたすけたま》

へ、所レ憑者《たのまるることは》大慈大悲の本願也、与レ慈与レ悲給《いつくしみをあたえあわれみをあたえたま》へ、となり。加様に発願して造立安置す、四宮河原、木幡の里、造道、西七条、蓮台野、みぞろ池、西坂本、是也。たとひ今生にこそ剣のさきに懸共、後生は定て薩埵の済度に預らんと、いと憑し、とぞ申ける。

三十三所の観音霊場の巡礼にも似た形の、七か所の地蔵巡礼を発想したもので、観音巡礼が三井寺の行尊（一〇五五―一一三五）に始まるとすれば、これにヒントを得たものであろうか。また行尊に始まる三十三所観音巡礼が史実としてあやしいとしても、覚忠（一一一八―一一七七）の三十三所霊場は疑えないといわれる（速水侑『観音信仰』）。相互の影響関係はどうだったか、注目されるものがある。

三　地蔵のはたらき

『地蔵菩薩霊験記』に依った『今昔物語集』巻十七が扱う地蔵説話は全部で三十二語。その内容はかなり多岐にわたるが、大きく分けて、あらかじめ地蔵信仰や心を抱いた場合と、それがないものとに大別できる。また信仰心のあるもののうち、極楽往生と係わった地蔵信仰と、たんに現世利益が表に打ちだされただけのもの、あるいは死後蘇生したものがあり、また別の角度からみて、蘇生したもののうち、地獄苦を免れたものとそうでないものとがある。そのほかには地蔵自身の化現（第八）とか、死期を知るといっただけのもの（第三十）があるが、これらのうちには相互に連絡し重なり合っているものが多く、一概にはきめかねる。あえて表にする必要もないから、それは省略するが、まずこれらのうち、地蔵と阿弥陀の両信仰の重なっているものに注目すると、「紀《ノ》用方、仕地蔵菩薩蒙利益語《チザウボサツニツカマツリテリヤクヲカウブレルコト》第二」をはじめとして、第十語、第十二語、第十四語、第十七語、第二十二語、第二十三語、第二十九語、第三十語、第三十一語、第三十二語などが挙ってくる。このうち、第十二語など、阿弥陀像を造立するついでに古い地蔵像を綵色したというように、阿弥陀が主体になっているものもある。しかしここでは往生のことは語られていない。また第三十二語もとくに往生には触れないが、他はすべて臨終に念仏して往生した例と解していい。

またこのなかには地蔵講について触れたものがあって、注目を引く。それは第十語と第二十七語で、とくに前者は、治安三年（一〇二三）四月、疫癘猖獗して死者が続出したとき、祇陀林寺の仁康の夢に、小さな僧が現われ、地蔵像を造って供養し、五濁・三途の衆生を救えと教え、仁康はこれに従って大仏師康成と語らい、「不日ニ地蔵ノ半金色《ハンコンシキ》ノ像造《ツクリ》テ、開眼供《カイゲンク》養《ヤウ》シ」「其ノ後《ノチ》、地蔵ヲ講《カウ》ヲ始メ」たと語っていることである。そしてこの講に結縁した者は疫癘の難を免れ、講はいよいよ繁昌したと伝えているが、仁康は横川の良源の弟子といい、『地蔵講式』の著者に擬される。『往生要集』の著者源信とは同門の後輩に当たるとみられる。

いまちなみにこの擬作『地蔵講式』をみると、地蔵の加被を憑みとして毎月一回、講讃の一座を開き、地獄に堕ることを防ぎ、極楽に往生することを願う旨を表白したあと、内容を五段に分ける。「一に悪世利生の本願を憑《たの》む。二に本有臨終の利益を願ふ。三に中有初起の利益を願ふ。四に生有受果の利益を願ふ。五に一切衆生の抜苦を願ふ」（『仏全』三十三・一八〇下）がそれで、中心は死後の救済にあるということができる。

ところが、このような死後の救いを語るものに対して、当然、注目されるのは現世利益の面であるが、この方はかえって少ない。わずかに第三・第四・第六・第九・第十・第十三・第十五の七語で、うち第十語は現当二世にわたるものである。そしてこれよりもより注目されるのはむしろ蘇生譚である。いまこのうち、とくに生前信仰心がなかったにもかかわらず、地蔵の救いに浴した説話に注目すれば、次のようなものがある。

たとえば、第十八語に語られる「備中ノ国ノ僧阿清」は疫病にかかって、死後、一両日をへて蘇生したものであるが、ここでは、閻魔の庁（「検非違ノ庁」に似ていたとある）で、手に錫杖と経巻を持って東西に走り、亡者の罪を弁疏しているかにみえる小さな僧が童子一人をつれているのをみて、童子に尋ねて、その小さい僧が地蔵だと知って、阿清が「礼拝恭敬」した、と語るだけである。生前、地蔵信仰があったとは少しもいわない。しかしこの小さい僧はかれをあわれんで、「此ノ僧ハ」「生《イキ》タル間、白山《ハクサン》・立山《タチヤマ》ト云フ霊験《レイゲン》ニ詣《マウ》テ、自《ミヅカラ》ヲ骨髄《コツズイ》ヲ振《フルヒ》テ勤メ行」ない、その他にも数々の修行をした浄行の僧で、「今、中夭《チウエウ》ノ業《ゴウ》縁《エン》ニ被縛《シバラレ》テ被召《メサレ》」たものと弁護したことから、許されて蘇生するに至ったもので、蘇生後、かれは地蔵を供養するようになったことが語られている。

また、第二十一語が語る「但馬前司《タヂマノゼンジ》□国挙《クニタカ》」の例もほぼ条件は同じで、この場合は、一旦は地蔵が「お前は生前、全くわたしを敬わなかった」と背を向けているが、国挙が重ねて救いを乞い、もし生きかえったら、「三宝ニ奉仕《ブシ》シ、偏《ヒトヘ》ニ地蔵𦬇《ボサツ》ヲ帰依《キエ》シ奉《ラムト》」約束したことから、それでは「我レ試《ココロミ》ニ汝ヲ乞請《コヒウケ》テ可返遣《カヘシツカハスベキト》」といって、蘇生できたことを伝えている。国挙は大仏師定朝に「等身《トウジン》ノ皆金色《カイコンジキ》ノ地蔵𦬇ノ像一躰《タイ》」を造らせ、六波羅蜜寺で法会を行ない、供養したという。

また、第二十四語は、鹿狩の途中、地蔵像が寺に安置されているのをわずかにちらっとみて、「聊《イササカ》ニ敬フ心ヲ発《オコ》シ」、笠を脱いで走り去っただけの、「源ノ満仲《ミツナカ》」という者の一郎等の話である。かれは地蔵に「本ノ国ニ返《リテ》年来造《トシゴロツクレ》ル所ノ罪ヲ懺悔《サングエセヨト》」命じられ、罪を免れて蘇生した。蘇生後は殺生をやめ、地蔵像を日夜念じて怠ることがなかったとある。

あるいはまた、第二十九語の「陸奥国《ムツノ》」の「恵日寺ト云フ寺」の傍に住んだある尼の場合は、まだ出家しなかったとき、にわかに病をえて死んだが、地蔵が「此ノ女人《ニヨニン》ハ大キニ信有ル丈夫《マスラヲ》也。女ノ形ヲ受《ウケ》タリト云ヘドモ、男婬《ナンイン》ノ業无《ゴフナキ》カ故也」と閻魔の庁で申し開き、許されて蘇生したことを語る。地蔵が「お前には極楽に往生する縁がある」と告げたところから、蘇生後、出家して如蔵尼と称し、地蔵を念じ、世の人は地蔵尼君といったという。死後、地蔵に逢い、「南无帰命頂礼地蔵𦬇《ナモキミヤウチヤウライヂザウボサツ》ト再三度」となえたこともあるが、それ以上に未通女だったことが地蔵の救いの対象として浮び上がっている例である。

ところが、これらと少しく趣きが違うのは第二十六、「近江《アフミ》ノ国、甲賀《カフガ》ノ郡」に住む一下人の話である。この場合は、この下人が生前、救ったことのある亀が地蔵の化身であって、地蔵はこの下人を恩人として救おうとするのである。しかも許されて蘇生する途中、二十歳ばかりの美しい女が獄卒にいましめられているのをみた下人が、自分の余命はいくばくもない年になっているから、この女をかわりに救ってやってほしいと願って、二人とも蘇生したという珍しい話である。男は死後、三日にして蘇生し、冥途で逢った女を筑紫に尋ねて、互いに冥途のことを語り合い、地蔵を供養することを約束し合ったと伝える。

こうした蘇生譚は極端な言い方をすれば、地蔵の利生がいかに広大な誓いに支えられているかを語って、地蔵の救いのありがたさを説く教化的な意味に徹したものということができよう。

さて、『今昔物語集』で最後に触れておきたいのは、地獄との係わりで、地獄に堕ちた女にかわって、日夜三度、地蔵が苦を受ける話である。「堕越中立山地獄《エッチウノタチヤマノヂゴクエオチシ》女、蒙地蔵語《ヂザウノタスケヲカウブレルコト》第廿七」は、修行僧延好が立山に参籠したとき、「人ノ景《カゲ》ノ様《ヤウ》ナル者」が現われて、自分は京の七条の辺に住んでいた女であるが、この山の地獄に堕ち、生前、祇陀林寺の地蔵講に一、二度参詣したそのわずかな善根によって、地蔵が代って苦を受けてくれる由を語り、このことを京の両親・兄弟に告げて、追善供養してもらいたいと頼んだという。延好は女の願いを受けいれ、父母・兄弟を尋ねて、これを聞かせたから、三尺の地蔵像一体が造られ、『法華経』が写されて、法会が催されたと伝える。ここには、地獄がこの地上の特定の場所として示されたこととともに、地蔵の代受苦という点で注目されるものがある。温泉や火山に地獄を連想して、これを現実の場所と認識した一例がここに知られる。

四　地蔵の化身

以上のような『今昔物語集』（溯っては『地蔵菩薩霊験記』）にみえる地蔵説話の性格はほ

とんどその後の説話にも踏襲された。

たとえば、蘇生譚では、『撰集抄』巻九「安養尼ノ蘇生ノ事」があり、『沙石集』巻一「地蔵看病《の》給《したまふ》事」などがある。

前者は『古事談』巻三にその類話を載せているもので、そこでは源信の妹安養尼が兄源信と終焉にはかならず会うことを契約していたが、たまたま源信が千日の山籠に入っていた折、安養尼が病でたおれ、源信から会いに行くこともできず、輿に乗せられて山に向かったその道中で息を引きとったことが語られる。源信は悲嘆にくれたものの、修学院に住する清義僧都のことを思い出し、尼をここに運んで、一旦は死んだが、もう一度、蘇生させて最後の念仏を聞かせたいと清義に語って、清義は『心経』を誦し、不動の火界呪をもって加持し、源信は地蔵を念じたところ、尼は蘇生して、不動尊が火の前におし立ち、地蔵が手を引いてくださったと思ったところで生き返った、と語ったというものである(『国史大系』一八・六一—六二)。『撰集抄』ではこれが少し形をかえ、安養尼自身、日頃、「地蔵菩薩を本尊として」「或時は夜深まで。心を澄して勤打《(行カ)》し。必後生助給へと」祈っていたところ、夢に地蔵が現われて、「如何にも助けんずるぞ。其に付ても勤む《ず》る事を。物うくすなと被仰と思て夢」がさめたという前置きがあって、これを伏線にして上記のような話が語られている(『続群書類従』三十二下・四六八上—下)。『沙石集』に載せるところはきわめて簡単で、清義が「僧正勝算」と改まっているが、ここには安養尼の蘇生に続けて別に源信の給仕の弟子が頓死した話を載せ、源信が他の僧に「不動ノ慈救ノ呪」を誦えさせ、自分は地蔵の宝号を唱えて、弟子を蘇生させたことが語られている。弟子は蘇生後、閻魔の庁の使者とみえる男四、五人に引きたてられていく途中、若い僧が現われ、取りかえそうとしたが、許さなかったところ、「たとい、わたしに対していくら許すことをこばんでも、力ずくでも取りかえそうとする者がいるのに」といい、角髪《みずら》に結った童子二人が男たちを追払って取りかえし、若い僧につれられて帰る、と思ったところで活きかえった、といったという。若い僧は地蔵、二人の童子は不動明王の脇侍の矜羯羅童子と制吒迦童子であることはいうまでもない。ここでは、蘇生したものの地蔵信仰と別に、地蔵の宝号そのものが大きな力になっている点を注目したい。

また『沙石集』の「地蔵菩薩種々利益事《の》」では、和州生馬の論識房という法相の学生の話を載せている。ここでは、論識房が信施をことわって、自活のため田を耕作して隠居したことを記し、他界のとき、房を弟子の讃岐房に譲ったが、この弟子もいささかの病にかかって死に、一日たって蘇生して、こう語ったという。

閻魔王宮に召されたが、まだ報命は尽きていないから帰れ、といわれて放たれた。どこへ行ったらいいのか東西もわからず、思い悩んでいると、師の論識房が現われ、「自分は田を耕作したことによってここに召された。しかし生前『法花経』を読んで後世にあてていたので、別に苦患はない」と語った。「わたしはどうなりましょうか」と問うと、「地蔵菩薩にお願いしてみよ」といわれ、地蔵にお願いして導かれると覚えて、活きかえった。この僧は途中、餓鬼道に堕ちた母に会った（ただし僧にはそれがわからないのだが）が、地蔵は、この僧はお前の子ではない、と母の餓鬼をだまし、僧をとって食おうとする母の手から救って、別れ際に「あれはお前の母だったのだから、母の追善供養をせよ」と教えたという（『古典大系』八五）。

また現世利益を語ったものでは、『宝物集』（七巻本）巻三に、「五寸バカリナル地蔵菩薩ヲ設ケテ、苧《ヲ》笥《ゴケ》ト云物ニ入奉リテ、食ケル物ノ生飯《サバ》ヲ」供えていた老女のために、地蔵が夜のうちに田植をしたという話を載せ、また、年来、地蔵を念じていた貧しい女が、母の死に会い、葬るにも力なく、泣いていたところへ行脚の僧が現われて、遺体を背負い、山に送って供養をしてくれた話を載せる。ともに信仰していた地蔵像の足に土がついていたことから、地蔵の仕業とわかったことを記している（『仏全』一四七・三七〇下）。

また『沙石集』も前掲の「地蔵《の》看病結《したまふ》事」「地蔵菩薩種々利益《の》事」にいくつかの説話を載せるが、そのなかには堕獄を地蔵によって免れた話もあり、それが作者無住の時代とごく近い「弘安年中《の》事」とか「イト近キ事」とか記されている点に、興味あるものがある。

また堕獄をまぬがれた話は『宝物集』に「色紙漉《スキ》」のことがみえるが、それ以上にいま注意したいのは、地蔵の化身の姿である。

経にも説くように、地蔵は四十二に化身するという。その中に閻魔王がいたことは前述のとおりであるが、『宝物集』では、「身ヲ二十五ニ散シテ。二十五有《ウ》ニ住シテ。二十五有ヲ救ヒ、或ハ十王ト成テ。中有ノ旅人ヲ宿シ。或ハ閻魔王ト成テ。罪人ヲ扶ケ。或ハ梵天帝釈ト成テ。悪業ヲナダメ給フ」と語っている（同上・三七〇上）ことが注目される。もはや閻魔王だけでなく、十王すべてが地蔵の化身となったのである（『私聚百因縁集』巻四では、『十王経』にすわりをおいて「閻魔大王者。本地地蔵菩薩也」というにとどまる）。

そしてこれと関連してもう一つ注目したいのは、『沙石集』が弥陀＝地蔵という一体の考えを説いていることである。「地蔵看病給事」のなかで、鎌倉にいた師《そち》僧都という密宗の明匠が説いたこととして、「我身ニハ、密教ノ肝心ヲ伝ヘテ、弥陀ト地蔵ト一体ノ習ヲ知リ」（『古典大系』八五・一〇二）と語らせているのがそれで、『雑談集』巻六「地蔵事」に、地蔵と不動を大日の慈悲と智慧に配当し、「不動ハ如レ斧、地蔵ハ如レ釜」といい、「二尊ノ方便」が他尊に先行する（『中世の文学』所収、一九二）と説いていることと対比して、特異な考えとすることができる。

地蔵信仰は『地蔵菩薩霊験記』によって急速に高まったと見られるが、その信仰の高まりが叡山横川の浄土教家に負うところ多大であったとすれば（高橋貢『中世説話文学序説』第二章）、あるいはこれが影響して阿弥陀＝地蔵という考え方を呼び起こすことも可能かもしれない。

また想像をたくましくすることが許されるなら、十王信仰から発展して生じてくる十三仏信仰では、地蔵は五七日、阿弥陀は三回忌であって、十三仏中、死後にもっとも係わりの深いものは地蔵と阿弥陀しかないから、こうした十三仏成立の過程で、阿弥陀・地蔵一体の考え方がでてくるのではないかとも思う。

近世における地獄の観念

一

かつて「地蔵極楽」という成語がいつごろ使われだしたのか興味を抱いて、井原西鶴（一六四二—九三）の『本朝二十不幸』あたりが初例になって挙がっているのをみた。熊野比丘尼などが地獄絵を携え歩いて、絵解きをしたことが中世に始まるといわれることを考えると、地獄の絵解きはそのまま極楽に連絡する可能性があるし、さらに溯れば、六道図・地獄極楽図などと呼ばれるものもあるから、地獄と極楽の短絡的な結びつきは早くから素地としてあったと予想される。しかし術語として定着したのはいつか、これは予想とは別であるから、折に触れ注意してきたが、気のついたところでは西鶴よりも早く、実は排仏思想の流れのなかで固定したのではないかということである。

排仏思想家には、藤原惺窩（一五六一—一六一九）・林羅山（一五八三—一六五七）・中江

藤樹（一六〇八—四八）・熊沢蕃山（一六一九—九一）などといった人物が江戸初期に登場し、なかでももっとも尖鋭熾烈に排仏論を展開した蕃山の『葬祭弁論』（寛文七年、一六六七刊）を始め、『集義和書』（同十二年刊）・『集義外書』（延宝七年、一六七九刊）などにこの語を見ることができた。かれは『葬祭弁論』のなかで、「仏道には地獄極楽といえる偽る教をたて、念仏または題目を唱ふれば、極楽に往生し、となへざれば、地獄に入といえることをわけもなく実と信じ、父母臨終に及て念仏・題目をたからかに唱へ、はなはだしきは念仏しや題目となうる同行沙門を会、病人の枕に近づかせ、同音に念仏を唱ると見えたり」といって、死すれば極楽に行くと称し、人の死を解脱のこととしている考えに非難の矢を放った。死は「本然」にかえることだとした蕃山にとって地獄も極楽もないのは当然であるが、また『集義和書』には「三綱五常の道、天道の善に福《さいわい》し、悪に禍《わざわい》し給ふ。目の前なる有ことの正しきことをば信ぜずして、地獄極楽と云なきことをば信じしたがふ者多し。異端の徒の人をまどはす所なり」と論断し、『集義外書』では朋友との問答のなかで、「朋友問て云、或云、地獄極楽は有がまことか、なきがまことか。なきがまことならばいらざる苦労なれば、後生をねがふべし。事むづかしきに善事をなすべし。ただ心のまゝに悪をしてゆめの世ををくり侍らんと。我等この返答いたしかね侍り。なきといはば悪をなすべし。又有といはば偽なり虚言なりとも、有といひて悪をさせぬやまさり侍らん。云。

昔我等にかくのごとく尋し人あり。返答には地獄はなきがまことなり。心やすく思はれよ。悪をなして其方にこゝろよくばせられよ」と答えたなどと記している。

これを見ると、すでに「地獄極楽」という術語は江戸初期、あるいはそれを溯る以前には固定していたと見当をつけても誤りはないようである。だから、排仏の材料の一つとして儒者がこれを拾ったのであろう。しかし儒者の否定にかかわりなく、世間一般はこれをそのまま受け入れたとみて間違いない。先の『本朝二十不幸』（貞享三年、一六九六）の「地獄極楽の道も銭」といった言葉をはじめ、神谷養勇軒の『新著聞集』（寛延二年、一七四九）第十三「往生篇」に収める「絹川の二霊念仏生を転ず」には、下総岡田郡丹生村の入り聟、与右衛門の殺害した妻かさねの怨霊が六人目の妻の生んだむすめ菊に乗り移ったことを記し、飯沼弘経寺の所化祐天の念仏の化導によって菊が救われ、「地獄極楽をまのあたり見侍りぬ」と語って、地獄の門外から帰されたよしを伝えているのは、その例である。また西村遠里の『閑窓筆記』（安永八年、一七七九）の「開帳参」には、開帳参詣の風を笑って、「正真在世の釈尊さへ、我まゝにもならぬ地獄極楽、なんぼ赤栴檀の毘首羯磨が作（嵯峨清凉寺、いわゆる釈迦堂の三国伝来の栴檀瑞像のこと）でも、木仏は木仏なり。豈地獄極楽を自由にしたまはんや。日々罪を造りながら日参するは、家業もつとめず、放埒にて親に不幸しつつ、論語・孝経の講釈をきくとて、学文ぶるやうなものなり」という口の端にもこの言葉が安定した姿をうかがわせる。仏者をもって言わせるなら、「因果報応の地獄極楽の旨に非ずんば、悪を止め善を修する事無らん」（『空華談叢』巻一）であり、「地獄極楽の有無は」「五千余巻の大蔵経」に明らかなこと（同巻二）は言うまでもないことであるが、しかし仏者ばかりでなく、一般在家でも、これは「下は愚民に布き、忽ち善心とする謀事」であって、そのため「地獄極楽を以てす」（司馬江漢『春波楼筆記』、文化八年、一八一一）るのだという認識はある。

しかし翻って考えてみると、極楽は「勝過三界道」であって、地獄にそのまま対応する世界ではありえない。強いて対応を求めるなら三界六道であって、とくに地獄ではない。したがってここでは地獄をどこまでも死後の世界と限定する観念が先行していて、人間存在の在り方の一つと捉える理解の仕方は皆無である。善因善果、悪因悪果という考え方に立って、共に死後の善果の最上を極楽、悪果の最下を地獄とみたのである。これはきわめて俗耳に入りやすいが、それだけに極楽も地獄も実際の場所を与えられ、どこと設定されることになる。

ただこうした考え方にはやはり表裏がある。どちらを表とし、裏とするかは仏者の立場によって異なろうが、主として浄土門では浄土宗、聖道門では日蓮宗が地獄極楽とは強い係わりを持ったと考えられる。

とくに日蓮宗では極楽はともかくとして、地獄を語る点は余宗をはるかに超えるものがある。視点を地獄にしぼれば、宗祖日蓮の『八大地獄鈔』『念仏無間地獄鈔』といった著述をはじめとして、どの著述にも堕獄を説くに急で、こうした堕地獄を説く伝統的な思考はこの宗によく培われてきたから、近世仏者の地獄思想は日蓮宗徒によって代表されるとみてもけっして誤りではないだろう。しかしそれは近世における地獄思想の独自性の発揮とはかならずしも結びつかない。依然として謗法のとがを念仏に帰し、「念仏無間」という立場を固執して堕獄を論じ、地獄の観念を説くに終始したといっていいだろう。

日典（一五二〇—九二）の作と伝える『妙正物語』は、一向宗の父母を、日蓮宗に帰依した子の善九郎が改宗させようと説得する筋書の下に法華の立場を打ちだしたものであるが、地獄は四箇格言を一歩も出ないし、日遠（一五七二—一六四二）の作と伝える『千代見草』にしても、ただ経文を引いて地獄の様相を説くに終わっている。

こうしたことは、世俗の仮名草子にみる『夫婦宗論物語』にしてもほぼ変わらない。法華を信ずる妻と念仏を信ずる夫との対論で、妻が夫に向かって、釈尊こそ衆生済度の主であって、この「三界の主を背《そむき》、遠き西方極楽の阿弥陀を頼まんこそ、ただ地獄の釜焦（地獄の釜で焼かれる亡者のこと）よ」といい、地獄については「地獄鬼畜の苦は八熱の苦を受け、三界けごん（繋業カ）の憂へあり。鉄の矛盾を摧き、或は刀林肌を裂く。眼には獄卒阿防の怒れる姿をみて、耳には羅刹叫喚の声を聞く。火血刀の苦しみを受くる事隙なし」といい、いずれも常套的な表現の羅列といっていい。世間一般の読みものにもこうした形で形式化されていることに注意する必要がある。

二

しかし地獄・極楽のなかで重い比重を与えられたこのような地獄観念がいつしか変容を迎えていたことは事実である。地獄は死後の世界ではなく、この世に見る姿であるという思想の復活であるが、それはいってみれば地獄の比喩的な表現であったとみられる。

まず『慶長見聞集』という一書に注目しよう。この書は三浦浄心の作といい、「慶長（一五九六―一六一五）」の名を冠しているが、辻善之助『日本仏教史』近世篇第二にいうように、「三浦浄心に仮託」した「偽作」で、その「記事妄誕無稽の説に富み、決して当時実地見聞の記ではない」から、「価値」は「低」いとされる。ただすべてが妄誕無稽とは断じがたいと思われるので、この「元和寛永（一六一五―四四）に亙」ったと推定されている本書をまずとりあげることにする。

ここには、巻一に地獄網という言葉を紹介してこういっている。それは海の魚貝を一度にのこらず捕獲する漁法のようで、東国の魚の豊富なのをみて西国の漁夫がやった方法という。

地獄網といふ大網を作り、網の両の端に二人して持程の石を二ツくゝり付、是を千貫石と名付、二筋網を付、長さ三尺程、はゞ二三寸の木をふりと名付て、大網の所々に千も二千も付る。此槙といふ木、魚の目にひかるといふ。早舟一艘に水手六人づゝ七艘に取乗、大海へ出て網をかけ、両方へ三艘ツッ引分て大網を引。一艘はことり舟と名付、網本にて在て左右の網のさし引する、此網に内にある大魚小魚一ツも外へもるゝ事なし。海底のうろくず迄も悉引上る。扨又海底にある貝をとらんとて、網を海へおろし大網を引。すべて舟の内にまき車を仕付、碇を打て網を引ぬれば砂三尺底にあるもろ〳〵の貝どもを熊手にて引おとす。天地開闢より関東にて見も聞もせぬ海底の大魚砂底の貝を取あぐる。……はや二十四五年この方、此地獄網にて取尽しぬれば、今は十の物一ツもなし。

海底の魚貝をも取り尽くす漁法であるから、筆者は「外道のなせるわざなるべし」と批判している。『嬉遊笑覧』（喜多村筠庭《いんてい》。文政十三年、一八三〇）巻十二「漁猟」の項に「地獄網」のことを載せ、「地獄網は今いふ六人ひきなるべし」といい、『北条五代記』の文として、前掲の文を掲げている。

またこれと同類のものに鼠とりを「地獄落し」といった例があることもここに付記して

おく。式亭三馬（一七七六―一八二二）の『諢話《おどけ》浮世風呂』第四篇巻下に「塩押の茄子を地獄落しへと掛たといふひしやげた野郎」という表現がそれである。

しかしこうした魚や鼠にとっての地獄から転じて人間世界を見すえるとき、人間の世界もそのままが「地獄の栖」であり、「地獄遠きにあらず目の前の境界」（『慶長見聞集』巻二）という表現になっても不思議はない。だから、見るにつけ思うにつけ、すべてが地獄とうつってくることもあるというものである。浮世草子の『好色産毛』（雲風子林鴻。元禄九年、一六九六、前）「心の鬼か女に喰つく〳〵《ぼんさま》」に、僧の寝所に忍びこんだ女が僧と一緒に酒をのみ、魚をたべ、交りを結びながら、一々地獄の相を想い出す様を語ってこういっている。

諸行無常に生滅法の、初夜後夜のひゞきをわすれ、煮さましの子もち鮒、生貝蛸のさくら蒸《いり》、精進ざかなけ鱠《かい》でもミ（見）ず、大盃に間鍋《かんなべ》切りのぢごくうつし（地獄にそっくりそのまま）、皃《かお》の色も赤鬼となって、着物ぬげと責らるれば、三途川の姥をおもひ出し、先《まず》一臼と責らるれば、身躶《みをはた》かるゝ地獄をおもひ出し、脚布《きやふ》ひとつにて起あがれば、見ぬぢごくの絵姿ともかなしく、「死《しに》ざ止《やむ》まい我おもひ」と称名の吟して諷はるゝ。よく明らめたれば、地獄遠きにあらず、眼前の境界、悪鬼外なし、急々如律令さ（去）れ〳〵と、心もうかず居たれば、……

これはまた、悪業現報という思想の復活にも似ているが、『慶長見聞集』にはまた、地獄を死後とみる一般風潮をそれとして認めつつ、「煩悩の大海に入ずんば、菩提の国を得べからず、先地獄に入べし」と説く考え方、さらには「殺生せよ、せつしやうせよ、殺生せざれば地獄に入事矢のごとし」と説く説き方を「殊勝」であり、「有がたし」とし、罪深いものを救う方便は「極楽よりも地ごく」(巻九)だといっていることは注目されていい。慈悲救済という視点を踏まえた著者の考え方がここに窺われて、興味深い。

ところで、また一つ視点をかえると、そこに現実の人間生活の特殊な在り方を捉えて地獄と称したもののあることを知る。それはいわゆる牢獄である。同じ『慶長見聞集』の巻六に、「罪人共籠中法度定むる事」のなかで、大鳥一兵衛という者が牢屋に押し込められたとき、自分は十王の申し子だと称して、牢内の罪人たちに語った、その言葉にみえる。

> 十方地獄中、唯有一兵衛、無二又無三の心なり。されば、籠内をば地獄、外をばしやばと罪人云、是道理也。しやばよりあたふる手、一合の食物を朝五夕《(勺)》晩五夕、是を丸してごきあなより此くらき地ごくへなげ入るを、数百の罪人共、是をとらんと動揺するが、有力なる者共は、他の食をうばひとる。無力の者、わづらはしき者共は、あたふる食をえとらずしてつかみあひ、はりあひする事、餓鬼道の有様なり。……

と述べ、みずから牢屋の法を定めるのである。まさに捕われの身である以上、牢屋は罪人にとって地獄であるのは当然といっていい。

しかしこうした地獄とまったく同じ性格のものがもう一つある。それは遊里である。

三

浮世草子の『好色万金丹』（作者不明。元禄七年、一六九四）巻一に「地獄の導きといふ口鼻《かか》を頼んで、この里へ売られて来たる娘の子」という表現をみるが、この短い言葉のなかに遊女奉公がこの世の地獄だという女の涙が感じられる。外目には美しく着飾って、楽しそうにみえるその内面はどっぷりつかって抜けられない地獄なのである。後に遊里そのものからさらに転じて、所定まらない夜鷹のような売春婦をさして、また、とくに「地獄」というように拡大されていく（黄表紙本『文武二道万石通』という、朋誠堂喜三二が書いた天明八年＝一七八八の戯作に、目的があって女に身をやつしているのを女と間違い、すごまれた客が「気のみじけへ、地獄と見たが、こっちのあやまりさ」というくだりがある）が、ともかく、ここから抜け出そう、と足抜けすることは死を意味し、一つあやまればどうなるかわからない危険を伴うのに、やはり抜けだしたい境界であることに変りはない。同書『好色万金丹』巻四に、「女郎は課代に年を切増事とならば、地獄の上の一足飛び（危険なことの喩え）、是ほど危ひ事はなけれども、大胆なる女郎は人にも知られず、只一人物の紛れに門を忍び出ても、何の浪風立たずにしまふ事、甲はどの穴（困難または稀有の意）を出る事也」と語るものは、まさにその姿を写しえたものといえよう。すでに早く「地獄の上の一足飛び」といった言葉は、西鶴の『好色五人女』、おさん・茂右衛門の話にも見え、茂右衛門が追われる身でありながら、京に出て、四条河原の藤田狂言づくしというものに心を引かれ、知った人に逢いはしまいかと不安にびくびくしながら見ていた折も折、同じ列の先の方におさんの「旦那」がいたのを知って、「たましゐ消て、ぢごくのうへの一足飛、玉なる汗をかきて木戸口にかけ出」、丹後の里に帰ったというくだりで用いている。

諺にも、「女人は地獄の使」といい、「十方世界女人有所に則地獄有り」（『慶長見聞録』巻二）という言葉は、男性中心社会の思考法をよく語ってくれるが、遊里もまた男のための遊興の世界である。

しかしこの男性中心の思考をさらに狭くしぼって、為政の側に立つ武士中心の思考を求めるなら、武陽隠士の『世事見聞録』（文化十三年、一八一六）を挙げることができる。ここには巻六に「遊里売女之事」という一項があり、遊里の姿を詳細に伝えている。

遊里に堕ちたものは総じて「再び素人には復り難く、一生廃れ人となる故に、売女にするを地獄へ堕すといふ」といい、売女にうられることを「世以て地獄へ堕すといふて恐るゝ事なり」と述べたように、女にとってこれほどの「苦界」はないから、筆者の目には

まず同情と憐愍を見ることができる。かれは

売女は悪むべきものにあらず。只憎むべきものは彼亡八と唱る売女業体（稼業）のものなり。天道に背き、人道に背きたる業体にて、凡人間に非ず。畜生同然の仕業、憎むに余り有ものなり。

と指摘し、この亡八についてさらに、「誠に前にもいふ如く、或は身上を破滅に及ばせ、不忠もの、不孝もの、勘当ものを拵へ、坊主を破戒させ、……無宿悪党を拵へ、火附・盗賊・追剝・人殺しをも扱ひ、多くの人々を損害するものなり。右体に前後左右へ大毒を与へて、己が身一つに大利益を得るなり。実に地獄の閻魔王なり」と非難し、その下にある妻娘、あるいは使われて渡世する者をば「獄卒」と断じて、売女はそれに引き替え、親のために身を落とした「孝行」者であるから、「売女に成果し上迚《とて》も、見捨るものに有まじきなり」、むしろ「親孝行の者へは御褒美を下さるゝ事定例」であると論じている。

そして遊女が花車（遣手《やりて》ばばあ）にせめられて客をとる、その苦界の様を叙して、

扨又右の婦人どもが売女を責遣ふ事、先心の懈怠起らざるやうとて、常々食事をも得《とく》と給《た》べさせず、夜の目も眠らで客の機嫌をとるやうにと、時々に改め、若眠りたる体か、又は愛敬の宜しからざる体の見ゆる時は、厳敷《きびしく》叱り責るなり。売女は其叱り責めらるゝを怖恐《おじおそ》れて客を大切に取り、或は生酔の無理の上の無理をいふとも、尤と機嫌

を取り、又熟酔して酒食に溢れて吐瀉するをも介抱し、又親子兄弟の見堺もしらざる傍若無人も愛情に懐け、又田夫野人の髭のちりをもとり、又我親の年齢より倍増たる白髪の老人をもなでさすり、懐き抱へて機嫌を取り果せ、右体様々の客を、一昼夜の内に三人五人又六人七人をも懸り合次第相手に致し、我心中の悲歎を隠して夫々に笑顔を見せ、その向々の機嫌任せに情根を尽すなり。若しその機嫌を取損じて客の盈《アバ》れ出したる事あるか、又不快にて不奉公をいたすか、又客来らで手明きなる時は、悉く打擲に逢ふ事なり。是皆老婆が目附役にて、妻妾娘分なるもの丶指揮する所にて、鬼の如く形勢にて打擲するなり。其上にも尋常に参らざる時は、其過怠として或は数日食を断ち、雪隠其外不浄もの掃除を致させ、又は丸裸になして縛り、水を浴せるなり。水湿る時は苧縄縮みて苦み泣呼なり。折々責殺す事あるなり。昔はかほどの叱責はなかりしなり。……

天性の人情に当らざる業を勤めさせるのみならず、幾人となく無理を致させ、殊にいまだ年のいたらざるをも厭はず、無理の勤を致させ、色欲強勢の大人に出会させ、病気をも不構責遣ふ故、不斗不奉公にもなり、叱責に逢ふ事にもなれり。誠に無理非道なり。其上、若瘡毒又は虚労の病杯発るるべき様なれば、蔵替と号して他の下品売女屋へ売遣し、是迄遣ひたる年季を遣ひ徳にして本金を取立、誠に人をして牛馬を遣ふ如くするなり。……

また病におかされ、非業の死をとげた遊女にも触れて、

売女は如斯仕置を受たる上に外に住替に出され、年季も増し、公辺其外の入用迄も積り立て、本金倍金杯取られ、年来の苦患を空しくして又新しき苦労を始る事に成り、若又身心労れて煩を生じ、又瘡毒にて身体崩れ、前にいふ如く下品なる売女に売遣す事も出来兼、迚も本復せざる体なれば、更に看病も加へず、干殺し同様の事になり、又首を縊り、井戸へ身を投げ、或は咽を突き、舌を嚙などして変死するもあり。其変死も御法の如く検使を受るもあり、多くは押隠し、投込といふて寺の惣墓といふ所へ埋るなり。……扨ケ様成変死を遂たる者は其家を恨みて祟る事ある故、夫を呪とて彼死骸の手足を一緒に縊りて、菰に巻て埋るなり。是を彼党の秘法とす。是は猫や犬の取扱にて、畜生に仕廻ふ事なり。

と、その遺体の残忍な取扱いを非難している。そして折檻などの激しさを恨んで、もし火つけをすることがあっても、亡八は焼け太りになるだけで、おとがめなく、仕置を受けるのは遊女だけであると説き、だから、たまたま心を許す親切な男が現われたときは、「一生の本懐にして」命をも惜まず、「希にある相対死などは、この憂目を互に思ひ合せしものなり」と、一片の同情をそそいでいる。

また素人女が売女に転落する条件に触れて、「御府内其外とも、其身から仕出したる不義密通などにて其過怠に売られ、又は若き男に誘ひ出され、又は悪党に奪れなどして終に売女に落入」る場合、あるいは「親元の不実放埒」や夫や兄弟のため売られるもののあることを指摘し、「纔三両五両の金」で、「遠国辺鄙」とくに「越中・越後・出羽辺より多く」「女衒などいへるもの」に買われて、売女に堕ることをのべて、一たん売女に堕ちると間もなく「二三ケ月又は五六ケ月」もたては身に瘡毒を発し、鳥屋に入れられ、「惣身の脂抜け、色白くなり、肉痩せ、骨細くな」って「是より実の浮れ女とな」り、「黒人と云」わるようになると記している。

さて、『世事見聞録』に多くの紙数をさきすぎたようである。最後に武陽隠士がこの項を結んで言っていることで、これは終わりたい。そこには、これも遊里に対する法度が「追々に崩れ」たためで、「国家の道油断ならざるものなり」と政道が正しい元の姿に帰る必要があることを述べているが、これらを結んで、「売女は天道に背き、冥利に弛れ、国家に災害を起す最第一なるものなり」とし、加えて「仏道にては本願寺宗の作法」といい、この二つは世の「大逆道なり」「根元を断絶する事は叶ひがたかるべきか」といっている言葉には注目されるものがある。武陽隠士の儒者としての姿勢がよくうかがわれるようである。

ところで、こうした道学者的為政者の姿勢を貫いた著述から眼を転じて、世上庶民の上を見ると、ここでは別の世界がある。興味をそそられるのは、売女が馴染の客を引きとめておく手練手管であって、なかでも他の男には心までは許していないと誓う方法である。『傾城禁短気』(江島其磧。宝永八年、一七一一)巻二ノ第四「女宗に逢ふて衆道門尻から閂口」に、一人の大夫にいれあげた四人の男が寄り合い、それぞれ女の指を持っていることに不審を抱き、だまされたと気づくことが話されているが、手を廻してこの大夫の指切の内証をきくと、「季《こ》指一本、此前浮気で、手管の男(間夫)に切て遣《や》られ、それから其指一本不足したを言立てに、野墓其外行き倒れの死人の指を買廻し、少し面長成《なる》大臣(鼻の下の長い金持ち)共へ、心中の遣《つかい》物にせらるゝと、色里に隠す秘事を聞いて我をば折りぬ(呆れた)」とある。しかしここでさらに注目されるのはむしろ男にわたす誓紙である。命にかえて夫婦になると二世を誓い、もし「「此事違へなば、我身はいふに及ばず、二親諸共奈落に落ちまし、此世は日本あらゆる大小の神〴〵さまの御罰を受け」と身の毛も立つ程の誓紙」とあり、血判も押してわたしたことであるが、「身の毛も立つ程の誓」言を連ねたなかには、地獄の極苦のどんなことでも甘受するとして書かれたこともあったに違いない。地獄に堕ちている遊里の売女がさらに地獄に堕ちてもと誓ったことに、言葉の多様性が浮きぼりにされた感があって、興味深い。

四

すでに『傾城禁短気』は安土宗論にことよせて、女色と衆道とのいずれをとるか、色道の二筋道を描写して、人生の機微・世相の人情に触れつつ、奇警なまでに人生を突き放して戯画化した面を持っていたように、地獄もまた戯画化されて不思議はない。出版界の内幕を暴露したといわれる『元禄太平記』（梅薗堂、元禄十五年、一七〇二）巻二がそれを見せてくれる。

井原西鶴を俎上に捉え、「そも〳〵西鶴其身文盲にして学問の徳もなく、出るにまかせて安房口を尽し」したため地獄に堕ちたとし、その設定に立って「西鶴が幽霊地獄物がたり」を記すのである。

細かな地獄語りはさておき、まず地獄の休日という地獄の釜の蓋開けの日に焦点を当てると、罪人どもが「山に遊び野に出、花に戯れ水にあそぶ」様を叙してこういっている。

> 山本泰順・木下新七・滝川昌楽などといふ儒者の罪人は、剣山の風景をうつし、絶句律詩に心をなやまし、宗因・宗鑑・遠舟・和及が魂魄は連誹に気を慰め、嵐三右衛門・伊藤小太夫・南北三郎・小野山宇治右衛門・坂東又太郎が屍は、やつしぶり出し、ぬれ実事《じつごと》、狂言のある程を尽し、其外、椀久・天王寺屋・井筒や・大和や打寄りて、

傾城買の昔がたり。又三枚ひねるもあり。四三五六のもみ賽《さい》に、「切目ござらぬ張り次第、皆した〳〵」と手をうって、どっと笑ふも夢の内、面白うこそ見えにけり。

当時の儒者・俳諧師・歌舞伎役者・豪商などをとりあげて、その一端を語っている。しかも地獄の鬼や十王の女房娘たちもこの日ばかりは休日とあって、「閻魔の草履取、粋鬼といへる獄卒」は根っからの「好色第一」、「女とさへ聞けば葬頭河の姥御前（奪衣婆）に」さえ、袖を引くうわき者だから、めかしこんで等活地獄から色町へと繰り込むことになる。そして娑婆で金にあかせて勝手気ままに悪事を尽くした難波の大尽、桑名や十郎右衛門という人物に出会って、「三津瀬川原の色町」の「馴染の米《よね》（遊女）」の心変りを心配して、これからそこへ繰りこむとつげて、大尽に「花代なんどに御不足ならば、御合力申さん」と言わせている。また「色に逢ふてはおそろしき鬼も角折る世の習、娑婆も地獄も変りなし」とか、「阿弥陀も銭の光なれば、まして況んや数ならぬ痩鬼のくせとして、元の字（元字金。ここは金銀の意）嫌ふ事なし。しからば当四極《しはし》（師走）までわづかの利足で借ろう」といった言葉もおもしろい。さらにはまた、幕打ちまわした、米たちの酒宴の様を語っては、「葬頭河の姥が餅さし、焦熱漬の香の物をそへ、さて肴には三途川の蛇《じゃ》の鮨《すし》、畜生道の焼鳥、無間の肉鱠《なます》なんど取りちらし、舌打の音すさまじく、げに鬼の目にも涙とかや。かゝる異形の鬼女さへ、色ぢや恋ぢやとあこがるゝ、地獄のよねの物がたり」

と記して、ついで女郎たちに房事を語らせ、西鶴の『好色一代男』を連想して、ざれにざれて終わっている。

ところで、こうした地獄の戯画を浮世草子などのなかに見るにつけても、いま想い起こすのは『宝夢録』という一書である。

世に宝永落書といって、宝永（一七〇四―一一）の際、将軍綱吉が没して家宣が後を継いだ頃、落書、落首はもっとも甚だしかったというが、本書はその落書、落首を多く収録していて、そのなかに「地獄」と題する一項を設け、まことに興味深いものがある。綱吉の施政に対する批判の一端を窺わせる。

叙述は、宝永六年正月、綱吉の死に当たって閻魔大王より送られてきた地獄への葬列を申しわたすという形式をとり、はじめに「今後将軍、我等方江被レ為レ入ニ付、秋月式部を以て申来候ニ付申渡条々」とあり、「宝永六年丑正月　閻魔大王在判」で結ばれている文章である。

その冒頭から、「一、御道筋、箱根通、死出之《の》山江《え》御出《おいで》、三途川渡御《とご》、六道之辻江《え》御出《おで》掛《かけ》、極楽之《の》前より東門江《え》被レ為レ入候事《いらせられそうろうこと》。一、道橋《の》修覆之義《しゅうふくのぎ》ハ俄之事《にわかのこと》に候間《そうろうあいだ》、死出之《の》山より東門《の》道《に》焼砂を敷可レ申《しきもうすべく》候、掃除之《の》者入念候様《にゅうねんにそうろうよう》にと溝口悠山可ニ申付一候《もうしつくべくそうろう》」といった、人をくったものである。以下、「一、箱根山藤堂和泉守。一、死出山坂丁固《かため》酒井内匠頭 牧野備前守」といった調子で、「一、御船手」、「一、六道之《の》辻固」、「一、地獄東門本番」と、それぞれ役職の人名を配し、「仮御殿普請御用」の役名と人名などもあがっている。

また、「一、貞誉大僧正を以《もつて》地獄へ申渡候趣《もうしわたしそうろうおもむき》、さいの川原子《のこ》供《ども》、高声わるぐるい不レ仕候様可ニ申付一候事《つかまらずそうろうようもうしつくべくそうろうこと》。」一、徳松（綱吉の子。夭死）様より途《と》中迄《ちゆうまで》御使者為ニ御迎一《おむかえをなす》土屋出羽守。一、家千代（家宣の子。夭死）様より為ニ御迎一御使者御名代共相勤可レ申候《ともあいつとめもうすべく》松平久千代」などと記し、「右之《みぎの》通《とおり》被レ遣《つかわされ》候間、左《さ》様相心《ようあいこころえ》得仕《し》度可《たくつかまつるべく》仕候事」と申し渡しているが、三途川での奪衣のきまりは桂昌院（綱吉の母）の頼みにより、「余寒強《く》、其上《のうえ》御《ご》風気《ふうきに》候間御はぎ取候事《とりそうろうこと》御用捨候様《ごようしやそうろうよう》」に申し渡したといい、六道銭には大銭は無用とか、極楽の説法の邪魔になるから、「地獄中《の》謡《のうたい》を初《はじめ》、修羅太鼓」を停止するとか、その外、「浅野内匠頭《たくみのかみのけ》家来浪人共《らいろうにんども》神妙に可ニ相心得一《あいこころうべき》事《こと》」などといった附《つけたり》もみえる。

また、罪人は三十五日、差し免し、生類あわれみは五十日の事と記しているが、とくに注意されるのは、「一、見る目かぐ鼻へ申渡候趣《もうしわたしそうろうおもむき》、今度右被レ為レ入《このたびみぎいらせられ》候節《そうろうせつ》、娑婆ニ而《て》御《お》仕《し》置之《おきの》事《こと》、其《の》外常之《つねの》御有様早速申上間《もうしあげま》敷《じく》候、追而《おつて》此方《このほう》より之《の》差図《さしず》を待可レ申《まちもうすべく》候事」とあることである。「見る目かぐ鼻」とは閻魔庁にあるという人頭幢の上の人頭のことで、人間の娑婆での善悪を見極め判断するとされるから、しばらく綱吉の生前のさまざまな所行については善悪の裁定を下す材料の提示を見あわせるということである。犬公方の生前の所行に対する評価をひとまずひかえたところに、この戯画の遠慮が窺える。

さて、まだ触れたいこともあるが、以上をしめくくっていえば、近世における地獄の観念は三つ、一つは地獄を死後として実在論的に捉えたもの、二つは地獄の極苦に着目して、それを現実社会や生活のなかに、比喩的ではあるが認めようとした現世的理解、そして第三はそうした地獄をひっくるめて、しゃれのめし、戯画化した宗教的な信仰不在の地獄観念であろう。

あとがき

今年正月はじめ、法蔵館社長西村明氏から、いままで発表したものを整理して、本にまとめては、という御慫慂に接した。かねてそうした気持ちもあって、試みに部類別に分類していたことでもあり、そのお誘いを受けることにした。わたしの手許にあったものをお渡しして、一応、検討していただくことになったが、その結果、まず地獄と極楽について書いたものを一纏めにしてはどうかということになった。わたしの書いたものに目を通した、その整理の結果である以上、わたしに異論のあるはずもない。以後、この線に沿い、配列等に一、二、私見を挟んだほかは、ほぼこの意見に従い、お目にかけるような「法蔵選書」の一冊となって生まれ変わることになった。本書の校正を終えて、改めてその生まれ変わった姿に満足している。

終わりに、論文の整理をお勧めくださった西村氏と、直接、整理に当たってくださった編集部の方々にお礼申しあげる。

昭和六十年六月

石田瑞麿

初出一覧

地獄とは何か　『書斎の窓』（有斐閣）昭和五七年一〜一二月号（原題　地獄ノート）
地獄苦　『仏教思想五　苦』（平楽寺書店）昭和五八年
地獄の受容　『周辺』（光風社書店）昭和五二年一〇月号（四巻三号）（原題　わたしの「地獄ノート」）
地獄と浄土の思想　『日本における生と死の思想』（有斐閣）昭和五二年
『往生要集』の極楽　『ぱれるが』（評論社）昭和五〇年三月号（一七七号）（原題　地獄と極楽）
極楽への誘い　『全集日本の古寺』第八巻「京の浄土教寺院」（集英社）昭和五九年
浄土信仰と末法思想　『受験の日本史』（聖文社）昭和五四年五月号
末法の思想と浄土教　『月刊京都』（美之美）昭和五四年七月号（原題　末法はなはだ近きにあり）
念仏における生き死にの道　『生き死にの道をさぐる』（有斐閣）昭和五五年
浄土教から見た生と死　『大法輪』（大法輪閣）昭和四三年五月号（三五巻五号）
〔大法輪選書『死とはなにか』（昭和五九年大法輪閣刊）に再録〕
地獄の菩薩　『西義雄博士頌寿記念論集　菩薩思想』（大東出版社）昭和五六年
近世における地獄の観念　『石田充之博士古稀記念論文　浄土教の研究』（永田文昌堂）昭和五七年

解説

末木文美士

しばらく前、突然地獄がブームとなった。地獄絵の展覧会が開催されたり、地獄に関する本が書店に並んだりして、ちょっと驚いた。私も短い文章を書かされたり、講演を求められたりした。少しブームは収まったが、潜在的な関心は続いているようだ。高度成長からバブルの時代は、来世のことなど嘲笑していたのが、社会が停滞し、下降へと向かうようになると、これまで馬鹿にしていた宗教に関心が集まる。団塊の世代が高齢化して、老齢人口が増え、否応なく死や死後のことが気になりだす。おまけに大災害が続き、死が身近な問題となってくる。おそらくそんな背景があるのだろう。極楽でなく、地獄のほうが注目されるのは、それだけ後ろめたいことが多いのかもしれない。若い人にも結構受けるのは、妖怪ブームの延長ということもあるのだろうか。水木しげるの妖怪の世界は、地獄のすぐ隣的な感じがある。

本書は、浄土教に詳しい博学の仏教学者による地獄論である。書き下ろしでなく、いろいろなところに書いた文章を集めたものというが、読みやすい文章で、インドに発する地獄に関する原典から、地獄と極楽を含めた日本の浄土教の展開、そして近世へと巧みに話を進めて行く。それゆえ、流れに従って読んでいけば、ほぼ地獄・極楽の歴史と思想の概略を捉えることができる。やや専門的に資料を列挙するような箇所は、適宜飛ばして読んでもかまわない。

そんなわけで、わざわざ解説を付けるまでもないが、仏教初心者のために、本書への導入として、ごく簡単に地獄の位置づけを記しておこう。しばしば極楽と地獄というセットで語られるが、本書中にも述べられているように、本来両者は位相を異にして、対概念となるものではない。地獄は、本書のIに詳しく述べられているように、もともとインドの『リグ・ヴェーダ』に遡り、仏教に取り入れられたという古い由来を持つ。仏教では六道の最下とされる。六道は衆生が輪廻する領域で、下から地獄・餓鬼・畜生・修羅・人・天となる。地獄はさまざまな悪事を行なったものが堕ちるところで、これ以上ない悲惨な責め苦に遭う。餓鬼は本能のままに貪欲なものが堕ちるところで、飢えと渇きに苦しむ。畜生は慚愧なく身勝手なものが堕ち、動物になって苦しむ。ここまでが三悪道と呼ばれて、煩悩や悪事によって堕ちる苦痛の大きい領域である。その上の修羅（阿修羅）は怒りに任せて戦い争うものが堕ち、戦争に明け暮れて傷つけあう。その上が人間の領域であり、喜びもあるが、結局のところ生老病死の苦に責められる。人間より上が天の領域であり、これは善行をなした人が生まれる神々の愉楽に満ちた世界であるが、善行の業が尽きると、やがて天人五衰といわれる衰亡の兆候を示して、死んでその世界から墜落する。

このように、六道はたとえ天に生まれて快楽を得ても、所詮は一時的なものであって、結局は輪廻の苦しみを脱することができない。それゆえにこそ、輪廻を超えた悟りに達し、永遠の平和で喜びに満ちた涅槃の境地に至ることが、仏教の目標とされる。そのためには、出家して仏の教えに従い、戒・定・慧の修行を積むことが必要である。初期仏教においては、修行者が到達する最高の位は羅漢（阿羅漢）と呼ばれ、仏よりもランクが下と考えられていた。また、仏の教えを受けることなく、自分だけで真理を悟り、涅槃に達する可能性もある。そのような者は縁覚（独覚）と呼ばれる。さらに、仏の前世は限りない修行を積み、とりわけ人々の救済を続けてきたが、そのようなあり方は菩薩と呼ばれる。声聞・縁覚・菩薩・仏の四つのあり方は、六道に対して四聖と呼ばれ、両者を合わせて十界と呼ばれる。ただし、このように体系化されたのは仏教が中国に渡ってからのことである。

ところで、初期仏教においては一時代に仏は一人しか存在を認められなかったが、大乗仏教になると同時に多数存在することが可能と考えられるようになった。この世界においては仏は一人であっても、他の世界を考えると、そこを教化する他の仏が存在しなければならない。そうなると、誰でも菩薩としての修行さえすれば、仏に到達可能と考えられるようになった。そのことを思想として完成させたのが、『法華経』の一乗思想で、誰でも仏になれるという道（仏乗）こそが、仏の究極の教えだとする。また、『涅槃経』の悉有仏性説も一切の衆生に成仏の可能性を認める。

極楽浄土を説く『無量寿経』もまた、それらと同じように初期大乗経典の一つであり、その中でももっとも早く原形が形成されたと考えられている。それによると、阿弥陀仏はかつて法蔵菩薩として修業し、理想の世界である極楽を完成させたので、そこに生まれた衆生は快適な環境で修行を進めることができるという。そこで、阿弥陀仏を頼って、死後その世界に生まれることを求める阿弥陀仏信仰が生まれたのである。このように、極楽世界は六道の外にあり、六道の一つである地獄と対になるわけではない。しかし、地獄の苦しみが六道を代表するように考えられると、そこから脱した安楽の世界である極楽と対照される可能性が生まれる。

なお、浄土は煩悩の穢れのない仏の世界のことであるから、極楽以外にも薬師仏の浄土など、多数あることになる。それゆえ、広く浄土教とか浄土信仰というと、必ずしも阿弥陀仏＝極楽浄土の信仰とは限らないが、その中でも代表的で、もっとも広く信仰された阿弥陀仏＝極楽浄土の信仰を意味する場合が多い。それと拮抗するものに、弥勒菩薩＝兜率天信仰がある。弥勒菩薩の兜率天は六道の天のうちの一つであるから、本来から言えば浄土とは言えないが、弥勒が将来この世界の仏となるとされるところから、今いる兜率天もまた浄土と呼ばれ、そこに生まれることを望む兜率信仰が、極楽信仰と同じくらい盛んになった。

大まかにこの程度の見取り図を頭に入れて本書を読めば、分かりやすいであろう。地獄の思想は浄土信仰と一緒になって日本で盛んになるが、その基本的な型を作ったのが、源信の『往生要集』である。著者の石田瑞麿氏は、『往生要集』やその前後の日本の浄土教の専門家であり、その論述は正確で、信頼を置くことができる。著者は、本書以外にも浄土教や地獄に関して多数の著作を著している。本書の読者には、まず著者の訳注（書き下し）になる岩波文庫の『往生要集』全二巻（一九九二）を手に取ることをお勧めしたい。『往生要集』の現代語訳も手掛けている（全二巻、平凡社・東洋文庫、一九六三―六四）。また、現在入手可能な関連書として、『日本人と地獄』（春秋社、一九九八。講談社学術文庫、二〇一三）、『往生の思想』（平楽寺書店、一九六八）などがある。『浄土教の展開』（春秋社、一九六七）は入手できないが、日本浄土教の形成史を思想面から論じた名著である。

また、親鸞に関しても、多くの著書・訳書を著している。『日本の名著』（中央公論社）の一冊として出版された『親鸞』（一九六九）は、『教行信証』の初めての本格的な現代語訳を含み、ベストセラーとなるほど広く読まれた。今でも『親鸞　歎異抄・教行信証』全二巻（中公クラシックス、二〇〇三）として読み継がれている。宗派的な立場にとらわれない自由な解釈は、親鸞を宗門から解放し、その思想が広く論じられる端緒となった。

著者についてもう少し紹介しておこう。石田瑞麿氏（一九一七―一九九九）は北海道旭川市の浄土真宗本願寺派の寺院に生まれ、旧制富山高校を経て、一九四一年に東京帝国大学文学部印度哲学梵文学科を卒業している。その頃、日本仏教を担当していたのは花山信勝教授で、聖徳太子の研究で知られていた。花山門下からは、他に禅の古田紹欽、天台・日蓮の田村芳朗らの優れた研究者が育ち、いずれも広い視野に立って、戦後の日本仏教研究をリードすることになった。石田氏は戦後、東海大学教授を長く務めたが、専門の仏教ではなく、語学担当だったということで、研究者の養成よりも著述に力を入れ、きわめて多数の著作や仏教書の現代語訳を出版して、大きな成果を上げた。

博士論文では従来研究の少ない日本の戒律思想を取り上げた。それを基にした大著『日本仏教における戒律の研究』（在家仏教協会、一九六三）は、鑑真・最澄から中世に至る戒律思想の展開を論じ、仏教研究者のみならず、歴史研究者にも大きな影響を与えた。氏の経歴や戒律研究については、前川健一「石田瑞麿――日本仏教研究における戒律への視角」（オリオン・クラウタウ編『戦後歴史学と日本仏教』、法藏館、二〇一六）に詳しく論じられている。戒律研究と並ぶのが上述のように日本浄土教研究であり、本書もその一環である。

氏は、仏教文学に関しても著作があるように、文学的な感性に優れ、その文章は流麗で、一般読者にも読みやすい。その長所は、仏典の現代語訳とともに、辞典の執筆にも遺憾なく発揮されている。戦後、中村元氏をリーダーに、仏教語を分かりやすい現代日本語に訳す試みがさまざまになされたが、石田氏はその推進者の一人であった。『新・仏教辞典』(誠信書房、一九六二)は、中村氏の監修のもとに、従来の仏教辞典と異なり、専門外の人にも分かるようなテーマや論述を心掛けた画期的な辞典であったが、その編集の中心となったのが石田氏であった。その後、『日本国語大辞典』初版全十巻(小学館、一九七二―七六)の多くの仏教項目をほとんど一人で執筆し、それをもとに『例解仏教語大辞典』(小学館、一九九七)を出版した。これは、広く日本の古典からも例文を採り、分かりやすい辞典として定評があり、古典文学の研究者にも好んで用いられている。

私が石田氏と直接お会いしたのは数回だけで、それほど親しくしていたわけではない。能弁な著作の印象と異なり、物静かで、口数も少なかった。『日本国語大辞典』の第二版に取りかかる際に、その担当として私を推薦してくださり、その打ち合わせでお会いしたのが最後だっただろうか。「全面的に見直してください」と言われたが、その後送られてきた段ボール箱いっぱいの仏教関係項目を見てびっくりした。それらを見ていくと、氏の的確な説明に感心するばかりで、結局のところ、ほとんど手を加えることができず、多少の増補でお茶を濁した。

膨大な著作を遺しながら、直接の後継者がいないために、氏の学風は必ずしも正当に評価されず、受け継がれていない。本書の文庫版刊行をきっかけに、再評価の機運が生ずることを期待したい。

（国際日本文化研究センター名誉教授）

石田瑞麿（いしだ　みずまろ）
1917年北海道に生まれる。1941年東京帝国大学文学部印度哲学梵文学科卒業。「仏教を本気で勉強するなら、僧籍は取るなよ」との父の勧めで、在家を通した。文学博士。東洋大学教授。1985年仏教伝道文化賞を受賞。1999年歿。著書多数。

地《じ》獄《ごく》

二〇二〇年三月一五日　初版第一刷発行

著　者　石田瑞麿
発行者　西村明高
発行所　株式会社　法藏館
京都市下京区正面通烏丸東入
郵便番号　六〇〇-八一五三
電話　〇七五-三四三-〇〇三〇（編集）
〇七五-三四三-五六五六（営業）

装幀者　熊谷博人

印刷・製本　中村印刷株式会社

ISBN 978-4-8318-2606-0 C1115

法蔵館文庫既刊より

さ-1-1
増補 いざなぎ流 祭文と儀礼 斎藤英喜 著
高知県旧物部村に伝わる民間信仰・いざなぎ流。中尾計佐清太夫に密着し、十五年にわたるフィールドワークによってその祭文・神楽・儀礼を解明
1500円

キ-1-1
老年の豊かさについて キケロ 著 八木誠一 八木綾子 訳
老人にはすることがない、体力がない、楽しみがない、死が近い。キケロはこれらの悲観的通念を吹き飛ばす。人々に力を与え、二千年読み継がれてきた名著。
800円

た-1-1
仏性とは何か 高崎直道 著
「一切衆生悉有仏性」。はたして、すべての人にほとけになれる本性が具わっているのか。日本仏教に根本的な影響を及ぼした仏性思想を明快に解き明かす。
1200円

さ-2-1
アマテラスの変貌 中世神仏交渉史の視座 佐藤弘夫 著
童子・男神・女神へと変貌するアマテラスを手掛かりに中世の民衆が直面していたイデオロギー的呪縛の構造を抉りだし、新たな宗教コスモロジー論の構築を促す。
1200円

て-1-1
正法眼蔵を読む 寺田透 著
さまざまな道元論を世に問い、その思想の核心に迫った著者による「語る言葉（パロール）」と「書く言葉（エクリチュール）」の「講読体書き下ろし」の読解書。
1800円